Unsere LieblingsLokale in Baden-Württemberg

Die besten Restaurants und Gasthöfe
mit regionaler Küche

herausgegeben von Christoph Mohr

HamppVerlag

Inhalt

Zu diesem Buch 3

Vorwort 4

Kurpfalz & Odenwald 6

Kraichgau & Stromberg 18

Hohenlohe & Taubertal 34

Entlang des Rheins:
Von Karlsruhe bis Offenburg 50

Entlang des Rheins:
Von Offenburg bis Lörrach 66

Die große Tafel 84

Region Stuttgart 86

Schwarzwald 106

Schwäbische Alb 130

Bodensee & Oberschwaben 150

Slow Food 170

Die LieblingsLokale nach Orten 172

Die Einkaufstipps nach
Produktgruppen 174

Die Autoren 175

Zu diesem Buch

In diesem Buch sind die Restaurants, Landgasthöfe und Gasthäuser des Ländles nach neun Regionen, und die Ortschaften, in denen sich die Lokale befinden, innerhalb der Regionen alphabetisch sortiert. Wenn es in einem Ort mehrere Gasthäuser gibt, so sind die Restaurants ebenfalls alphabetisch nach den Restaurantnamen sortiert.

Auf den letzten Seiten jedes Kapitels präsentieren wir Ihnen einige wertvolle Einkaufsempfehlungen zur jeweiligen Region, die ebenfalls alphabetisch nach dem Ortsnamen geordnet sind. Hier finden Sie Erzeuger und Vermarkter, bei denen auch die Gastronomen ihre Produkte beziehen.

Zur schnellen Orientierung können Sie am Ende des Buchs (Seiten 172–174) auf zwei Register zurückgreifen, welche zum einen die Lokale nach den Orten und zum anderen die Produktgruppen mit den regionalen Erzeugern auflisten.

Die Orte, in denen sich unsere Restaurants befinden, sind auf den beiden Übersichtskarten vorne und hinten im Buch mit einem roten Punkt hervorgehoben. Damit Sie den Weg zu Ihrem LieblingsLokal sicher finden, sind zur besseren Orientierung größere Orte, Autobahnen, Bundesstraßen sowie Flüsse eingezeichnet.

Die Restaurantempfehlungen

Zu jedem Restaurant sind vorab einige wichtige Informationen zusammengefasst: Adresse und Kontaktdaten, Angaben zur Lage oder auch eine kürze Wegbeschreibung, Öffnungszeiten, damit Sie nicht am Ruhetag hungrig vor dem Lokal stehen, die Preise der Hauptgerichte, Reservierungsempfehlungen, Zahlungsmöglichkeiten, Informationen zur Parksituation und Angaben zur Außengastronomie oder zu speziellen Angeboten für Kinder.

Der Redaktionsschluss des Buches ist Juli 2006. Die Empfehlungen beruhen auf den subjektiven Eindrücken der jeweiligen Autoren. Alle Angaben in diesem Buch wurden nach bestem Wissen der Autoren und des Verlags erstellt und sorgfältig geprüft. Für etwaige Unstimmigkeiten oder Änderungen der Angaben übernimmt der Verlag keine Gewähr.

Liebe Genießerinnen, liebe Genießer,

über die Ausstattung von Lokalen kann man streiten. Der eine mag es gemütlich-rustikal, der andere nüchtern-sachlich und wieder andere modern und cool. Über die Qualität der Speisen und Getränke, über Service, Freundlichkeit und gutes Preis-Leistungsverhältnis lässt sich nicht streiten. Das muss stimmen. Bei den hier vorgestellten Lokalen stimmt das alles. Und es kommen noch zwei wesentliche Faktoren hinzu. Zum einen steht hinter jedem Lokal ein Wirt oder ein Team, das mit Engagement und Seele Gastronomie betreibt – sprich: Es sind einfach gute Gastgeber. Zum anderen verbindet all diese Restaurants und Gasthäuser die regionale Ausrichtung. Die Wirte machen sich Gedanken, wo die Produkte herkommen, die sie anbieten. Sie kaufen Gemüse, Salat, Fleisch und Geflügel aus nächster Umgebung. Der Wein wächst in Anbaugebieten der Region und das Bier wird im Land gebraut. Das heißt, die ausgewählten Betriebe arbeiten alle mit Zulieferern aus der Region. Diese werden im Buch auch genannt, denn die Verbraucher können dort auch direkt einkaufen.

Die Gastwirte haben natürlich einen entscheidenden Vorteil: Sie leben und arbeiten in Baden-Württemberg. Einem Land voller regionaler Genüsse und Spezialitäten. Von der Schupfnudel bis zur Maultasche, vom Hohenloher Landgockel bis zum Hinterwälder Rind, vom Bodenseeapfel bis zum Badischen Spargel bietet das Land eine Fülle von hochwertigen und einzigartigen Lebensmitteln. Engagierte Landwirte erzeugen traditionelle Produkte wie Dinkel oder „Alb-Leisa". In den Backstuben des Landes entstehen nach alten regionalen Rezepten Seelen, Mutscheln oder Horaffen. Und Fischer an Rhein und Bodensee fangen Felchen, Hechte und Flusskrebse.

Der Schwarzwald bietet seinen berühmten Schinken. Aus dem Allgäu kommt leckerer Käse. Die Ortenau ist Weltmeister in der Vielfalt von Edelbränden und das Bauland am Rand des Odenwalds ist unbestritten die Grünkern-Region schlechthin.

Auf dieses schier unerschöpfliche Reservoir an Leckerem, Originellem und qualitativ Hochwertigem können die hier beschriebenen Lokale zurückgreifen. Leider machen es noch zu wenige. Mit diesem Buch wollen wir anregen, sich verstärkt um regionale Spezialitäten zu kümmern. Gast genauso wie Gastwirt.

Die Veranstaltungsreihe SWR1 Pfännle hat sich seit nunmehr zehn Jahren genau dieses zum Ziel gesetzt: die Region mit ihren Spezialitäten neu zu entdecken. Landwirte, Lebensmittelhandwerk und Gastronomie präsentieren sich bei der SWR1 Pfännle gemeinsam. Bei sonntäglichen Festen zeigen sie ihre regionalen Spitzenleistungen. Regelmäßig ziehen diese Veranstaltungen, die jedes Jahr im September in vier verschiedenen Regionen stattfinden, viele tausend Besucher an. Ein Indiz, dass das Interesse an gutem Essen und Trinken aus der Region groß ist.

Partner dieses Buches ist auch Slow Food, ein weltweit organisierter Verein von bewussten Genießern. Die Vereinigung hat es sich zum Ziel gesetzt, die Ess- und Trinkkultur – mit Betonung auf Kultur – zu stärken. Die Mitglieder setzen sich für eine engagierte und naturnahe Landwirtschaft ein. Slow Food versucht die Vielfalt der Arten, der Tiere und die Vielfalt der regionalen Esskulturen zu fördern. Das traditionelle Lebensmittelhandwerk ist den Mitgliedern genauso wichtig wie die Förderung der Beziehungen zwischen regionalen Produzenten und der Gastronomie.

An diesem Buch haben viele Autoren mitgewirkt. Profis und engagierte Genießer. Es war nicht schwer, alle dafür zu begeistern. Alle Ansichten und Interessen dabei unter einen Hut zu bekommen war nicht immer leicht. Aber im Ziel und in den Kriterien für die Auswahl der Lokale waren sich alle einig: Die Lokale bieten Qualität, Regionalität und Spezialitäten aus dem Land.

Aber so ein Buch ist nie fertig. Immer mehr Wirte entdecken die Region. Immer mehr Gäste achten auf Qualität. Deshalb können Sie persönlich mithelfen, dass dieses Buch in weiteren Auflagen noch besser wird. Wenn Sie Lokale aus diesem Buch besuchen, schreiben Sie uns Ihre Meinung. Oder machen Sie uns auf weitere lohnenswerte Gasthäuser aufmerksam. Ihre Erfahrung zählt.

Ich wünsche Ihnen viel Genuss beim Besuch in unseren LieblingsLokalen.

Christoph Mohr
Journalist und Begründer der SWR1 Pfännle

Kurpfalz & Odenwald

Wo sind wir hier eigentlich? So mag man sich mitunter beim Blick auf die Speisekarten Heidelberger Gasthäuser fragen. Im Westen Bayerns? Im Osten der Pfalz? Oder gar schon im Süden Hessens? So sind eben Grenzregionen: Auf den ersten Blick fallen hier vor allem solche Gerichte auf, die geradezu auf „un-baden-württembergische Umtriebe« schließen lassen. Wahrscheinlich will indes kein anderes Bundesland die Kurpfalz den Baden-Württembergern abspenstig machen. Vielmehr finden sich auf den Speisekarten zahlreiche Reminiszenzen an alte kurpfälzische Zeiten. An Zeiten, in denen Bayern, Franken und die linksrheinische Pfalz noch sehr viel näher waren, sprich: als man noch einer Obrigkeit gehorchte. Im Dialekt ist es für Fremde noch heute schwer, die feinen Unterschiede herauszuhören: Pfalz? Kurpfalz? Südhessen? Erst Napoleon schlug diesen Landstrich übrigens zu Baden.

Ein Kurpfälzer findet auch in heutigen Tagen nichts dabei, sich einen Pfälzer Saumagen einzuverleiben. Das Kraut wiederum, das hier gewöhnlich serviert wird, erinnert eher an die bayrische Küche. Und das liegt sicher nicht nur an den Touristen, die genau das von Deutschland und seiner Küche erwarten.

Schmelzofen des Ländles

Doch die Kurpfalz ist mehr: Ihre Küche ist zu einem Schmelztiegel, besser: Schmelzofen geworden für allerhand Einflüsse aus dem Umkreis: Badisches und sogar Schwäbisches kommt auf den Teller, sozusagen auf Kurpfälzer Art verfeinert. Auch die Weinkarten spiegeln diese Vielfalt wider: Pfälzer Rieslinge, badische Spätburgunder oder Württemberger Lemberger stehen hier friedlich nebeneinander – und das in einer Region, die selbst ausgesprochen fruchtbar ist und in der, wie manche genussfreudigen Zeitgenossen finden, Deutschlands bester Spargel gestochen wird.

Zur Kurpfalz passt, dass sie ein Hinterland vorweisen kann, das ebenfalls Grenzregion ist: den Odenwald, zwischen Hessen und Baden-Württemberg. Hier haben sich zahlreiche regionale Erzeuger etabliert – vom Schafzüchter über den Käser bis hin zum Fruchtsaft-Produzenten, aber auch viele empfehlenswerte Gastronomen.

Hotel »Prinz Carl«

Inhaber: Karin und Jens Jaegle
Hochstadtstraße 1
74722 Buchen
Tel. 0 62 81/52 69-0
Fax 0 62 81/52 69-69
infoprinzcarl@t-online.de
www.prinz-carl.de

Der „Prinz Carl“ war schon immer stolz auf sein persönliches und familiäres Flair. Kein Wunder, dass sich Karin und Jens Jaegle auch im „Prinz Carl“ kennen gelernt haben, er lernte in der Küche, sie im Hotel. Und als es später darum ging, der 400-jährigen Tradition des Hauses eine Zukunft zu sichern, da griffen die beiden zu.

Traditionell und bodenständig, möglichst frisch und selbst gemacht, das ist die Maxime für die anspruchsvolle Küche von Jens Jaegle. Legendär ist sein *Odenwälder Mostbraten* nach dem Originalrezept einer Buchener Hausfrau von 1897. Zusammen mit der berühmten *Grünkernsuppe* und einem *Birnenschlupfer* als Nachtisch gehört der Mostbraten mit buntem Gemüse und Bubenspitzle zum regionalen Menü, das im „Prinz Carl“ immer auf der Karte steht. Natürlich spielt der Grünkern aus dem nahen Bauland eine besondere Rolle. Mal mit Blattspinat als Beilage zur *Knödellasagne* oder süß als *Apfelgrünkernauflauf,* und natürlich als Suppe mit Butterklößchen – die gibt's auch, wenn sie mal nicht auf der Karte steht. Empfehlenswert sind auch Fischgerichte wie die in Meerrettich gebeizte *Lachsforelle* oder der *Kabeljau mit Parmesan-Kräuter-Kruste.* Bei seinen Zutaten achtet Jaegle auf biologisch einwandfreie Qualität. Das Getreide und sein Fleisch holt er beim Demeter-Bauern Meinrad Rödel, den Grünkern in der Schwanenmühle, Gemüse und Obst bringen Schrebergärtner und Rentner aus der Nachbarschaft. Die Wachteln besorgt Jens Jaegle in Götzingen, den Saibling in Wattenbach, die Forelle in Scheringen und das Zicklein in Limbach.

Die Gasträume sind ausgesprochen wohnlich und angenehm. Die Bilder an den Wänden sind zum Teil Originale aus der nahen Hollerbacher Malerkolonie. Und was wir sonst noch nirgendwo gesehen haben: In einem Körbchen liegen Brillen bereit für Gäste, die ihre Lesehilfe vergessen haben.

Der besondere Tipp
Der „Prinz Carl“ bietet zwei Mal im Monat Kochkurse an, bei denen man Jens Jaegle über die Schulter schauen kann.

Lage unmittelbar neben dem Stadtturm als Eingangstor in die Fußgängerzone
Öffnungszeiten warme Küche täglich 12–14 und 18–22 Uhr

Preise an Wochentagen tagesfrische Mittagsmenüs für 6,40 € (vegetarisch) und 7,40 €, sonst nach Jahreszeit und Karte
Reservierung abends und am Wochenende empfohlen

Kreditkarten alle, außer Diners
Parkplatz Parken rund um das Haus möglich
Garten/Kinderfreundlichkeit Terrasse, spezielle Gerichte für Kinder

Gasthaus »Zum Engel«

Inhaber:
Siegfried Grimm
Holunderstraße 7
74722 Buchen-Hollerbach
Tel. 0 62 81/89 46
Fax 0 62 81/10 65
www.engel-hollerbach.de

Wenn Siegfried Grimm mit dem Rennrad über die Odenwaldhöhen fahren kann, dann ist er mit sich im Reinen. Er nimmt die Natur in sich auf, genießt ihre Düfte, Gerüche und Farben und komponiert aus diesen Eindrücken seine Rezepte. Nach 60 oder 70 Kilometern hat er die Speisekarte meist fertig im Kopf. Die ändert sich mindestens ein Mal pro Woche, je nachdem, was Natur und Jahreszeit hergeben. Die hohe Zeit im Odenwald ist natürlich der Herbst, wenn es Wild und Pilze im Überfluss gibt. Da kann sich Siegfried Grimm auf seinen Jägerstammtisch verlassen.

Grimm ist in der Welt herumgekommen, hat in den „Schweizer Stuben" in Wertheim gelernt, stand in Hamburg, München, der Schweiz und in Österreich am Herd. Aber zu Hause fühlt er sich im Odenwald.

Grimm meistert den Spagat zwischen dem idyllischen Hollerbach und der weiten Welt mit Bravour. Ein Dreigang-Menü zum Beispiel: *Gefüllter Kohlrabi mit Seezungenfilet und Flusskrebsen, Kürbis-Kartoffelsuppe* mit Kernöl und Wildschweinwürstchen und als Hauptgang kross gebratene Brust und Keulen von der *Landente auf Wirsinggemüse* mit Rhabarber, rosa Pfeffersoße und *Kartoffelgratin,* dem absoluten Renner im „Engel". Natürlich erweist Siegfried Grimm auch dem heimischen Grünkern die Ehre, am liebsten als *Strudel* mit Steinpilzen oder Scampi. Grimm sieht sich irgendwo „zwischen den Welten" und versteht das natürlich positiv.

Hollerbach, das hat was vom Kraichgau und vom Odenwald, vom Bauland und dem Frankenland an Main und Tauber. Von überall dort holt Grimm seine möglichst marktfrischen und unverfälschten Produkte. Ein Gedicht für sich ist die Weinkarte, die Grimm mit besonderer Liebe pflegt. Überhaupt Liebe: Seine Frau Joaquina ist nicht nur für den Service zuständig, sondern auch Gastgeberin im besten Sinne. Mancher Gast geht nicht in den „Engel", sondern zur Frau Grimm. Siegfried, der Küchenchef, kommt damit klar – „Engel" hin, Engel her.

Lage an der Ortsstraße von Buchen-Hollerbach
Öffnungszeiten Mo, Do, Fr, Sa 18–24 Uhr, So, feiertags auch 12–14 Uhr, Ruhetage: Di, Mi
Preise Hauptgerichte 15–20 €
Reservierung dringend empfohlen
Kreditkarten Mastercard, Visa
Parkplatz Parken beim Haus möglich
Garten/Kinderfreundlichkeit Außenterrasse, Kinderportionen nach Absprache

Waldhotel »Wohlfahrtsmühle«

Die Münsters machen fast alles selbst: Sie jagen, sie züchten Forellen, sammeln den Bärlauch, backen Kuchen, sie kochen Marmelade ein und erzeugen sogar ihren eigenen Strom mithilfe einer modernen Wasserkraftanlage.

Die gastronomische Tradition der Wohlfahrtsmühle reicht rund 200 Jahre zurück. Armin Münster setzt entschieden auf das, was die Region zwischen Tauber, Main und Erfa hergibt, regionale Produkte, „optimal und neuzeitlich zubereitet". Sein Handwerkszeug hat er sich in den legendären „Schweizer Stuben" in Wertheim geholt, war in München, Nürnberg und im Elsass. Er setzt vor allem auf Forellen aus den eigenen Teichen und das von ihm und seiner Frau Sabine erlegte Rot- und Schwarzwild. Auf der Karte findet man ein knappes Dutzend Forellengerichte, wie das *Forellencarpaccio* mit Limonen-Olivenöl mariniert auf Frühjahrssalaten mit gebratenen Langustinen und Pecorinokäse. Und dann vor allem Wild, denn „Wild ist Natur pur", vom *gegrillten Rehkotelett* bis zur *Wildschweinbratwurst*. Je nach Jahreszeit gibt es Steinpilze, Pfifferlinge oder Bärlauch aus dem eigenen Jagdrevier, Spargel aus dem Taubertal, natürlich Grünkern von der Steinemühle in Hardheim, frische Kräuter aus den benachbarten Bauerngärten und Gemüse von den Bauern „auf der Höhe". Die Weine kommen vom Weingut Schlör in Reicholzheim und von Paul Fürst in Bürgstadt, beides erste Adressen unter mainfränkischen Winzern. Bier und Saftgetränke kommen aus dem nahen Distelhausen. Im Herbst lädt die Wohlfahrtsmühle zur Hubertusmesse und zwei Mal im Jahr zum Kochkurs mit Armin Münster, natürlich zu Themen wie Wild und Forelle.

Inhaber: Sabine und Armin Münster
Miltenberger Straße 25
74736 Hardheim
Tel. 0 62 83/22 22-0
Fax 0 62 83/22 22-40
email@wohlfahrtsmuehle.com
www.wohlfahrtsmuehle.com

Der besondere Tipp
Im Hofverkauf der „Wohlfahrtsmühle" werden frische und geräucherte Forellen, Wildschweinschinken oder Quitten- und Holundergelee, von Sabine Münster selbst eingekocht, angeboten.

Lage im Erfatal, rund 2 Kilometer vom Zentrum Hardheims entfernt, die Wohlfahrtsmühle liegt an der L521 zwischen Hardheim und Riedern
Öffnungszeiten Mi–So (Hotel durchgehend geöffnet), warme Küche 11.30–14 und 17.30–21 Uhr, Ruhetage: Mo, Di
Preise Hauptgerichte 9–17 €, 3-Gänge-Menü 22,50 €
Reservierung vor allem am Wochenende empfohlen
Kreditkarten American Express, Mastercard, Visa
Parkplatz unmittelbar beim Haus ausreichend Parkplätze vorhanden
Garten/Kinderfreundlichkeit Gartenterrasse mit 40 Plätzen direkt am Fischteich, mit Spielmöglichkeiten für Kinder

»Grenzhof« Hotel & Restaurant

Inhaber: Familie Kaiser
Geschäftsführer:
Robert Kaiser & Ulrike Kugler-Oestergaard
Grenzhof 9
69123 Heidelberg
Tel. 0 62 02/9 43-0
Fax 0 62 02/9 43-100
welcome@grenzhof.net
www.grenzhof.net

Der alte Dorfgasthof im Städtedreieck Mannheim/Heidelberg/Schwetzingen hat sich längst zur kulinarisch ambitionierten Gutsschänke entwickelt. Jetzt soll der „Grenzhof" auch eine eigene Trendmarke werden, eine Art Lebensgefühl aus Geborgenheit und Tradition, aus anspruchsvollem Essen und Wohnen, als Synonym einer Wohlfühlkultur. Die Geschwister Robert Kaiser und Ulrike Kugler, die in vierter Generation die Verantwortung übernommen haben, wollen die Grenzen des „Grenzhofs" neu definieren. Unter der Marke „Grenzhof-Design" möchte Ulrike Kugler nicht nur Schönes und Hausgemachtes versammeln, sondern auch edle Obstschnäpse aus der Brennerei ihres Bruders Robert.

Der besondere Tipp
Der „Grenzhof" bietet seinen Gästen das ganze Jahr über interessante Arrangements und Veranstaltungen, etwa den dreitägigen „Spargelfrühling im Grenzhof" inklusive Spargelmenü und Spargelstechen.

Im herrlichen Biergarten des „Grenzhofs" mit den alten, rotblühenden Kastanien duftet es nach englischen Rosen und Lavendel und in den Gasträumen locken mediterrane Landhausmöbel. Auch die Küche setzt auf diese Partnerschaft zwischen daheim und dem Süden. Klar, dass auf dem „Grenzhof" die Erd- und die Himbeeren, die Kohlrabi, Tomaten oder Radieschen aus dem eigenen Landgarten kommen. Die Kräuter wachsen den Köchen fast ins Fenster und den Spargel (auch den grünen) liefern die Nachbarn. Im November gibt es die Gänse vom eigenen Hof und Hasen oder Fasane von der Grenzhöfer Jagd. Nur das Rotwild kommt aus dem Odenwald, die Lämmer aus dem nahen Viernheim und das Fleisch aus dem Schwäbischen und Hohenlohischen. „Mediterran veredelt" kommen die heimischen Produkte dann auf den Tisch als *Ziegenkäse* (aus Nussloch) mit mediterranem Gemüse, als *Bärlauchsuppe mit Jakobsmuscheln,* als *Entenbrust mit Feigen und Zuckerschoten* oder als Überraschungsmenü: „Sie sagen uns, was Sie nicht mögen, wir verwöhnen Sie à la Surprise".

Lage der „Grenzhof" gehört zu dem gleichnamigen Weiler im Nordwesten Heidelbergs, die Häuser gruppieren sich um den ovalen, von alten Linden gesäumten Dorfanger
Öffnungszeiten Mittagstisch, Wintergarten ab 15 Uhr, Restaurant ab 18 Uhr, Ruhetag: So
Biergarten ab 15 Uhr (So 12–18 Uhr)

Preise Tellergericht mittags Mo–Fr 8–12 €, Lunchbuffet 18,50 €, Menü ab 29 €
Reservierung Tischreservierung auch mittags notwendig
Kreditkarten alle, außer Diners
Parkplatz am Haus vorhanden
Garten/Kinderfreundlichkeit Biergarten im Innenhof mit ca. 80 Plätzen

Weinstube-Restaurant »Zur Sackpfeife«

Jochem Faller hat fast alles vor der eigenen Haustür – außer Pfeffer oder Kaffeebohnen und einem reifen Bordeaux natürlich. Für den Wirt der „Sackpfeife" liegt das Paradies in den Gärten, Teichen, Wiesen und Feldern rund um Ladenburg. Nur das Fleisch holt Faller im Hohenlohischen. Sein Credo heißt Qualität, und das bedeutet für ihn ökologisch, biologisch-dynamisch, artgerecht und frisch. Eine große Vorratshaltung könnte er sich ohnehin nicht leisten. Die Sackpfeife hätte dafür gar keinen Platz. Das alte Patrizierhaus hat tiefe Kerben. Bis 1910 war es Synagoge, später dann Heimatmuseum. Erst seit 1967 beherbergt die „Sackpfeife" Weinstube und Restaurant. Wer sich in den urgemütlichen Gasträumen niedergelassen hat, bleibt am besten einfach sitzen. Dann knarzt auch nichts, und die Gefahr, sich an den Deckenbalken den Kopf zu stoßen, ist nicht mehr so groß. Die „Sackpfeife" ist zwar rauchfrei, für die Raucher gibt es aber zwei Raucherbänkchen, eins vor dem Haus und eins hinter dem Haus.

Inhaberin:
Irmgard Faller
Kirchenstraße 45
68526 Ladenburg
Tel. 0 62 03/31 45
Fax 0 62 03/95 79 80
zursackpfeife@aol.com
www.zursackpfeife.de

In der Küche dampft es dafür um so verführerischer, vor allem, wenn die Klassiker der Speisekarte in der Pfanne liegen, wie das *Entrecote double Lopodunum* mit Knoblauch, Schmand und Bratkartoffeln oder das Filetsteak als *„Bürger Imbs"*. Wer bei den eindrucksvollen Fleischportionen passen muss, der kann das *Ladenburger Marktsüppchen* probieren oder das *„Herrgottsbscheißerle"* mit Maultaschenstreifen und frischen Salaten. Die Forellen für das *„Forellenquintett"* züchtet Bruder Theodor vom Heidelberger Klosterstift Neuburg. Gemüse und Salate wachsen im Privatgarten der Schwiegermutter oder in der Ladenburger Bauernsiedlung Neuzeilsheim. Den Käse liefert die Hockenheimer Käserei Müller, der Wein kommt aus Heddesheim und Schriesheim, das Bier vom Dachsenfranz in Zuzenhausen. Und bei den moderaten Preisen kann in der Sackpfeife auch der mitpfeifen, der über keinen allzu vollen Sack verfügt.

Lage im Herzen der historischen Altstadt von Ladenburg, unmittelbar gegenüber der Galluskirche, steht das 1598 erbaute Haus der „Sackpfeife"
Öffnungszeiten 11.30–14 Uhr und ab 17 Uhr, Sa, So durchgängig, Ruhetag: Di
Preise Hauptgerichte ab 8,90 €
Reservierung empfehlenswert
Kreditkarten keine, aber EC-Karte
Parkplatz keine hauseigenen Parkplätze, 1–2 Gehminuten vom „Parkplatz an den Kirchen"
Garten/Kinderfreundlichkeit 50 Sitzplätze im geschützten Innenhof

Landgasthof »Heidersbacher Mühle«

Inhaber: Ralf Felzmann
74838 Limbach-Heidersbach
Postanschrift:
Heidersbacher Mühle
74834 Elztal-Rittersbach
Tel. 0 62 93/3 68
Fax 0 62 93/82 13
muehle@heidersbacher-muehle.de
www.heidersbacher-muehle.de

So ähnlich muss man sich wohl das Paradies vorstellen. Satte grüne Wiesen und Wälder, ein munterer Bach, das Mühlrad, Forellenteiche und irgendwo in der Nähe die Rehe. Eigentlich fehlen nur die Jungfrauen. Aber dafür schwebt über allem der Geist von Oma Else. Ihr verdankt die „Heidersbacher Mühle“, eine Mahl- und Sägemühle aus dem frühen 19. Jahrhundert, ihr zweites Leben als gastliches Haus. Noch heute ist Oma Else präsent: mit ihrem unvergessenen Kartoffelsalat, ihrem legendären Serviettenknödel oder mit *Oma Elses Rinderkraftbrühe.* Sogar ein kräftiger Wurzelschnaps mit ihrem Namen erinnert an die Anfänge der heutigen „Heidersbacher Mühle“ vor rund 50 Jahren.

Ralf Felzmann, Elses Enkel, dreht in dritter Generation das Rad weiter, mit jugendlichem Schwung und einer locker-freundlichen Herzlichkeit. Was auf den Tisch kommt, muss absolut frisch und selbst gemacht sein, natürlich auch die Nudeln oder die köstlichen Blutwurstravioli. „Nichts wird fertig gekauft.“ Die Forellen schwimmen im Keller in einem Abzweig des Mühlbaches und werden nach Bestellung frisch geschlachtet. Das Wild bringen die Jäger aus den Wäldern rund um die Mühle. Ralf Felzmann besorgt seine Produkte aus der unmittelbaren Region. Nur wegen des Rinderrückens für die *Rumpsteakle* fährt er eigens nach Heilbronn. Witziger und kreativer will er die heimische Küche gestalten, deren Tradition er natürlich kennt und schätzt. Da gibt es *Kutteln in Rotweinsoße* mit Bratkartoffeln, *Simons Bärlauchnudeln mit gebratener Lammleber* oder vegetarische *Grünkern-Bärlauchknödel mit Spargelragout.* Frech komponiert er die Rinderroulade auch einmal mit Sardellen und Kapern, eine Reminiszenz an die böhmische Herkunft der Familie. Spezialitäten sind natürlich Wildgerichte und *Forellen,* geräuchert mit Speckrösti und Kaviarsauerrahm oder blau im süß-sauren Sud gegart mit Meerrettich.

Lage an der B 292, aus Richtung Buchen kommend am Ortsende Heidersbach vor der Kirche rechts, später an der Gabelung links; von Mosbach kommend in Rittersbach links, an der Kirche rechts, am Sportplatz vorbei (beide Wege ausgeschildert)
Öffnungszeiten Mittagstisch 12–14 Uhr, Abendtisch 17.30–21.30 Uhr, Mi–Fr von 14–17 Uhr geschlossen, Ruhetage: Mo, Di
Preise Hauptgerichte 14–18,50 €, Menü 29 €, Weine 18–35 €
Reservierung abends und am Wochenende empfohlen
Kreditkarten alle
Parkplatz direkt beim Restaurant
Garten/Kinderfreunlichkeit 80 überdachte Terrassenplätze, Spielmöglichkeiten auf Wiesen und am Wasser

Gutsausschank »Jägerlust«

Die „Jägerlust" ist das erste Haus in Leimen, gleich rechts, wenn man aus Richtung Norden kommt, beziehungsweise aus dem Heidelberger Süden. Für die vielen Stammgäste ist die „Jägerlust" ohnehin das erste Haus, ganz gleich, woher sie kommen. Das hat mit Oma Ingrid und der Chefin Barbara Seeger zu tun. Die beiden bringen nichts auf den Tisch, was sie nicht persönlich eingekauft haben. Salat und Gemüse holen sie bei den Gärtnern in Heidelberg-Handschuhsheim, den Käse beim Ziegenhof in Nussloch, die Kartoffeln aus dem Kraichgau, das Geflügel im nahen Bammental und das Fleisch von den Weidhöfen in Nussloch.

Natürlich kommt nur auf den Tisch, was gerade Saison hat. Legendär sind *Omas Frikadellen mit Kartoffelsalat.* Hausgemachte Maultaschen, Schweinesülze oder ein Rumpsteak gibt's immer. Alles andere nach Tagesangebot: *Gebrannte Griessuppe* oder *Kalbstafelspitz, Ochsenbrust, Geschmorte Schweinsbäckchen, Krautwickel, Ochsenroulade* oder *Eingemachtes Kalbsfleisch.* Natürlich sind auch die Nudeln dazu selbst gemacht. Zum Nachtisch empfehlen Kenner *Kartäuserklöße mit Rieslingsoße.* Eine Speisekarte gibt es nicht. Was es gibt, steht auf zwei Schiefertafeln, die täglich neu beschrieben werden. Mitunter rufen die Gäste auch vorher an und äußern ihre persönlichen Wünsche. Gemütlich sind auch die beiden liebevoll dekorierten Gasträume. Im hinteren Zimmer erinnern Geweihe an den Urgroßvater Georg, einen passionierten Jäger, der 1895 zur eigenen Lust einen Gutsausschank einrichtete, die „Jägerlust". Geheizt wird mit einem grünen Kachel- und einem Bullerofen. Getrunken wird hauptsächlich, was in den Gewölbekellern unter dem Haus gereift ist. Schließlich zählt das Weingut Seeger zu den hundert besten Weingütern in Deutschland. Ehrensache, dass Thomas Seeger auch in der „Jägerlust" für die Gäste seiner Schwester gern ein paar Flaschen zusammenpackt, zum Kellerpreis natürlich.

Badische Weinstube
Inhaberin:
Barbara Seeger
Rohrbacher
Straße 101
69181 Leimen
Tel. 0 62 24/7 72 07
info@seegerweingut.de
www.seegerweingut.de

Lage die „Jägerlust" ist die Gutsweinstube des Weingutes Seeger, unmittelbar am nördlichen Stadteingang von Leimen, Straßenbahnhaltestelle „Zementwerk"

Öffnungszeiten Weinstube: Di–Fr 18–23 Uhr; Weingut Seeger: Sa 9.30–14 Uhr

Preise tagesfrische Gerichte 10–20 €

Reservierung dringend empfohlen

Kreditkarten werden nicht akzeptiert

Parkplatz Parken auf dem Parkstreifen vor dem Haus möglich

Garten/Kinderfreundlichkeit bei geeignetem Wetter 40 Sitzplätze im Freien

Restaurant und Café »Turmschenke«

Panorama-Hotel,
Restaurant Café
„Turmschenke“
Inhaber: Ulrike und
Bernd Geier
Katzenbuckelstraße 28
69429 Waldbrunn-
Waldkatzenbach
Tel. 0 62 74/3 83
Fax 0 62 74/51 83
turmschenke@t-online.de
www.turmschenke.de

Bernd Geier ist kein Freund von modischem Schnickschnack. Was rund um den Katzenbuckel wächst und gedeiht, das kommt bei ihm möglichst frisch und naturbelassen auf den Tisch. Gehobene badische Küche nennt er das. Seine Speisekarte wird deshalb auch weitgehend von den Jahreszeiten geschrieben. Im Frühjahr gibt es eine eigene Bärlauchkarte, zu Ostern liefert Schäfer Kobold aus Kirchzell das Odenwälder Weidelamm. Nach Spargel- und Grünkern-Wochen ertönt dann im Herbst das große Halali im „Winterhauch“, wie sich die Landschaft am Katzenbuckel nennt. Ehrensache, dass Bernd Geier nur Wild aus dem Katzenbuckelrevier auf den Teller bringt. Und da seine beiden Jäger sogar die ihnen zustehenden Innereien in der „Turmschenke“ abliefern, kann der Küchenchef stolz sein *„Odenwälder Jagdrecht“* servieren, Wildinnereien mit Senfsoße und Spätzle. Eine echte Delikatesse ist auch die *Wildleber* mit Badischem Reis (Grünkern) oder das *Wildschweinrückenfilet mit hauseigenen Johannisbeeren.* Auch die Äpfel und Walnüsse wachsen im eigenen Garten. Eier, Kartoffeln und Gemüse kommen aus den Nachbarorten, Mehl und Grünkern kauft Bernd Geier direkt beim Müller, sein Fleisch beim Bauern im nahen Limbach. „Der Gast muss den Ursprung der Produkte schmecken.“ Deshalb geht er möglichst schonend mit ihnen um, variiert klassische Rezepte mit bodenständigen Zutaten. Das Ergebnis ist dann ein *Odenwälder Bachsaibling* mit Zitronenmelissebutter oder der süße *Grünkernauflauf* mit Apfelweinsabayone, Walnusseis und Zimtsoße. Auch bei ihrem Getränkeangebot bekennen sich die Geiers zum Süden, und beim Wein hat das Viertel noch 0,25 Liter. Von der Panoramaterrasse hat man bei klarer Sicht nahezu gigantische Ausblicke und da die Geiers beide am Katzenbuckel aufgewachsen sind, geben sie gerne auch mal einen Insidertipp oder helfen, den richtigen Weg zu finden.

Der besondere Tipp
Die „Turmschenke“ ist auch Ausgangspunkt zum „Weg der Kristalle“, einem mineralogischen Lehrpfad auf dem seit 60 Millionen Jahren erloschenen Vulkan des Katzenbuckels.

Lage am Fuße des Katzenbuckels, der mit 626 Meter höchsten Erhebung des Odenwalds
Öffnungszeiten täglich 10–22 Uhr, Ruhetag: Di
Preise Gerichte nach Saison, Komplettmenüs ab 18,50 €
Reservierung abends und an Wochenenden empfohlen
Kreditkarten keine, aber EC-Karte
Parkplatz unmittelbar beim Haus
Garten/Kinderfreundlichkeit Biergarten

Einkaufstipps für die Region Kurpfalz & Odenwald

Müllers Mühle

Wo Müller draufsteht, ist auch Müller drin. Und das schon seit annähernd 350 Jahren, seit der Bischof von Würzburg die über 700 Jahre alte „Steinerne Mahl-Mühle“ an der Erfa an Johann Adam Müller für 600 Gulden verkauft hat. Heute mahlen die Müllers in der elften Generation das Korn der Bauern rund um Hardheim. Zu ihren Kunden zählen Bäckereien und Mälzereien, aber auch Restaurants wie die „Wohlfahrtsmühle“.

Im Mühlenladen der Steinemühle findet man alles, was man von einer Mühle erwartet: rund 50 Sorten Mehl, Naturkost, Müsli, Nudeln, Getreideflocken, Gries und vor allem den Grünkern, die grüne Ernte des Urweizens Dinkel, der traditionell auf Darren getrocknet, im Buchenrauch geräuchert und dann zu Grünkern gemahlen wird. Im Odenwald und im Bauland darf der Grünkern in keiner Küche fehlen.

Steinemühle
Doggenbrunnen 31
74736 Hardheim
Tel. 0 62 83/3 57
Fax 0 62 83/5 08 81
steinemuehle@freenet.de
Öffnungszeiten:
Mo–Fr 8–12, 13–18 Uhr
Sa 8–13 Uhr

Hochprozentiges

Das Schnapsbrennen gehörte schon immer zum Geschäft der Kaisers auf dem „Grenzhof“. Vermarktet werden die edlen Tropfen über „Kaisers Destille“ oder das Label „Grenzhof-Design“. Interessierte werden zum Brenner-Vesper oder Brenner-Seminar geladen.

Kaisers Destille
„Grenzhof“ Hotel & Restaurant
Grenzhof 9
69123 Heidelberg
Tel. 0 62 02/9 43-0 | Fax 0 62 02/9 43-100
welcome@grenzhof.net
www.grenzhof.net

Milch von der Klosterkuh

Wer Bruder Theodor beim Melken besucht (täglich 17–18 Uhr), der darf die Milch kuhwarm genießen. Der Rest geht in die Käsemanufaktur Müller oder in den klösterlichen Hofladen. Dort kann man Eier, Brot, Honig, Marmelade, Obst, Gemüse und die Forellen aus den Klosterteichen kaufen. Angeschlossen ist auch eine Gärtnerei mit Stauden, Blumen und mehr als 500 Efeu-Sorten aus eigener Zucht.

Hofladen Benediktinerabtei Neuburg
Stiftweg 2
69118 Heidelberg-Ziegelhausen
Tel. 0 62 21/8 95-0 | Fax 0 62 21/8 95-166
kloster@abtei-neuburg.de
www.stift-neuburg.de
Öffnungszeiten:
Mo–Fr 9–13 Uhr, 14.30–18 Uhr
Sa 9–16 Uhr

Per Rad zum Johanneshof

Der Johanneshof liegt an der „Kurpfalz-Fahrrad-Route“ zwischen Ketsch und Speyer. Die Gartenwirtschaft mit rund 100 Sitzplätzen und einem großen Spielplatz ist ideales Ausflugsziel für Familien. Der Hofladen bietet Obst, Gemüse und Getränke aus eigenem Anbau oder von Bauern und Metzgern aus der Nachbarschaft.

Johanneshof
Seewaldsiedlung 5
68766 Hockenheim
Tel. 0 62 05/56 21 | Fax 0 62 05/10 07 89
Johanneshof@aol.com
www.johanneshof-online.de
Öffnungszeiten Hofladen:
Mai–September Mi–Sa 9–20 Uhr,
So 10–20 Uhr, Ruhetage: Mo, Di

Käsekunst von Klosterkühen

Lothar Müller rührt seit gut zehn Jahren nur die Milch, die er persönlich bei seinen Klosterkühen der Benediktiner in Neuburg abholt. In der größten Käsemanufaktur nördlich des Allgäus produziert er zwei Dutzend Sorten Käse sowie Butterspezialitäten. Kaufen kann man Müllers Käse auch im Hofladen von Stift Neuburg und im Internet.

Käsemanufaktur Lothar Müller
Rathausstraße 36
68766 Hockenheim
Tel. 0 62 05/10 03 30 | Fax: 0 62 05/64 85
kontakt@kaesemanufaktur.de
www.kaesemanufaktur.de
Öffnungszeiten:
Di 10–13, 16–18.30, Do, Fr, Sa 9–13,
Do, Fr 15–18.30 Uhr

Prädikatsweine

Er trägt seinen Hut wie eine Krone. Und dazu hat Thomas Seeger auch allen Grund. Seit gut zehn Jahren holt der junge Winzer ein Prädikat nach dem anderen. „Qualität“, so sagt Thomas Seeger, „besteht nicht aus Experimenten, sondern aus der Konzentration auf das Wesentliche“, das heißt: konsequente Mengenregulierung und die Arbeit ohne Herbizide und Insektizide. Thomas Seeger stehen nur überschaubare 6 Hektar Rebfläche zur Verfügung. Er setzt auf die klassischen Sorten wie Riesling oder die Burgunder, vor allem den Spätburgunder, aber auch die „schwäbischen“ Sorten wie den Lemberger oder Schwarzriesling. Im Umgang mit den kleinen Eichenfässern ist Seeger ein ganz Großer. Urgroßvater Georg war übrigens der Erste, der an der Südlichen Bergstraße professionell Wein angebaut hat. Thomas Seeger hat sein Erbe inzwischen an die Spitze in Deutschland geführt.

Weingut Seeger
Rohrbacher Straße 101
69181 Leimen
Tel. 0 62 24/7 21 78 | Fax 0 62 24/7 83 63
info@seegerweingut.de
www.seegerweingut.de
Öffnungszeiten:
Sa 9.30–14 Uhr

Milchprodukte aus Nussloch

Auf dem Ziegenkäsehof von Stefanie Schott werden täglich rund 200 Liter Milch verarbeitet. Spezialitäten sind handgeschöpfte Frischkäse, Camembert und Joghurt, dazu Frischmilch, Molke und auch Kosmetika aus Ziegenmilch.

Nusslocher Ziegenkäsehof
An der alten B 3 zwischen Leimen
und Nussloch
69226 Nussloch
Tel. 0 62 24/7 54 23
Fax 0 62 24/7 56 86
nusslocherziegenkaesehof@t-online.de
www.ziegenkaesehof-nussloch.de
Öffnungszeiten:
Do, Fr 15–18.30, Sa 9.30–16 Uhr

Forellen aus dem Sensbachtal

Die Spezialität von Reinhard Lenz sind die gebeizten oder in Buche und Wacholder kalt geräucherten Lachsforellen. Zum Forellenhof von Reinhard Lenz gehören vier Zuchtanlagen im südlichen Odenwald, ein Angelteich mit eigener Räucherei in Mossautal und das Restaurant „Zum Seeblick" in Bad König.

Forellenhof Lenz
Sauersgrund 2
64759 Sensbachtal/Odenwald
Tel. 0 60 68/10 16
webmaster@forellenhof-lenz.de
www.forellenhof-lenz.de

Schön und fit durch Stutenmilch

Die Milch der rund 300 Pferde von Tierarzt Hans Zollmann und seiner Frau Gudrun wird im Rahmen des Kurangebots in Waldbrunn frisch getrunken oder gefroren, gefriergetrocknet oder fermentiert vermarktet.

Kurgestüt Hoher Odenwald
Simmesstraße 17
69429 Waldbrunn-Mülben
Tel. 0 62 74/2 42 | Fax 0 62 74/62 83
info@kurgestuet.de | www.kurgestuet.de
Öffnungszeiten:
Mo–Sa 9–12 Uhr

Auf den Spuren des Dachsenfranz

In den Sudkessel der Adlerbrauerei kommt nur Braugerste von heimischen Landwirten mit kontrolliertem Anbau. Der Braumeister verzichtet auf Druck und Wärme und setzt für seine Biere auf Frische und kurze Transportwege. Pate für diese Philosophie ist der Dachsenfranz, der legendäre Trapper des Kraichgaus. Im Brauereigasthof gibt es auf der regionalen Karte vor allem heimische Gerichte.

Adlerbrauerei Herbert Werner
Hoffenheimer Straße 1
74939 Zuzenhausen
Tel. 0 62 26/93 90 2-0
Fax 0 62 26/93 90 2-22
info@dachsenfranz.de
www.dachsenfranz.de
Öffnungszeiten Getränkemarkt:
Mo–Fr 9–12.30, 14–18 Uhr (außer Mi)
Sa 8–13 Uhr

Kraichgau & Stromberg

Wer auf der Autobahn von Karlsruhe in Richtung Mannheim braust oder zwischen Heilbronn und dem Kreuz Walldorf eilig die Landschaft durchmisst, der mag es kaum glauben, dass sich gleich hinter der nächsten Ausfahrt eine überaus beschauliche Landschaft auftut. Kein Wunder, dass Fans ganz unbescheiden von der badischen Toskana sprechen.

Einst war der Kraichgau ein Durchgangsland zwischen Schwarzwald und Odenwald, zwischen Rhein und Neckar. Aus Bauernsiedlungen wurden Orte mit Markt- und Stadtrechten. Burgen künden von den zahlreichen Herrschaften, die hier aufeinander stießen. Nirgendwo sonst im ganzen Land sind die Grenzen so durchlässig. In dem pittoresken Weinort Oberderdingen etwa: Er liegt im Landkreis Karlsruhe, gehört weinbaulich aber zu Württemberg. Alle paar hundert Meter überschreitet man historische oder andere unsichtbare Grenzen.

Wo Baden und Württemberg sich treffen

Kein Wunder also auch, dass badische Kraichgauer und württembergische Stromberger sich einer Region zugehörig fühlen. Und dass zum Beispiel auch im Kraichgau (schwäbischer!) Trollinger wächst. Die Weinstraßen beider Anbaugebiete gehen unmerklich ineinander über. Und die Vielfalt der Rebsorten ist so groß wie die der Böden: Löß, Keuper, Buntsandstein und vulkanischer Untergrund prägen das Terroir. Im Westen, wo auch viel Spargel gedeiht, überwiegen weiße Rebsorten, weiter östlich dominieren Rotweine. Immer wieder weisen Schilder den Weg zu Hoffesten, Weinproben oder zu einer deftigen Vesper.

Wer von Westen kommt, findet zunächst eine sanft gewellte, überaus fruchtbare Kulturlandschaft vor, über der im Sommer nicht selten die flirrende Hitze steht. Weiter nach Osten zu, wo sich der Naturpark Stromberg-Heuchelberg zum Heilbronner Land hin öffnet, wird es waldiger. Dort hat die Landschaft beinahe etwas Putzig-Puppenhaushaftes. Winzige Dörfer, in denen die Zeit stehen geblieben zu sein scheint, lugen mit ihren Fachwerkhäusern und Kirchtürmen zwischen Rebhängen hervor. Und das gar nicht weit von den Ballungszentren entfernt.

Hotel und Gasthof »Häffner Bräu«

Inhaber:
Familie Willi Häffner
Salinenstraße 24
74906 Bad Rappenau
Tel. 0 72 64/80 50
Fax 0 72 64/80 51 19
hotelhaeffner@t-online.de
www.haeffner-braeu.de

Seit über 2000 Jahren wird am unteren Neckar Salz aus Sole gewonnen und so gehört die Salzgewinnung auch zur langjährigen Tradition in Bad Rappenau. Noch heute kann man die alte Saline besuchen und sich über die historische Soleförderung informieren. Auch der „Sole & Salz Erlebnisradweg" veranschaulicht die bedeutungsvolle Vergangenheit dieser Region. Bad Rappenau – mit dem wunderschönen Wasserschloss als Wahrzeichen – erhielt vor nunmehr 170 Jahren das Prädikat „Bad" und ist heute ein bekannter Kur- und Bäderort. Die Sole wird hier zu Heilzwecken eingesetzt.

Mitten im Kurgebiet befindet sich der nicht minder traditionsreiche Brauereigasthof „Häffner Bräu". Die Brauerei wurde Mitte des 19. Jahrhunderts gegründet und die Familie Häffner blickt bereits auf eine über 200-jährige Brauertradition zurück. Die süffigen untergärigen Biere können nicht nur im Brauereiverkauf erstanden, sondern selbstverständlich auch in den Räumlichkeiten des angrenzenden Gasthofs verköstigt werden. Dazu werden deftige, typisch badische und schwäbische Gerichte, wie beispielsweise der *Vesperteller,* angeboten. Aber auch internationale Spezialitäten und Feinschmeckermenüs fehlen nicht auf der Karte. Darüber hinaus gibt es eine täglich wechselnde Mittagskarte und spezielle Angebote wie die *Spargelwochen* im Frühjahr oder die *Wildwochen* im Herbst. Ihre Produkte beziehen die Häffners von einheimischen Metzgern, Bäckern und von Bauern aus der Region.

Die Gasträume des Familienbetriebs sind gemütlich und rustikal eingerichtet und der Service stimmt auch. Das ehemalige Brauhaus mit Schankwirtschaft verfügt mittlerweile auch über modern ausgestattete Gästezimmer. Für einen längeren Aufenthalt ist man mit dem stattlichen Hotel also bestens beraten.

Lage im Kurgebiet, unmittelbar bei den Bädern
Öffnungszeiten Gasthof: 9.30–23 Uhr, Ruhetag: Fr; Brauereiverkauf: Mo–Fr 9.30–16 Uhr
Preise 5–30 €
Reservierung v.a. am Wochenende empfehlenswert
Kreditkarten American Express, Diners, Mastercard, Visa
Parkplatz am Haus vorhanden
Garten/Kinderfreundlichkeit Freiterrasse mit 100 Plätzen

Gasthof »Grüner Baum«

Inhaber: Horst Ahner
Hauptstraße 2
74391 Erligheim
Tel. 0 71 43/2 25 45
Fax 0 71 43/2 68 92
wirt@uriger-landgasthof-gruener-baum.de
www.uriger-landgasthof-gruener-baum.de

Horst und Uschi Ahner führen bereits in dritter Generation den um 1600 erstmals erwähnten Gasthof „Grüner Baum". Das schöne Fachwerkhaus in der Erligheimer Hauptstraße liegt an der Weinstraße Kraichgau-Stromberg inmitten des Naturparks Stromberg-Heuchelberg. Die sanft hügelige Region lädt zu ausgedehnten Wander- und Radtouren ein, die man mit typisch schwäbischen Spezialitäten im „Grünen Baum" kulinarisch ausklingen lassen kann. Im familiären Ambiente des Landgasthofes findet aber nicht nur der einsame Wanderer seinen Platz: Der Festsaal des „Grünen Baums" wird gerne für Familien- oder Vereinsfeste genutzt.

In der rustikalen, holzgetäfelten Gaststube hat der Gast die Auswahl zwischen bodenständigen und regionalen Gerichten wie Maultaschen, *Rostbraten* mit Schupfnudeln, *Jägersteak in Pilzrahmsoße* oder *Filetsteak* mit Kräuterbutter, Röstkartoffeln und Salat – und kann zu günstigen Preisen sein Viertele „schlotzen". Für den großen Hunger ist besonders der spezielle *„Weischtroaßateller"* zu empfehlen. Diese spezielle Komposition aus Hähnchenbrustfilet, Schweinelendchen, Maultaschen, Schupfnudeln, Pfifferlingen und Spätzle wird von vielen Gastwirten entlang der Weinstraße angeboten und schmeckt im „Grünen Baum" sehr lecker. Neben den Speisen auf der Tageskarte verwöhnen die Ahners ihre Gäste auch mit Extras, wie beispielsweise einer „Kulinarischen Bierprobe" oder Wildgerichten, und offerieren außerdem noch ein spezielles Mittagsangebot. Nicht zu vergessen: Der gelernte Koch Horst Ahner legt höchsten Wert auf Qualität. Für seine selbst gemachten Spätzle, Maultaschen & Co. verwendet er deshalb ausschließlich Produkte aus der Region. Auch das Fleisch bezieht er aus der Umgebung und das Wild stammt vom Stromberg.

Lage in der Erligheimer Ortsmitte
Öffnungszeiten im Winter Di–So durchgehend warme Küche 11–23.30 Uhr, in den Sommermonaten täglich 11–14.30 Uhr und 17.30–23.30 Uhr, Ruhetag: Mo

Preise Hauptgerichte 9–14 €
Reservierung So empfehlenswert
Kreditkarten werden nicht akzeptiert
Parkplatz vorhanden
Garten/Kinderfreundlichkeit Kindergerichte

Restaurant »Krone Gemmingen«

Gemmingen ist eines der ältesten Dörfer im Kraichgau und laut alten Quellen entstand das Städtchen vermutlich aus einer alten Römersiedlung. Der Ortskern mit seinen historischen Bauten ist auch heute noch sehr sehenswert. Das trifft aber auch für die „Krone“ zu. Denn dank der vielen Kleinkunstveranstaltungen und den regelmäßigen Spezialwochen wird's hier nie langweilig.

Natürlich steht bei allem immer das Essen im Mittelpunkt, das hier ausgesprochen lecker ist. Eine gehobene schwäbische Küche wird dem Gast von den Quints aufgetischt: *Schweinerückensteak* auf Paprikagemüse mit Rösti, *Käsespätzle* mit Zwiebelschmelze, *Schwäbischer Sauerbraten* mit hausgemachten Semmelknödeln, *Forelle „blau“* und hausgemachte Maultaschen sind besonders zu empfehlen. Und das umfangreiche *Salatbuffet* mit 40 verschiedenen Salatsorten ist absolut einmalig. Auf Wunsch kann sich der Gast abends aus den angebotenen Speisen auch gerne mehrgängige Menüs zusammenstellen und servieren lassen.

Inhaber: Herbert und Silvia Quint
Richenerstraße 1
75050 Gemmingen
Tel. 0 72 67/2 56
Fax 0 72 67/83 06
info@krone-gemmingen.de
www.krone-gemmingen.de

Neben den dominierenden regionalen Gerichten auf der Karte, auf der auch einfache Gerichte wie Linsen mit Spätzle und Saiten oder eine Flädlesuppe nicht fehlen, bietet die „Krone“ hin und wieder internationale Spezialitäten im Rahmen von Länderwochen an. Und besonders familienfreundlich gibt sich das Restaurant übrigens auch: Für Familien gibt es auf Wunsch ein spezielles Familienbuffet und die Kleinen sind in der Kinderspielecke gut aufgehoben. Die Gaststuben sind gemütlich und in einem leichten, mediterranen Stil gehalten. Bei gutem Wetter ist der Biergarten geöffnet und lockt die Sonnenhungrigen nach draußen.

Der besondere Tipp
„Kronische Kleinkunst“ heißt die Veranstaltungsreihe, im Rahmen derer Kabarett und Kleinkunst auf die Bühne der „Krone“ gebracht werden.

Lage an der B 293 zwischen Heilbronn und Karlsruhe
Öffnungszeiten 11.30–14 Uhr, 18–22 Uhr, Ruhetag: Mo

Preise 6,50–15,90 €
Reservierung So empfehlenswert
Kreditkarten Mastercard, Visa, EC-Karte

Parkplatz vorhanden
Garten/Kinderfreundlichkeit Biergarten, spezielle Gerichte für Kinder, Spielecke

Restaurant & Weintreff »Rebstock«

Inhaber/Küchenchef:
Ulrike Bachmaier/
Ottobert Bachmaier
Eppinger Straße 43
74080 Heilbronn-Böckingen
Tel. 0 71 31/6 42 05 60
Fax 0 71 31/6 42 05 61

Der „Rebstock" ist ein wahres Kleinod. Geschaffen haben es Ulrike und Ottobert Bachmaier. Ihr Konzept ist so einfach wie konsequent: „Wir sind zu zweit" – sie Service, er Küche. Wer unverkleidete Qualität schätzt, der wird sich Gaumen über Kopf in dieses Lokal verlieben. Ob im Restaurant oder auf der Terrasse, man fühlt sich hier wie zu Hause. Dazu trägt auch der ganz besondere Service bei: Mineralwasser und selbst gebackenes Brot kommen hier kostenlos auf den Tisch. „Der Wein erfreuet des Menschen Herz" steht über der Theke. Kein leeres Versprechen: Viele Weine aus der Region finden sich auf der Weinkarte, zum Beispiel von den Wachtstetters oder vom Weingut Kistenmacher-Hengerer. Wer sich nicht entscheiden kann, für den hat Ulrike Bachmaier immer noch einen Tipp parat.

Ottobert Bachmaier verarbeitet in der Küche nur frische, erstklassige Produkte. Ob Fleisch von der örtlichen Metzgerei, Gemüse aus der Region – die Qualität des Produkts ist für Bachmaier entscheidend. Seine feine Küche lässt sich in keine Schublade packen. Die Produkte sind die Stars in seiner Küche, sie kommen möglichst naturbelassen auf den Tisch, denn, so die Devise des Chefs: „Ein gutes Gericht garniert sich selbst." Gewiss, Brezenknödel verraten etwas über seine oberbayerische Herkunft. Auf der täglich wechselnden Speisekarte finden sich aber auch herrliche Risotto-Gerichte. Und die *Spätzle* könnten in einem schwäbischen Restaurant kaum besser sein. Eine weitere Spezialität: Schmorgerichte! Wer hier einen *Ochsenschwanz* bestellt, dem offenbart sich, wie wunderbar Fleischstücke auch jenseits von Filet und Steak schmecken können. Unwiderstehlich auch seine Soßen, zum Beispiel die *Lemberger-Zwiebelsoße* zum *Entrecôte vom Odenwälder Rind.* Wer sich bei dieser kulinarischen Vielfalt nicht entscheiden kann, dem sei das Menü *„Fünfmal d'Gosch gfoppt!"* empfohlen: In fünf kleinen Gängen bekommt man eine köstliche kulinarische Reise quer durch das tagesaktuelle Angebot serviert.

Lage im Heilbronner Stadtteil Böckingen, Ecke Ludwigsburger/Eppinger Straße
Öffnungszeiten Bistro: Di–Fr 12–14 Uhr, Restaurant: Di–Sa ab 18 Uhr, So 12–14 Uhr, Ruhetag: Mo, So abends
Preise Hauptgerichte 5–22 €
Reservierung empfehlenswert, an Wochenenden erforderlich
Kreditkarten keine, aber EC-Karte
Parkplatz kein eigener Parkplatz
Garten/Kinderfreundlichkeit Hofterrasse, Kinderstuhl, Malstifte, individuelle Kinderwünsche werden gerne erfüllt

Restaurant »Goldener Käfer«

Das kleine, gediegene Restaurant „Goldener Käfer“ befindet sich im malerischen Städtchen Ittlingen. So idyllisch und verschlafen der Ort auch wirken mag, um so mehr überrascht die exzellente Küche des „Goldenen Käfers“. Die Betreiber befinden sich seit der Gründung 2002 mit dem Konzept des Restaurants, das auf eine regional-mediterrane Küche mit französischen Akzenten setzt, auf Erfolgskurs. Der „Goldene Käfer“ zählt zu den besten Restaurants im Raum Heilbronn und wurde auch schon vom Gault Millau ausgezeichnet.

Inhaber:
Oliver Varsakis/
Oliver Rausch
Mühlgasse 29
74930 Ittlingen
Tel. 0 72 66/91 20 37
Fax 0 72 66/91 21 97
info@goldener-kaefer.de
www.goldener-kaefer.de

Die Speisen lassen die Kreativität und das meisterliche Handwerk des Chefkochs erkennen. Oliver Varsakis ist im Laufe seiner Kochkarriere schon weit herumgekommen und zauberte unter anderem in der „Villa Hammerschmiede“ in Pfinztal-Söllingen und im „Schloss Hotel Michelfeld“ in Angelbachtal-Michelfeld. Diesen reichen Erfahrungsschatz lässt er in seine Kreationen einfließen und serviert beispielsweise *Duo vom Allgäuer Rehbock* an Himbeerjus mit getrüffelter Pastinaken Brandade und hausgemachten *Nussspätzle* oder *Risotto vom karamellisierten weißen Spargel* mit gebratener Gänsestopfleber und marinierten Gartenkräutern. Die Desserts haben nicht nur wohlklingende Namen, sondern sind wahre Meisterwerke, zum Beispiel getränkter *Schokoladenbiskuit* an glasierten Kirschen und weißer Mousse au Chocolate. Auch das Überraschungsmenü „Amuse bouche“, das in Form eines 6-Gänge Menüs serviert wird, lässt der Probierlaune freien Lauf. Dass die Betreiber auf qualitativ hochwertige Produkte aus der Region setzen, ist im „Goldenen Käfer“ selbstverständlich. Das zeigt auch die wohl sortierte Weinkarte. Man spürt also deutlich, dass die Macher des „Goldenen Käfers“ trotz der Auszeichnungen und des deutschlandweiten guten Rufs die Bodenhaftung nicht verloren haben.

Der besondere Tipp
Im „Goldenen Käfer“ kann man für 6 bis 12 Personen eine Weinprobe buchen, bei der Weine von jungen, aufstrebenden Winzern kredenzt werden. Dazu gibt es Häppchen und Käse aus der Region.

Lage im Ortskern, gegenüber dem Bürgerhaus
Öffnungszeiten Mo–So 12–14 Uhr, 18–23 Uhr, Sa, Mi 18–23 Uhr, Ruhetag: Di

Preise Hauptgerichte 18,50–24,50 €
Reservierung empfehlenswert
Kreditkarten Mastercard, Visa, EC-Karte

Parkplatz ca. 25 Parkplätze vorhanden
Garten/Kinderfreundlichkeit Terrasse, nach Anfrage werden Speisen für Kinder auch individuell gekocht

Vinothek »Sonne«

Inhaber:
Ute Kochendörfer/
Gudrun Gildenhard
Maybachstraße 40
74245 Löwenstein
Tel. 0 71 30/40 59 85
Fax 0 71 30/40 59 87
info@vinotheksonne.de
www.vinotheksonne.de

Im ehemaligen Gasthaus „Sonne" in Löwenstein befindet sich seit 2005 eine kleine, aber sehr feine Vinothek. In den modernen und hellen Räumlichkeiten (man hat sogar an ein separates Raucherzimmer und an eine idyllische Gartenterrasse mit wundervoller Aussicht gedacht) werden hervorragende Weine ausgeschenkt. Württemberger Rotweine wie Lemberger und Trollinger, spritzige Weißweine sowie liebliche Roséweine bilden die Schwerpunkte. Die guten Tropfen stammen allesamt von 13 Weingütern und drei Genossenschaftskellereien aus der Region Löwenstein und Obersulm. Selbstverständlich kann man diese hier auch käuflich erwerben. Dazu gibt's leckere Kleinigkeiten aus der regionalen Küche zu verköstigen. Ein *Vesperteller* mit Schinken vom Schwäbisch-Hällischen Landschwein, belegte Ciabattas, *Maultaschen,* eine *Käseplatte mit Biolandkäse* aus der Dorfkäserei Geifertshofen oder auch hausgemachte Kuchen sind die Spezialitäten der beiden Besitzerinnen Ute Kochendörfer und Gudrun Gildenhard.

Die beiden Damen laden gerne zu einer Weinprobe in die Vinothek. Während der regulären Öffnungszeiten darf man sich zu fairen Preisen nach Herzenslust durch die leckeren Weine testen, und auf Wunsch wird auch eine moderierte Weinprobe angeboten. Besondere Specials sind die „Kulinarischen Weinproben". Bei diesen Gelegenheiten präsentieren sich die Weingüter mit ihren edlen Tropfen. Dabei kommt auch der kulinarische Part in Form von mehrgängigen Menüs, zubereitet von Köchen nahe gelegener Restaurants, nicht zu kurz. Mit wechselnden Kunstausstellungen haben sich die Besitzerinnen übrigens auch einen Ruf in der Kunstszene gemacht, und so wird ein Besuch in der „Vinothek" zu einem Gesamterlebnis, das alle Sinne stimuliert.

Lage an der B 39 in der Stadtmitte
Öffnungszeiten Fr–Mo ab 14 Uhr, Di, Do nach Vereinbarung
Preise Hauptgerichte unter 10 €
Reservierung nicht unbedingt erforderlich
Kreditkarten keine Kreditkarten
Parkplatz eigene Parkplätze vor dem Haus oder öffentliche Parkplätze neben dem Haus
Garten/Kinderfreundlichkeit Gartenterrasse

Hotel-Restaurant »Zum Nachtwächter«

1441 erbaut, ist das Hotel-Restaurant „Zum Nachtwächter“ das älteste Wohnhaus im Regierungsbezirk Karlsruhe. In diesen geschichtsträchtigen Gemäuern wohnte der letzte Nachtwächter Lienzingens, der dem Gasthof seinen Namen verlieh. Im liebevoll restaurierten Fachwerkhaus, das übrigens 1996 den Denkmalschutzpreis des Schwäbischen Heimatbundes gewonnen hat, wird dem Gast besonders viel geboten. In den gemütlich eingerichteten historischen Räumen schmecken vor allem die leckeren schwäbischen Spezialitäten wie *Maultaschen mit Waldpilzen* in Rahmsoße, der *Tafelspitz mit Meerrettich, Preiselbeeren und Bratkartoffeln* oder der *Zwiebelrostbraten* mit hausgemachten Spätzle. Die Desserts stellen den Gast ebenso vor die Qual der Wahl wie die zwölf verschiedenen Menüs, die man übrigens auch je nach Lust und Laune selbst zusammenstellen kann. Die Zutaten kommen immer frisch auf den Teller, denn die Pfullingers verwenden ausschließlich Produkte aus eigener landwirtschaftlicher Herstellung, mit denen sich der Gast nach dem Restaurantbesuch gerne auch im Hofladen eindecken kann. Aber auch den Durst kann man hervorragend im „Nachtwächter“ stillen. Es werden typisch schwäbische Weine wie Lemberger und Trollinger von ausgewählten Weingütern der Region angeboten. Die Brände stammen vom Obst aus eigenem Anbau. Als Ausgangspunkt für Ausflüge, etwa ins nahe gelegene Kloster Maulbronn, ist der „Nachwächter“ sehr zu empfehlen: gestärkt nach einem üppigen *Brunch-Buffet* (jeden ersten Sonntag im Monat) ist man für alle Eventualitäten gewappnet. Die Pfullingers sind aber überhaupt sehr aktiv und bieten ihren Gästen viele nette Aktionen, wie beispielsweise eine Whiskey-Probe oder im August das dreitägige Hoffest mit Live-Bands und Spanferkelessen.

Inhaber:
Reinhard Pfullinger
Knittlinger Straße 21
75417 Mühlacker-Lienzingen
Tel. 0 70 41/9 51 10
Fax 0 70 41/95 11 55
info@hotelrestaurant-nachtwaechter.de
www.hotelrestaurant-nachtwaechter.de

Der besondere Tipp
Mit dem Rad auf Tour durch das Ländle? Im Biergarten des „Nachtwächters“ ist jedes zehnte Radler, das von durstigen Radfahrern bestellt wird, gratis.

Lage im historischen Ortskern von Lienzingen
Öffnungszeiten Di–Sa 11.30–14 Uhr, Mo–Sa 17–23 Uhr, So, feiertags durchgehend warme Küche; Biergarten: bis 22 Uhr geöffnet
Preise Hauptgerichte 7,90–15 €, Menüs 18–35 €
Reservierung empfehlenswert, vor allem am Wochenende
Kreditkarten Mastercard, Visa, EC-Karte
Parkplatz am Haus
Garten/Kinderfreundlichkeit Gartenterrasse, Sandkasten, umfangreiche Kinderkarte

Restaurant »Alte Klosterstube«

Inhaber:
Ralf und Karin Pitsch
Pfarrgasse 17
75031 Mühlbach bei Eppingen
Tel. 0 72 62/20 48 20
Fax 0 72 62/2 06 95 89
info@klosterstube.de
www.klosterstube.de

Klein aber fein! In der „Alten Klosterstube“ agieren Ralf und Karin Pitsch in den beiden gemütlichen Restauranträumen mit acht Tischen. Der talentierte Jungkoch und seine Frau, die mit routinierter Hand den Service übernimmt, haben lange nach der richtigen Wirkungsstätte gesucht und es mit der „Alten Klosterstube“ in Eppingen gefunden. Das denkmalgeschützte Fachwerkhaus aus dem 16. Jahrhundert hat viel Flair, und im Innenhof kommt an lauschigen Sommerabenden sogar Toskana-Stimmung auf.

Ralf Pitsch wartet mit einer verfeinerten Regionalküche auf und verzichtet auf allzu gewagte Kreationen. Der *Gefüllte Ochsenschwanz* mit Spätzle, die *Maultaschen* vom Reh mit Pfifferlingen, der *Wildkräutersalat* mit geräuchertem Wildschweinschinken und die rosa gebratene Lammkeule mit Thymiangnocchi sind wunderbar gelungen und beweisen das meisterliche Handwerk des Kochs. Auch die Desserts, wie zum Beispiel das *Süppchen vom Frühapfel* mit Zimtschaum, sollte man sich keinesfalls entgehen lassen. Verwendet werden hauptsächlich Produkte aus der Region und das Fleisch stammt aus artgerechter Haltung. Die Kräuter für die knackigen Salate werden übrigens vom Chefkoch höchstpersönlich auf den Wiesen gesammelt. Bei so viel Frische und Qualität kommt man gerne her, was auch die immer größer werdende Stammkundschaft beweist. Zu den Speisen auf der Karte werden auch wöchentlich wechselnde Menüs geboten. Auf der Weinkarte finden sich 420 verschiedene Positionen. Die „Alte Klosterstube“ ist sowohl optisch als auch kulinarisch ein Genuss.

Der besondere Tipp
Zur „Alten Klosterstube“ gehört eine „Vinothek“ (Mi–Fr 14–18.30, Sa 10–14 Uhr oder nach Vereinbarung), deren Schwerpunkt im Moment noch auf den französischen Weinen liegt, aber sukzessive auf deutsche und regionale Weine umgestellt wird.

Lage gegenüber der evangelischen Kirche
Öffnungszeiten Restaurant: Do–So ab 19 Uhr, Sa, So ab 12 Uhr
Preise Hauptgerichte 14–24 €
Reservierung empfehlenswert
Kreditkarten werden nicht akzeptiert
Parkplatz am Haus
Garten/Kinderfreundlichkeit Innenhof, Malstifte vorhanden

Restaurant »Traube«

Inhaber: Ute und Martin Frisch
Kolbensteige 8
74182 Obersulm-Eichelberg
Tel. 0 71 30/81 30
Fax 0 71 30/81 82
traube-eichelberg@t-online.de
www.traube-eichelberg.de

Wer es in das kleine 450-Seelen Dorf Eichelberg geschafft hat, wird in der „Traube" mit einer guten Portion schwäbischer Gastlichkeit empfangen, denn in dem Familienbetrieb wird noch mit viel Leidenschaft und Herzlichkeit Gastronomie betrieben. Vor vielen Generationen stand hier eine Weinwirtschaft, von der heute noch die eigenen Weinberge zeugen. Auch auf der Weinkarte spiegelt sich diese Tradition. Riesling, Kerner, Grauburgunder, Trollinger oder Lemberger stammen allesamt von Winzern der Umgebung und sind hier zu ordentlichen Preisen zu bekommen.

Aber nicht nur der Wein stammt von hier, sondern auch der Großteil der anderen Produkte, die in der Küche zum Einsatz kommen. Der gelernte Metzger Martin Frisch bezieht seine Fleisch- und Wurstwaren von einem Metzger aus Eschenau und auch Obst und Gemüse haben keine langen Transportwege hinter sich. Diese Frische schlägt sich in der Qualität der angebotenen Speisen nieder. Die Wirtsleute, obwohl in den Küchen der Welt schon weit herumgekommen, haben sich auf typisch schwäbische Gerichte spezialisiert, die hier mit großer Kunst zubereitet werden. *Gefüllte Kalbsbrust, Saure Nierle, Kutteln* und Sauerbraten sind alle auf der Speisekarte zu finden. Zusätzlich werden aber auch Spezialitäten aus der heimischen Jagd angeboten wie zum Beispiel der *Sauerbraten vom Wildschwein* mit Schnäpsleszwetschgen oder *Wildragout* mit Semmelknödeln. Als Liebhaber der schwäbischen Küche kommt man in der „Traube" auf jeden Fall auf seine Kosten. Aber keine Angst, auch Vegetarier sind hier willkommen und werden mit ausgezeichneten Gerichten verwöhnt.

Lage ländlich-idyllische Lage im Obersulmer Ortsteil Eichelberg
Öffnungszeiten Mo–Fr 10–14 Uhr, 17–24 Uhr, Sa, So durchgehend geöffnet, Ruhetag: Di
Preise Hauptgerichte 9–16 €
Reservierung vor allem am Wochenende empfehlenswert
Kreditkarten keine, aber EC-Karte
Parkplatz vor dem Haus
Garten/Kinderfreundlichkeit Kinderkarte

Gasthaus »Zum Landvogt«

Inhaber: Ursula Müller von der Winden
Kirchstraße 2
74229 Oedheim-Degmarn
Tel. 0 71 39/93 36 77
Fax 07139/93 36 78
info@zum-landvogt.de
www.zum-landvogt.de

Die Wirtin des „Landvogts" ist von Haus aus Designerin und das merkt man der stilvollen Gestaltung der Außen- wie Innendekoration deutlich an. Die Tische sind fröhlich gedeckt und besonders die Kleinen bekommen bei der Gestaltung ihrer Teller mit Orangenscheiben und Gummibärchen große Augen. Im „Landvogt" wird traditionell schwäbisch gekocht wie es für das Unterland rund um Heilbronn typisch ist. *Lachsspätzle, Pilzgiggerle,* Hähnchenbrustfilet mit Sahne und Käse überbacken, saftige Rinderrückensteaks und *Medaillons von der Wildschweinlende,* in einer Rotwein-Feigensauce serviert, sind allesamt empfehlenswert. Aber auch für Vegetarier bietet der Familienbetrieb leckere Gerichte an, wie zum Beispiel das knackige Gemüse im Crêpemantel. Kinder können gerne vom Teller der Eltern mitessen oder bekommen ein kleines Schnitzel mit Beilagen nach Wunsch serviert.

Die gutbürgerliche Speisekarte ist saisonal ausgerichtet und so landet eben das, was es gerade auf dem Feld gibt, auch auf dem Teller des Gastes. Die Produkte stammen übrigens alle von Landwirten aus der näheren Umgebung. Die Gemüsebauern befinden sich sogar direkt vor der Tür. Im kleinen Hofladen, der zum „Landvogt" gehört, kann man diese Produkte auch käuflich erwerben. Das Fleisch bezieht die Inhaberin aus dem Hohenlohischen. Die Weine kommen überwiegend aus dem Unterland, getreu der Devise, dass Wein natürlich an seinem Herkunftsort am besten schmeckt. Die Wirtsleute beraten übrigens gerne bei der Weinauswahl. Solch netter Service und die hervorragende Küche waren auch dem Gault Millau eine Auszeichnung wert.

Der besondere Tipp
Der „Landvogt" bietet an Sonntagen in der warmen Jahreszeit von 11–15 Uhr die Möglichkeit, sich beim Sommer-Brunch verwöhnen zu lassen.

Lage zwischen Neuenstadt und Oedheim, im Zentrum von Degmarn
Öffnungszeiten Mi, Do, Sa 17–22 Uhr, Fr, So 11.30–14 Uhr, 15–22 Uhr, Ruhetage: Mo, Di
Preise Hauptgerichte 6–16 €
Reservierung empfehlenswert
Kreditkarten werden nicht akzeptiert
Parkplatz vorhanden
Garten/Kinderfreundlichkeit Biergarten, Kindergerichte

Gasthaus »Adler«

Inhaber: Rainer Wachtstetter
Michelbacher Str. 8
74397 Pfaffenhofen
Tel. 0 70 46/3 29
Fax 0 70 46/93 10 00
info@wachtstetter.de
www.wachtstetter.de

Die sanft gewellte Landschaft des Zabergäus ist ein hervorragendes Gebiet für gute Rotweine – und die Heimat des Lembergers: Die Grafen von Neipperg hatten recht bald die klimatischen Vorteile der Region erkannt und betrieben schon im 13. Jahrhundert Weinbau. Sie waren es auch, die die ersten Setzlinge vom Blaufränkisch, dem Vorläufer des Lembergers, aus Österreich importierten. Der Michaelsberg mit der alten romanischen Michaelskirche sowie die trutzige Doppelburg der Grafen von Neipperg locken auch heute noch viele Gäste und Touristen an.

In Pfaffenhofen findet sich das Weingut Wachtstetter, das auf seinen elf Hektar vor allem den schwäbischen Klassiker Lemberger, aber auch Spätburgunder, Trollinger, Dornfelder oder Kerner anbaut. Rainer Wachtstetter blickt auf eine lange Winzertradition zurück, die mit dem Ur-Urgroßvater Ernst Combé begründet wurde. Neben dem Weingut befindet sich die Gaststätte „Adler" mit ihrer gemütlich-rustikalen Stube. Jedes Familienmitglied ist hier noch persönlich engagiert – Rainer Wachtstetter kümmert sich um den Wein, seine Frau übernimmt die Küche und der Vater ist für die Schlachtung zuständig.

Dieses Engagement in allen Bereichen kommt auch beim Gast an, so dass man sich hier sehr gerne verwöhnen lässt. Aufgetischt wird vor allem eine herzhafte und regionale Küche. *Rehbraten* mit Rotkraut und handgeschabten Spätzle, *Kalbsnierenbraten* und *Wildhasenkeule* lassen keine Wünsche mehr offen. Die Spezialität des Hauses ist übrigens das *Spanferkel,* das man hier unbedingt einmal probieren sollte. Und die Weine der Wachtstetters, die man bei einem Besuch gleich mit nach Hause nehmen sollte, harmonieren wunderbar mit den Speisen. Rainer Wachtstetter selbst ist übrigens der größte Fan der servierten Gerichte. Schade, dass die Gaststätte nur an den Wochenenden geöffnet ist.

Lage am Ortsrand, nahe der Weinberge
Öffnungszeiten Fr–So, am letzten Wochenende im Monat geschlossen

Preise 6,50–12,50 €
Reservierung empfehlenswert
Kreditkarten nur EC-Karte

Parkplatz vor dem Haus
Garten/Kinderfreundlichkeit Biergarten, Kindergerichte

Theaterrestaurant »Beutelkasten«

Inhaber: Wolfgang und Gerlinde Fessler
Fessler Mühle
Untere Mühle 2-4
74372 Sersheim
Tel. 0 70 42/84 05 40
oder 3 39 14
Fax 0 70 42/3 25 83
info@beutelkasten.de
www.beutelkasten.de

Einen Besuch im Sersheimer „Beutelkasten" sollte man sich nicht entgehen lassen. Das kleine Theaterrestaurant ist im ehemaligen Wagenschuppen der „Fessler Mühle" untergebracht, deren Mühlenrad fleißig klappernd seine Arbeit verrichtet. Die Mühle schaut auf eine lange Tradition zurück, bietet heute aber Dank des findigen Müllermeisters Wolfgang Fessler weit mehr als nur Mehl. Neben einem Mühlenmuseum, einem Sportinstitut und dem Mühlenladen gibt's eben auch den „Beutelkasten", in dem man hauptsächlich bei kabarettistischen Veranstaltungen essen kann. Das Ambiente ist urig und macht zusammen mit den Veranstaltungen der Kleinkunstbühne den Besuch zu einem besonderen Erlebnis. Kulinarisch dominiert die traditionell schwäbische Küche. *Maultaschen, Spätzle* und Co. schmecken hier so wie es sein soll. Aber auch kleine Ausflüge in die piemontesische Küche sind nicht ausgeschlossen.

Die Fesslers nehmen an der Aktion „Schmeck den Süden" teil und wurden in diesem Rahmen sogar ausgezeichnet. Hier kommt nichts auf den Tisch, was nicht aus der Region stammt. In der hauseigenen Bäckerei wird selbst gebacken – natürlich mit dem eigenen Mehl –, Obst und Gemüse stammen von Landwirten der Umgebung ebenso wie die Fleisch- und Wurstwaren. Bei schönem Wetter hat zusätzlich der Biergarten geöffnet, wo es an lauschigen Sommerabenden besonders romantisch wird. Wenn man Glück hat, dann erzählt der Müllermeister auch ein paar Geistergeschichten rund um die „Fessler Mühle".

Lage im idyllischen Mettertal am Ortsrand von Sersheim
Öffnungszeiten geöffnet an Wochenenden und Feiertagen, unter der Woche nach Vereinbarung
Preise 4,90–15 €
Reservierung erforderlich
Kreditkarten keine Kreditkarten
Parkplatz eigener Parkplatz
Garten/Kinderfreundlichkeit Biergarten, Spielmöglichkeiten

Restaurant »Burg Ravensburg«

„Und oben auf dem Berg erhebt sich die Burg". Malerisch liegt die Ravensburg oben auf dem Rebberg. Im Jahre 1220 erstmals urkundlich erwähnt, sind die Burganlagen und die Weinberge auch heute noch im Privatbesitz der Freiherren Göler von Ravensburg. Seit mehr als zehn Jahren hat das Ehepaar Burmeister die Leitung des Weingutes und des Burgrestaurants übernommen. Der Gastraum mit seinem gemütlichen Kachelofen verbreitet ein behagliches Flair, das mit der weitläufigen Aussicht wunderbar kontrastiert. Diese Verbindung findet sich auch im Angebot der Speisen: einerseits eine hochwertige Regionalküche, andererseits kulinarisch raffinierte Spezialitäten. Die Speisekarte wird monatlich verändert und berücksichtigt saisonale Angebote.

Inhaber:
Freiherren Göler von Ravensburg
75056 Sulzfeld/Baden
Tel. 0 72 69/91 41 91
Fax 0 72 69/91 41 53
restaurant@burg-ravensburg.de
www.burg-ravensburg.de

Beispielhaft für regionaltypische Gerichte sind das *Filet vom Schwäbisch-Hällischen Landschwein* unter der Käse-Kräuterkruste, die *Mousse von der Kraichgauforelle* und kleinem Kartoffelrösti oder die Kraichgauforelle im Ganzen gebraten mit Speckchampignons. Sogar Sulzfelder Winterkartoffeln kommen „zur Aufführung"! Nicht nur, aber besonders im Herbst werden traditionelle Wildgerichte aus eigener und Stromberger Jagd als typische Spezialitäten angeboten, etwa *Geräucherter Wildschweinschinken* oder die in Wacholder gebratenen *Rehmedaillons.* Die Nähe zum größten deutschen Spargelmarkt in Bruchsal ist nicht zu übersehen. Zur Saison werden zahlreiche *Spargelgerichte* offeriert. Den krönenden Abschluss bilden die selbst gemachten Desserts, zum Beispiel *Zitronen-Crème Brûlée.* Die Weinkarte glänzt ausschließlich mit Wein und Sekt aus dem eigenen Weingut. Der historische Rittersaal der Burg steht für festliche Anlässe zur Verfügung und im Sommer bietet der Außenbereich ein unvergessliches kulinarisches Erlebnis in einer romantischen Umgebung.

Der besondere Tipp
In der Burg können sich Paare in der „Mittelalterlichen Gewölbekapelle" unterhalb des Palastgebäudes kirchlich trauen lassen.

Lage eine kleine Straße führt bis nach oben, es kann aber auch unterhalb der Burg geparkt werden
Öffnungszeiten Mi–Sa 11.30–14 Uhr, 17–21.30 Uhr, So 11.30–14 Uhr, 17.30–20 Uhr, Ruhetage: Mo, Di, Mitte Dezember–Ende Februar geschlossen
Preise Vorspeisen 4,50–10,50 €, Hauptgerichte 13,40–19,80 €, Menü ca. 40 €
Reservierung erforderlich
Kreditkarten American Express, Mastercard, Visa
Parkplatz vorhanden
Garten/Kinderfreundlichkeit innerer Burghof zwischen Bergfried und Burgbrunnen, Sonnenterrasse entlang der Burgmauer mit Blick auf die Weinberge

Einzigartige Essige

Was 1968 mit einem kleinen, vergessenen Fässchen Balsamico begann, ist heute eine einzigartige Manufaktur für Essigspezialitäten. Mit dem klassischen Balsamico gibt sich der Winzer Robert Bauer längst nicht mehr zufrieden: Balsamessig aus Ahornsaft oder Äpfeln, Mango- oder Tomatenessig sind erhältlich, natürlich alle in bester Qualität.

Acetoria
Heilbronner Straße 56-60
74223 Flein
Tel. 0 71 31/25 16 62 | Fax 0 71 31/57 32 88
acetovin@t-online.de | www.acetoria.de
Öffnungszeiten:
Mo–Fr 9–12 Uhr, 14–18 Uhr, Sa nach tel. Vereinbarung

Kartoffelvielfalt

Walter Kress ist einer der ausgewiesenen Experten im Anbau geschmacklich hochwertiger Biokartoffeln und anderer Knollen- und Wurzelfrüchte. „Wir müssen zeigen, dass der Kartoffelbauer, genau wie der Winzer, das Terroir geschmacklich rüberbringt", so lautet sein Motto. Auch längst vergessene Kartoffelspezialitäten, für deren Erhalt sich Kress besonders einsetzt, gedeihen hier im Heilbronner Land.

Haaghof Ökologischer Landbau
74239 Hardthausen-Gochsen
Tel. 0 71 39/45 24 64 | Fax 0 71 39/45 24 66
kress@haaghof.com | www.haaghof.com
Öffnungszeiten:
nach tel. Vereinbarung

Backkunst mit Tradition

Die Familienbäckerei verbindet gelungen Tradition und Innovation. Die Spezialität des vielfach ausgezeichneten Hauses sind die so genannten Goldkeimlinge, die, im Teig verarbeitet, viele Vitamine und Mineralstoffe liefern. Auch das Holzofenbrot der Bäckerei ist sehr zu empfehlen.

Bäckerei Härdtner (Stammhaus)
Gottlob-Banzhaf-Straße 18
74172 Neckarsulm
Tel. 0 71 32/9 30 00 | Fax 0 71 32/1 73 89
info@haerdtner.de | www.haerdtner.de
Öffnungszeiten:
Mo–Fr 6–18.15 Uhr, Sa 6–13 Uhr, So 8–11 Uhr

Ziegenkäse aus dem Naturpark

Mitten im Kraichgau leben die Ziegen der Familie Voorhoeve auf der Bioland Ziegen- und Geflügelfarm. Obwohl die Milch von etwa 100 Ziegen auch unverarbeitet gekauft werden kann, steht die Herstellung einer großen Palette verschiedenster Ziegenkäse im Mittelpunkt. Daneben wird Ziegenwurst und -fleisch zum Verkauf angeboten.

Ziegenfarm Voorhoeve
Ölmühle 10
75038 Oberderdingen
Tel. 0 70 45/89 54
Fax 0 70 45/21 12 70
Voorhoeve@web.de
www.ziegenfarm-voorhoeve.de
Öffnungszeiten:
Mo–Sa 9–18 Uhr

Wein und Genuss

Mitten im Kraichgau findet man das Weingut Heitlinger, dem ein Weinbistro und ein Restaurant angeschlossen sind. Der Laden bietet die selbst erzeugten Weine und lokale Spezialitäten zum Mitnehmen an.

Weingut Heitlinger GmbH
Am Mühlberg
76684 Östringen-Tiefenbach
Tel. 0 72 59/9 11 20 | Fax 0 72 59/91 12 99
info@heitlinger-wein.de
www.heitlinger-wein.de
Öffnungszeiten:
Mo–Sa 10–20 Uhr

Ein Weingut mit Tradition

Das Weingut des Grafen Neipperg zählt zu den ältesten Weingütern Württembergs, denn hier wird seit 750 Jahren Wein angebaut. Und die hervorragenden Rieslinge und Lemberger gehören zu den besten in Württemberg.

Weingut des Grafen Neipperg
Schlossstraße 12
74193 Schwaigern
Tel. 0 71 38/94 14 00 | Fax 0 71 38/40 07
neipperg@t-online.de
Öffnungszeiten:
Mo–Fr 8–11.30 Uhr,
13–16 Uhr, Sa 10–12.30 Uhr

Hohenlohe & Taubertal

Dieser Landstrich hat nicht nur in Baden-Württemberg, sondern in ganz Deutschland Furore gemacht. Weit und breit gibt es kein leuchtenderes Beispiel für den Triumph des Regionalen als Hohenlohe. Und kaum irgendwo sonst gibt es so viele und erfolgreiche Hofläden und Erzeugergemeinschaften wie hier. Das ist ermutigend für Landwirtschaft und Gastronomie, aber auch für all diejenigen, die dem Genusse frönen.

Die Entwicklung war so nicht vorherzusehen, zumal die Region im Nordosten des Landes lange Zeit im Schatten der pulsierenden Zentren stand. Doch hat sich inzwischen eine enorme Eigendynamik entfaltet, Ansteckungsgefahr eingeschlossen. Begehrt war zuerst die Schwäbisch-Hällische Landsau – ein kleines Wunder, war doch Schweinefleisch hierzulande bereits arg denaturiert und bis zur Geschmacklosigkeit heruntergekommen. Beliebt und von den Karten der Restaurants gar nicht mehr wegzudenken ist mittlerweile auch das Bœuf de Hohenlohe, ein Weiderind mit herrlich-marmoriertem, aromatischem Fleisch. In diesem Dunstkreis und auf diesem fruchtbaren Boden tummeln sich immer neue pfiffige Erzeuger – von Käse genauso wie von Gemüse.

Natur im Gleichgewicht

Oder sogar von Wein: Im Taubertal und in den angrenzenden Gebieten Frankens beeindrucken inzwischen einige Winzer mit ihren Weinen das geneigte Publikum. Ein Reinheitsgebot mit strengen Regeln soll den regionalen Rebensaft bekannt machen und nach vorne bringen, gleichzeitig aber den Respekt vor dem Naturprodukt unterstreichen.

Natur pur, das ist auch der erste Eindruck, den Städter von dieser Landschaft gewinnen: ein weites Land, sanft geschwungen und dünn besiedelt, ein harmonisches Nebeneinander von Wald, Acker und Wiese, viel Hochfläche und wenige tief eingeschnittene Flusstäler (Jagst und Kocher), reichlich Burgen – darunter auch die eines gewissen Götz von Berlichingen – und Schlösser, Klöster und Residenzen. Mit anderen Worten: eine Region, die den Genuss fördert und deren touristisches Potenzial – glücklicherweise? – noch bei weitem nicht ausgeschöpft ist.

Restaurant »Vinothek & Markthalle«

Restaurant
„Vinothek & Markthalle“
im L'Art de Vivre Hotel
„Victoria“
Geschäftsführer: Otto Geisel
Poststraße 2–4
97980 Bad Mergentheim
Tel. 0 79 31/59 36 07
Fax 0 79 31/59 35 00
info@victoria-hotel.de
www.victoria-hotel.de

Das große, elegante Hotel am Rande der historischen Altstadt Bad Mergentheims ist seit drei Generationen im Besitz der Familie Geisel. Schon seit jeher legte man Wert auf eine gute Küche, was der kontinuierlich verliehene Michelin-Stern für das Gourmetrestaurant „Zirbelstube“ sichtbar belegt. Nur durch einen Gang getrennt von ihr ist das Restaurant „Vinothek & Markthalle“, das mit einer herrlichen Bar, dem Ausblick auf einen kleinen Garten und der offenen Küche prunkt. In dieser Küche werden die Speisen für beide Restaurants frisch gekocht.

Zum Credo Otto Geisels gehört, dass weitestgehend nur regionale Produkte der Saison frisch auf den Tisch kommen. Täglich wechselt ein preisgünstiges Auswahl-Menü mit sechs Gerichten. Vorzüglich schmecken die *Bärlauch-Kartoffelsuppe* mit Mergentheimer „Knäudele“, die *Kalbskutteln* in Rieslingsoße mit grünem und weißem Spargel, das *Ragout vom Hohenloher Weiderind* mit Speck, Paprika und Kartoffelpüree, das stattliche Kalbskotelett mit Brot-Salbeikruste auf Blattspinat, die Käseauswahl mit Zurwieser und Atzenroder Käse und der *Ofenschlupfer* mit Rhabarber, Zibeben und Sauerrahmeis.

Das Haus ist berühmt für seinen Weinkeller; rund 500 Etiketten warten hier auf Liebhaber. Die Weine werden nicht nur in den Restaurants angeboten, sondern auch über die hauseigene Weinhandlung „Victoria Weine, Otto Geisel E.K.“. Im Restaurant „Vinothek & Markthalle“ wird eine kleine, aber feine Auswahl von rund zehn tauberfränkischen, französischen und italienischen Tropfen standardmäßig angeboten, die man nicht nur flaschenweise, sondern auch glasweise genießen kann. Tauberfränkisches Bier und feine Destillate – viele auch aus der Region – ergänzen die Tafelgetränke.

Der besondere Tipp
Auch online können die Weine aus Otto Geisels Weinhandlung bestellt werden. Informationen unter: www.victoria-weine.de

Lage gegenüber dem Bahnhof von Bad Mergentheim, unmittelbar am Rande der malerischen Altstadt und der Fußgängerzone
Öffnungszeiten täglich 12–24 Uhr, warme Küche 12–22.30 Uhr, kein Ruhetag

Preise Hauptgerichte 12–29 €, Tagesmenüs ca. 20 €
Reservierung erwünscht
Kreditkarten American Express, Mastercard, Visa, EC-Karte

Parkplatz entlang der Poststraße direkt am Hotel sowie eigener Parkplatz einige Schritte entfernt in der Unteren Mauergasse
Garten/Kinderfreundlichkeit Hofgarten mit ca. 40 Plätzen

Gasthof und Metzgerei »Zum Löwen«

Inhaber: Robert Philipp
Marktplatz 4
74542 Braunsbach
Tel. 0 79 06/9 10 5-0
Fax 0 79 06/9 10 5-30
zumloewen@t-online.de
www.braunsbach.de/zum-loewen

Inmitten des Städtchens Braunsbach beherbergt ein eher unauffälliges, architektonisch schlichtes Gebäude den Gasthof „Zum Löwen“ und die Metzgerei. Dass dieses Haus eine Jahrhunderte zählende Geschichte hat, ist von außen nicht zu sehen, doch innen gibt es noch einen Zeugen – einen Saal mit Stuckdecke aus alter Zeit. Eine schöne Terrasse mit Brunnenskulptur dient als Biergarten, den einige Kübelbepflanzungen begrünen. Die Gaststube empfängt den Besucher mit einer stimmungsvollen Atmosphäre. Hier schließt sich ein weiterer, kleinerer Gastraum an, den Einheimische gerne auch schon nachmittags zum Skat spielen nutzen. Im gleichen Haus ist auch die Metzgerei untergebracht. Bis vor zwei Jahren hat Robert Philipp, Metzgermeister und Chef des Hauses, noch selbst geschlachtet. Heute bezieht er die Hälften seiner Schwäbisch-Hällischen Schweine von der Erzeugergemeinschaft. Wurst und Fleisch für die „Löwen“-Küche stammen aus der eigenen Metzgerei.

Das Ehepaar Philipp packt in allen Bereichen der beiden Betriebe mit an. Der freundliche, kompetente Service wird von Doris Philipp geleitet. In der „Löwen“-Küche bestimmen beide Ehepartner mit einem kleinen Team den Gang der Dinge. Gepflegt wird eine traditionelle, bürgerliche und schwäbische Küche mit üppigen Portionen. Die *Maultaschensuppe* beispielsweise ist eine kräftige Rindsuppe mit mächtiger Maultasche von gut gewürztem Brät, die durchaus schon sättigend ist. Die *Nierle* „sauer“ mit hausgemachten Spätzle sind so wie „von Muttern“. Der *Zwiebelrostbraten* inmitten üppiger Soße mit Bratkartoffeln und Salat beglückt nicht nur Schwaben. Geschnetzelte Leber, Kutteln oder *Spanferkel* sind weitere schwäbische Schmankerln, die man auf der nicht allzu umfangreichen Speisekarte findet. Sonntags gibt es eine etwas andere Karte, bei der *Schmorbraten* dominieren. Die Getränkekarte ist ebenfalls nicht groß: Die Weine stammen aus Hohenlohe, das Bier aus dem nahen Schwäbisch Hall und auch die Schnäpse kommen aus der Region.

Lage in der Ortsmitte von Braunsbach, direkt am Marktplatz, der auch reichlich Parkplätze bietet
Öffnungszeiten täglich ab 7 Uhr, Ruhetag: Di
Preise Hauptgerichte überwiegend unter 10 €, einige bis 13 €
Reservierung unter der Woche nicht nötig, am Wochenende empfehlenswert
Kreditkarten keine
Parkplatz auf dem Marktplatz, wenige Schritte entfernt
Garten/Kinderfreundlichkeit Biergarten-Terrasse vor dem Haus

Landhaus »Rössle«

Inhaber: Familie Thomßen-Pils
Mainhardter Str. 26
74626 Bretzfeld-Brettach
Tel. 0 79 45/9 11 1-0
Fax 0 79 45/9 11 1-30
landhaus@roessle-brettach.de
www.roessle-brettach.de

Das neu renovierte Landhaus „Rössle" liegt im Ort Brettach idyllisch an einem kleinen Bach; es hat einen lauschigen Garten mit alten Bäumen, in dem man bei schönem Wetter in sehr romantischer Atmosphäre essen kann. Vier Zimmer beziehungsweise Appartments laden zum Übernachten ein. Sternekoch Bernd Pils und seine Gattin Inka Thomßen-Pils haben das Landhaus im Februar 2005 übernommen und zu einem kulinarischen Treffpunkt gemacht. Am eleganten Ambiente merkt man, dass Inka Thomßen-Pils ursprünglich Innenarchitektin werden wollte. Dem reduzierten Stil entspricht auch der unaufdringliche Service. Angenehm ist der komfortable Abstand zwischen den Tischen.

Die Speisekarte wird dominiert von den zwei – alle zwei bis drei Wochen wechselnden – Menüs, deren Gänge auch jeweils als einzelnes Gericht in der Speisekarte aufgeführt werden. Ergänzt werden diese um zwei bis drei weitere Vor-, Haupt- und Nachspeisen. So hat man zum Beispiel die Wahl zwischen vier Vorspeisen, vier Fisch- und sechs Fleischgerichten, sowie vier Nachspeisen. Jedes Menü kann man als Drei-, Vier- oder Fünf-Gang-Menü bestellen.

Bernd Pils bezieht seine Produkte wenn möglich aus der Region, zum Beispiel Fleisch vom Schwäbisch-Hällischen Schwein, Brettacher Spargel, Käse aus einer benachbarten Käserei. Besonders zu empfehlen sind die *Fischsuppe,* die *Gänseleberpastete* mit schwarzen Walnüssen, das Rinderfilet in Rotwein pochiert mit Pfefferbutter, Bohnen-Zuckerschotengemüse und Rösti und der Loup de Mer auf gebratenem *Brettacher Spargel. Fromage blanc* oder Erdbeersorbet mit marinierten Erdbeeren sind typische Beispiele für die Nachtische des Hauses. Die Weinkarte entspricht dem Umfang der Speisekarte. Es sind überwiegend deutsche, aber auch italienische und französische sowie regionale Weine im Angebot, teilweise auch offen.

Lage im kleinen Ort Brettach, von Bretzfeld kommend links an der Hauptstraße
Öffnungszeiten 12–14.30 Uhr, ab 18 Uhr, Ruhetag: Mo ab 14 Uhr

Preise Hauptgerichte 18–24 €
Reservierung So empfehlenswert
Kreditkarten Visa, EC-Karte
Parkplatz direkt am Haus
Garten/Kinderfreundlichkeit Garten am Bach

Restaurant »Kochstube Bitzer«

Inhaber: Joachim Bitzer
Goldbachstraße 2
74677 Dörzbach
Tel. 0 79 37/58 43
Fax 0 79 37/80 23 85
info@kochstube-bitzer.de
www.kochstube-bitzer.de

Inmitten des hübschen Städtchens Dörzbach ist in einem kleinen Haus das Restaurant „Kochstube Bitzer“ untergebracht, flankiert von einem Garten mit Obstbäumen, in den ein Wintergarten hineingebaut wurde, der auch im Winter Helligkeit in die Gaststube bringt. Joachim Bitzer hat dieses ehemalige Wohnhaus, das auch mal ein Friseursalon war, liebevoll umgebaut. Bis 2005 kochte der Chef noch ausschließlich in seiner Kochstube – ganz am Anfang gab es in der Tat nur eine Stube, daher der Name. Inzwischen kann man Bitzers Kochkunst auch im Restaurant der Stadthalle Künzelsau genießen. Das Credo der Bitzers hieß von Anfang an: regionale und saisonale Produkte frisch gekocht. Das Fleisch kommt von einem Metzger aus Krautheim, der seine Tiere aus der Umgebung bezieht, die Lämmer sind aus Ailringen, das Geflügel aus dem nahen Eberbach, so manches Gemüse und Obst aus Dörzbach selbst.

Die Speisekarte ist nicht groß, was immer ein gutes Zeichen ist, aber dennoch ausreichend reichhaltig: Vorspeisen, Salate, Suppen, Fleisch, Fisch, vegetarische Gerichte. Desserts sind nur zu Sonn- und Feiertagen im Angebot. Die Bitzers pflegen die hohenlohisch-schwäbische Küche, doch findet man auch asiatische oder mediterrane Gerichte. Sehr zu empfehlen sind die *Schwäbische Hochzeitssuppe* mit vielerlei Einlagen und die *Ochsenschwanzsuppe*. Bei den Hauptgerichten ist der *Zwiebelrostbraten* mit Bratkartoffeln so, wie man ihn heute nicht mehr allzu oft bekommt: aus dem richtigen Fleischstück des Rindes, die Zwiebeln in der Pfanne süßlich-aromatisch geschmelzt und die Soße schwäbisch üppig. Auch die Brust vom *Eberbacher Junghuhn*, perfekt gegart, ist ein Genuss.

Die Getränkekarte ist ebenfalls nicht groß. Bei den offenen Weinen sind vor allem regionale Weine im Angebot, bei den Flaschenweinen kommen auch andere deutsche Regionen zum Zuge. Biere und Spirituosen, Letztere allerdings in beachtlicher Auswahl, stammen aus dem Tauber- und Jagsttal.

Lage in der Ortsmitte von Dörzbach, wo die Straße von Möckmühl und Krautheim in die B 19 mündet, die hier in einem rechten Winkel jagstaufwärts führt
Öffnungszeiten 11–14 Uhr, 17.30 Uhr, So, feiertags ab 11 Uhr, Ruhetage: Di, Mi
Preise Hauptgerichte 10–15 €
Reservierung unter der Woche nicht notwendig, So empfehlenswert
Kreditkarten EC-Karte
Parkplatz gegenüber befindet sich ein kleiner Parkplatz, weitere Parkplätze hinter dem Haus
Garten/Kinderfreundlichkeit Garten, einige Kindergerichte

»Gasthof zur Post«

Inhaber:
Walter Blattau
Honigsteige 1
74214 Kloster
Schöntal
Tel. 0 79 43/22 26
Fax 0 79 43/25 63
walter.blattau@t-online.de
www.gasthof-post-schoental.de

Das Kloster Schöntal ist das Zentrum und der Namensgeber für die Gemeinde, die aus den Ortschaften Berlichingen, Bieringen, Oberkessach und Aschhausen besteht. Das Zisterzienserkloster ist eine weitläufige, kunsthistorisch bedeutsame Anlage des frühen 18. Jahrhunderts. Im Kreuzgang lässt sich beispielsweise eine Darstellung des berühmten Götz von Berlichingen bewundern. Im ehemaligen Klosterwaschhaus von 1701 ist der „Gasthof zur Post" untergebracht. Bereits in der dritten Generation ist die Familie Blattau Eigentümer des Gasthofes; heutiger Patron ist Walter Blattau, der auch in der Küche der Chef ist. Das Restaurant verfügt über verschiedene Räume. Rustikales Ambiente zeigt die „normale" Gaststube, während die anderen Räume unterschiedliche Stimmungen vermitteln.

Die „Post" pflegt eine bodenständige Küche, „ohne Firlefanz", wie der Patron sagt. Diese ist schwäbisch orientiert, wenngleich die Produkte hohenlohisch, also fränkisch, sind. Doch der über 200 Jahre währende schwäbische Einfluss prägt natürlich die Küche einer Region ganz besonders, wenn es sich dabei um schwäbische Leibspeisen wie Maultaschen, Rostbraten, Kutteln oder Spätzle handelt. Neben einer umfangreichen Standardkarte, die je nach Saison geändert wird, gibt es auch eine Tageskarte mit ständig wechselnden Gerichten, wobei Salat zumeist das Gemüse ersetzt. Die Tagessuppe, eine Fleischbrühe mit Mark-, Fleisch- und Grießklößchen, Eierstich und Spätzle, ist als Auftakt besonders zu empfehlen. Als Hauptgerichte sind die gefüllte *Kalbsbrust* mit Pilzen, Spätzle und Salat sowie der *Rehbraten* aus heimischer Jagd überdurchschnittlich gut. Und die Desserts, Schokoladenparfait mit feinen Früchten oder *Apfelküchle* mit Vanillesoße und Vanilleeis, sorgen für einen gelungenen Abschluss. Die Getränkekarte bietet neben Weinen der Region (Kocher und Neckar) auch tauberfränkisches Bier und hohenlohische Destillate.

Lage Teil der Klosteranlage
Öffnungszeiten ab 9 Uhr, warme Küche 12–14, 18–21 Uhr, Ruhetag: Mo
Preise Hauptgerichte 10–15 €, aber auch einige unter 10 €
Reservierung empfehlenswert
Kreditkarten EC-Karte
Parkplatz ausreichend eigene Parkplätze an der Straße
Garten/Kinderfreundlichkeit Außenterrasse mit ca. 70 Plätzen, Kindergerichte

Hotel Restaurant »Anne-Sophie«

Geschäftsführerin:
Carmen Würth
Schlossplatz 9
74653 Künzelsau
Tel. 0 79 40/93 46-0
Fax 0 79 40/93 46-77
info@hotel-anne-sophie.de
www.hotel-anne-sophie.de

Das Hotel Restaurant „Anne-Sophie" liegt sehr zentral in der Innenstadt von Künzelsau und ist gut nach einem Stadtbummel zu Fuß erreichbar. Geschäftsführerin Carmen Würth hat es sich zum Ziel gesetzt, auch behinderten Mitmenschen eine fundierte Ausbildung und sinnvolle Beschäftigung in der Gastronomie zu ermöglichen und hat zudem ihr Haus zur Nichtraucherzone erklärt; zwei sympathische Besonderheiten des Hotel Restaurants „Anne-Sophie". An Räumlichkeiten hat man die Wahl zwischen der Gaststube, in der noch heute Wandmalereien an das 17. Jahrhundert erinnern, oder dem modern gestalteten Café mit Galerie und einer, einschließlich des Dachs, voll verglasten Front zur Terrasse. Auch diese bietet im Sommer Plätze mit Flair. Hin und wieder gibt es Aktionen und Veranstaltungen verschiedenster Art, vom Langschläferfrühstück jeden ersten Sonntag im Monat über donnerstägliche Klaviermusik im Café bis zu verschiedenen kulinarischen Themenabenden.

Der besondere Tipp
Feierlichkeiten aller Art können im „Anne-Sophie" in einem Saal des historischen Gewölbekellers, der über 200 Jahre alt ist, durchgeführt werden.

Da die Speisekarte regional und vor allem auch saisonal geprägt ist, wechselt das Angebot alle drei Monate. Mittags gibt es zusätzlich eine Wochenkarte. Sehr gut schmecken die *Lauchcremesuppe,* der *Schwäbische Rostbraten* – perfekt gegart und sehr zart – mit einer Maultasche, Wein-Sauerkraut und hausgemachten Spätzle. Zum krönenden Abschluss ist die sehr leckere *Eierlikörmousse* zu empfehlen.

Die Getränkekarte bietet Bier vom „Sudhaus" und aus der „Distelhäuser Brauerei" und diverse Weine von fränkischen und tauberfränkischen Winzern. Zusätzlich stehen auch ein paar italienische und französische Tropfen zur Auswahl. Das Hotel verfügt über zehn Doppel- und zwei Einzelzimmer, zwei der Doppelzimmer sind behindertengerecht eingerichtet.

Lage mitten in der Stadt, direkt am Schloss Künzelsau
Öffnungszeiten Di–So ab 7 Uhr, warme Küche 11.30–14 Uhr und 17.30–21.30 Uhr

Preise Hauptgerichte 10–15 €
Reservierung empfehlenswert
Kreditkarten Mastercard, Visa, EC-Karte

Parkplatz in der Tiefgarage oder „Wertwiesenparkplatz" (öffentlich)
Garten/Kinderfreundlichkeit Terrasse

Restaurant »Ratskeller Bachmann«

Landhotel Restaurant „Ratskeller Bachmann“
Inhaber: Werner Bachmann
Josef-Schmitt-Straße 17
97922 Lauda-Königshofen
Tel. 0 93 43/6 20 7-0
Fax 0 93 43/6 20 7-16
Ratskeller-lauda@t-online.de
www.ratskeller-lauda.de

Der traditionsreiche „Ratskeller“ ist mit Inhaber und Küchenchef Werner Bachmann in dritter Generation in Familienbesitz. Seine Karriere begann Werner Bachmann in den Küchen verschiedener Steigenberger Hotels, aber seit 1986 bereichert er die hohenloher beziehungsweise tauber-fränkische Gastronomielandschaft mit seinen hervorragenden Kochkünsten. Da sich die Gasträume dem Namen widersprechend nicht im Keller befinden, ist es schön hell und freundlich. Für Gruppen steht aber auch noch ein Gewölbekeller zur Verfügung. Die Räume sind gemütlich eingerichtet und passend zur Jahreszeit sehr schön, aber nicht überladen dekoriert. Ein Ambiente, in dem man sich wohl fühlen kann. Dazu trägt selbstverständlich auch die freundliche und kompetente Bedienung bei.

Kulinarisch hat man die Auswahl zwischen Salaten, Fisch- und Fleischgerichten, zwei Menüs und zusätzlich noch einem Tagesgericht sowie der Wochenkarte (zum Beispiel mit einer Auswahl an Wildgerichten). Die *Bärlauch-Forellensuppe* und das *Lammpfännchen,* beides aus regionalen Zutaten bereitet, sind absolut zu empfehlen. Eine *Reiscreme* zum krönenden Abschluss sollte man sich nicht entgehen lassen. Da das Angebot der Karte saisonal bedingt wechselt, werden die genannten Gerichte nicht immer angeboten. Dies unterstreicht jedoch auch den hohen Anspruch der Küche.

Die Getränkekarte umfasst neben Bieren, regionalen und internationalen Weinen auch weitere Positionen und bietet damit jedermann eine passende Ergänzung zu einem vorzüglichen Mahl – vom Aperitif bis zum Espresso.

Lage im Stadtteil Lauda, von der Ortsmitte kommend auf der linken Seite in der Josef-Schmitt-Straße
Öffnungszeiten täglich 17–24 Uhr, Di–So 11.30–14 Uhr, warme Küche bis 22 Uhr
Preise Hauptgerichte 11–15 €
Reservierung zumindest abends sinnvoll
Kreditkarten EC-Karte
Parkplatz nein, aber Parken in der Gegend möglich, z.B. Richtung Bahnlinie, Garagen für Hotelgäste
Garten/Kinderfreundlichkeit Biergarten

Der besondere Tipp
Das Hotel bietet günstige Wochenendpauschalen an, die 2 Übernachtungen mit Frühstück sowie ein 3-Gang-Menü und ein 5-Gang-Schlemmermenü beinhalten.

Hotel »Altes Amtshaus«

Betritt man das „Alte Amtshaus" im kleinen Ort Ailringen, weisen sanfte Klaviertöne den Weg in den historischen Gewölbekeller, wo man von einem Hauch Luxus empfangen wird. Sofort vergisst man den Alltag und lässt sich gerne von Spitzenkoch Olaf Pruckner auf lukullische Reisen entführen. Passend zur jeweiligen Saison erwarten den Gast elegante Menüs, mit denen der Chefkoch, der übrigens mit einem Michelin-Stern und 16 Punkten im Gault Millau ausgezeichnet wurde, Zeitgemäßes mit regionalen Traditionen auf exzellente Weise zu verbinden versteht. Als Beispiel sei hier eines seiner Sommermenüs genannt, das mit *Saibling mit Quitten-Bohnen, Geeister Rucolasuppe,* Kaninchenroulade und Leber sowie zum Abschluss einem *Limonenflan* mit eingelegten Mispeln aufwartet. Auch das *Hohenloher Lamm* auf Aprikosencouscous mit Pfifferlingen und gefüllter Zucchiniblüte ist eine gelungene Kombination. Seine Produkte bezieht Olaf Pruckner zum größten Teil aus der Region: Das Fleisch bekommt er von der Bäuerlichen Erzeugergemeinschaft Schwäbisch Hall und den Käse von der Schafskäserei Atzenrod. Die Brände auf der Getränkekarte stammen von der Obstbrennerei Käppler aus Kupferzell.

Küchenchef:
Olaf Pruckner
Kirchbergweg 3
74673 Mulfingen-Ailringen
Tel. 0 79 37/9 70-0
Fax 0 79 37/9 70-30
info@altesamtshaus.de
www.altesamtshaus.de

Wer nicht nur auf hohem Niveau schlemmen möchte, der kann sich aber auch ein paar Tage in einem der 15 Zimmer verwöhnen lassen, denn das Haus bietet nicht nur kulinarische Gaumenfreuden. Die idyllische Landschaft lädt zu ausgedehnten Spaziergängen ein. Auch viele weitere Specials bietet das „Alte Amtshaus": Verliebte und Romantiker können zum Beispiel in trauter Zweisamkeit das Candle-Light-Dinner und Kuschel-Frühstück genießen. Neben dem Verwöhnprogramm kann der Gast im „Alten Amtshaus" in den Kochkursen aber auch selbst aktiv werden und sich ein paar Tipps und Tricks beim äußerst sympathischen Sternekoch Olaf Pruckner abschauen.

Lage in Ailringen in die erste Straße links einbiegen, nach ca. 100 Metern stehen Sie vor dem „Alten Amtshaus"
Öffnungszeiten Mi–Sa 18–22 Uhr, So, feiertags 12–14 Uhr, 18–22 Uhr, Ruhetage: Mo, Di
Preise Menüs 44–78 €
Reservierung empfehlenswert
Kreditkarten werden akzeptiert
Parkplatz am Haus
Garten/Kinderfreundlichkeit Terrasse, Kinderspeisekarte

Gasthof »Lamm«

Inhaber: Familie Haberstock-Markert
Kirchgasse 18
74585 Rot am See
Tel. 0 79 55/23 44
Fax 0 79 55/23 84
lamm-rotamsee@t-online.de
www.lamm-rotamsee.de

Der Landgasthof „Lamm" ist zu einem beliebten Ausgangspunkt für Wanderer und Radfahrer im Hohenloher Land geworden. Aber auch weniger sportliche Gäste werden hier verwöhnt. Das „Lamm" hat eine über 100 Jahre alte Tradition und die Wirtsleute setzen diese gekonnt fort. Aufgetischt wird dem Gast eine regionale schwäbische Küche, die zum Beispiel mit *Lammbraten* an Rosmarinsoße, Maultaschen, Kartoffelrösti oder *Rehragout* überzeugt. Aber auch das *Schwäbische Filetpfännle* mit Champignons, Rahmsoße, Schupfnudeln und Salat oder der *Zwiebelrostbraten* vom Hohenloher Weiderind mit hausgemachten Spätzle schmecken hervorragend. Für den kleineren Appetit gibt es den *Radlersalat* mit knackigen Apfelspalten, Sonnenblumenkernen, gerösteten Maultaschen und Joghurtdressing, der nicht nur dem Radler mundet. Als Dessert zu empfehlen sind die *Hohenloher Zwetschgen* mit Walnusseis und Sahne. Sonntags kann man sich übrigens ab 18 Uhr für kleines Geld an dem deftigen Vesperbüffet laben, bei dem auch diverse Salate angeboten werden.

Das Restaurant „Lamm" nimmt an der Aktion „Schmeck den Süden" teil, so dass hier zum überwiegenden Teil regionale Produkte, wie zum Beispiel das Hohenloher Weidelamm, serviert werden. Die Wirtsleute pflegen außerdem einen engen Kontakt zu ihren Lieferanten und Erzeugern. So kann man sich sicher sein, im „Lamm" stets gute Qualität angeboten zu bekommen. Bei so viel persönlichem Engagement der Wirtsleute schlemmt man doch gerne. Die rustikalen Gasträume wirken urig und gemütlich und auch der nette Service lässt Freude aufkommen. Besonders schön ist die Gartenterrasse, die mit einem eigenen Grillplatz ausgestattet wurde. Hier werden auch Hoffeste oder sogar ein Jazz-Frühschoppen veranstaltet.

Lage recht zentral in der Nähe der Kirche
Öffnungszeiten 11.30–23 Uhr, Ruhetag: Do
Preise Hauptgerichte 7,80–15,10 €
Reservierung empfehlenswert
Kreditkarten Diners, Visa, EC-Karte
Parkplatz eigener Parkplatz für Pkw und Bus
Garten/Kinderfreundlichkeit Gartenterrasse, Kinderteller

Restaurant »Blauer Bock«

Geschäftsführer:
Peter Weissbach
Lange Straße 51-53
74523 Schwäbisch Hall
Tel. 07 91/8 94 62
Fax 07 91/85 61 15
Blauer_Bock@t-online.de
www.blauerbock-sha.de

„Gut sind wir nicht zu finden, aber wenn Sie uns finden, finden Sie uns gut!" ist ein Versprechen der Wirtsleute auf der Homepage des „Blauen Bocks". Das denkmalgeschützte Haus liegt in einer schmalen Gasse in der Nähe der Kunsthalle Würth. Und in der Tat, die Suche hat sich gelohnt! In dem hell und freundlich eingerichteten, rauchfreien Hauptgastraum fühlt man sich wie in der „guten Stube"– auch wegen der mit 30 Plätzen überschaubaren Größe. Zusätzlich stehen aber noch ein weiterer Raum sowie ein Wintergarten mit jeweils 20 Plätzen zur Verfügung. Im Sommer kommt noch ein idyllischer Biergarten mit weiteren 20 Sitzplätzen hinzu, in dem es sich herrlich entspannen – und natürlich auch genießen lässt.

Die Speisekarte bietet regionale und internationale Spezialitäten mit Fleisch oder Fisch und auch vegetarische Gerichte, alles aus überwiegend regionalen Produkten. Überzeugend ist das sehr zarte, mit Kräutern überbackene *Lammrückenfilet.* Für die Liebhaber von Innereien zu empfehlen sind die schwäbischen sauren *Kutteln* oder für Fischfreunde das *Lachsforellenfilet* auf Orangenbutter mit Sepianudeln. Der Renner aber ist – nach eigenen Aussagen – der *Krustenbraten* vom Schwäbisch-Hällischen Schwein mit Schwarzbiersoße, spätestens seit Inhaber und Koch Peter Weissbach diesen vor laufender Kamera des SWR Fernsehens zubereiten durfte.

Der besondere Tipp
Wie wäre es, sich an einem hektischen Werktag im „Blauen Bock" mit einem preisgünstigen „Quicklunch" verwöhnen zu lassen? Dieser enthält mal Suppe, Salat oder Dessert und zum Abschluss immer eine gute Tasse Kaffee.

Die Getränkekarte umfasst sowohl Haller Bier als auch eine Auswahl Baden-Württemberger sowie internationaler Weine. Wegen der inzwischen überregionalen Bekanntheit ist eine Reservierung ratsam. Für Reisende und Urlauber stehen im „Blauen Bock" zwei Einzel- und drei Doppelzimmer zur Verfügung.

Lage von der Innenstadt über den Kocher in der Katharinenvorstadt, nahe der Kunsthalle Würth
Öffnungszeiten Di–Fr, So 12–14 Uhr, ab 18 Uhr, Sa ab 18 Uhr, Ruhetage: Mo, letzter So im Monat

Preise Hauptgerichte 10–15 €, einige Hauptgerichte auch unter 10 €
Reservierung empfehlenswert
Kreditkarten Mastercard, Visa, EC-Karte

Parkplatz öffentliches Parkhaus bei der Kunsthalle, Garagen für Hotelgäste vorhanden
Garten/Kinderfreundlichkeit Biergarten, Terrasse vor dem Haus

Bierstube »Brauhaus«

Bierstube „Brauhaus" in der „Distelhäuser Brauerei"
Geschäftsführer: Stefan Bauer
Grünsfelder Straße 3
97941 Tauberbischofsheim-Distelhausen
Tel. 0 93 41/80 50
Fax 0 93 41/8 05 27
info@distelhaeuser.de
www.distelhaeuser.de

Die „Distelhäuser Brauerei" ist eine regionale Brauerei im Familienbesitz, die auf hohe Qualität achtet. Der Name „Brauhaus" für die Bierstube liegt deshalb nahe, doch ist dieses Wirtshaus mit Geschmack, klaren Formen und schönen Materialien modern gestaltet. Inhaber Stefan Bauer fühlt sich der Region verpflichtet. Deshalb konzentriert sich die Brauerei im Ein- und Verkauf auf die Region im 100-Kilometer-Umkreis. Gleiches gilt auch für das „Brauhaus".

Küchenchef im „Brauhaus" ist Herr Ruppert, der mit seinem Team auch große Gesellschaften bewältigen kann. Während der Woche ist die Bierstube gut besucht, bei schönem Wetter erfreuen zudem eine schmale Hochparterre-Terrasse und ein begrünter, kleiner Biergarten.

Die Karte zeigt Vorspeisen, Salate, Fisch- und Fleischgerichte, Desserts und auch Spezielles für die Kinder. Die Speisen bestehen nicht nur aus regionalen Produkten, sondern reflektieren auch regionale Rezepte. Sehr zu empfehlen sind die Tafelspitz-Bouillon mit Flädle, das Tatar von gebeizter Taubertäler *Lachsforelle* mit kleinen Kartoffelküchle, *Sauerbraten* vom heimischen Wildfleisch mit Thymianbällchen und Birnenrotkraut, *„Das Beste vom Landschwein"* (Medaillons mit Kräuterkruste, gesottene Zunge, Bäckchen, Bratwurst mit Gemüsesoße und Grünkerntrambele) oder als Dessert Halbgefrorenes von weißer und dunkler Schokolade mit eingemachten Sauerkirschen. Außerhalb der Zeiten für die warme Küche offeriert eine Brotzeitkarte erstklassige Hausmacher Wurst und Schinken, aber auch gebratene Bratwürste mit Brot und Käse der Biokäserei Zurwies. Dazu genießt man eines oder zwei der feinen Biere; für Weinliebhaber gibt es einige Tropfen so renommierter Weingüter wie Rudolf Fürst, Bürgstadt und Konrad Schlör, Wertheim-Reicholzheim. Drei Brände aus der Region runden das Getränkeangebot ab.

Lage im Brauereigelände direkt am Betriebshof
Öffnungszeiten Mi–So ab 11 Uhr, Mo ab 17.30 Uhr, warme Küche 11.30–13.30 Uhr, 17.30–21 Uhr, Ruhetag: Di
Preise Hauptgerichte 8–15 €
Reservierung So empfehlenswert
Kreditkarten keine
Parkplatz ausreichend eigene Parkplätze
Garten/Kinderfreundlichkeit Terrasse, Biergarten, Kindergerichte

Restaurant »Rose«

Inhaber: Familie Andruschkewitsch
Ortsstraße 13
74541 Vellberg-Eschenau
Tel. 0 79 07/22 94
Fax 0 79 07/85 69
inof@eschenau-rose.de
www.eschenau-rose.de

Im kleinen Ort Eschenau, der zwischen den beiden Städten Crailsheim und Schwäbisch Hall zu finden ist, umgeben von den Ellwanger Bergen auf der einen und den Limpurger Bergen auf der anderen Seite, wunderschön im romantischen Bühlertal, befindet sich die „Rose". Das Restaurant wird bereits in der fünften Generation von Adelheid und Jürgen Andruschkewitsch geführt. Hier im Hohenloher Land spielt auch heute noch die Landwirtschaft eine große Rolle und so verwendet Jürgen Andruschkewitsch für seine kreativen Kreationen ausschließlich regionale Produkte. Das Schwäbisch-Hällische Schwein stammt sogar aus der eigenen Aufzucht und die phantasievolle Kräuterküche der „Rose" wird mit Kräutern aus dem eigenen Garten versorgt.

Spezialisiert haben sich die Wirtsleute auf eine leckere Vollwertküche, die aber keinesfalls langweilig daherkommt. Frische *Pfifferlinge mit Grünkernknödeln, Steinbuttfilet* mit Gartenkräutern und Jasminreis, *Putenbrustmedaillon* auf roten Balsamicolinsen, mit Emmerkrapfen, *Gefüllter Obersontheimer Ziegenbauch* oder Basilikum-Zucchini-Tiramisu mit Kräutersalat und Dinkelbaguette haben ein wunderbar feines Aroma. Die Wochenmenüs der „Rose" wechseln je nach Saison, denn natürlich werden nur frische Produkte verwendet. Rund 80 Prozent der Produkte stammen aus biologischem Anbau, und man findet auch alte Getreidesorten wie Emmer, Einkorn oder Kamut in der Küche der „Rose".

Der besondere Tipp
Wenn Sie die leckeren Gerichte nachkochen wollen, dann melden Sie sich am besten zu einem der regelmäßig stattfindenden Kochkurse von Jürgen Andruschkewitsch an.

Nicht nur die zahlreichen Stammgäste, sondern auch die Kritiker sind von dieser ideenreichen und gesunden Küche begeistert und so zählt die „Rose" zu den zehn besten vegetarischen Restaurants in Deutschland. Übrigens können Sie den Restaurantbesuch auch mit einem Wildkräuterspaziergang kombinieren.

Lage in Eschenau, unterhalb von Vellberg
Öffnungszeiten Mi–So 11.45–13.45 Uhr, Di–So 17.30–21.30 Uhr, Ruhetag: Mo, Oktober–April Mi, Do nachmittags geschlossen
Preise Hauptgerichte 8–16,60 €
Reservierung empfehlenswert , am Wochenende erforderlich
Kreditkarten Diners, Mastercard, Visa, EC-Karte
Parkplatz vorhanden
Garten/Kinderfreundlichkeit Terrasse, Kinderkarte, Spiel- und Malsachen

Bistro im Hotel »Laurentius«

Inmitten des Residenzstädtchens Weikersheim, umrahmt von einem sehenswerten, historischen Stadtbild, wenige Schritte von der Stadtkirche gleichen Namens entfernt, ist das Hotel-Restaurant „Laurentius“ nicht zu übersehen. Eine Caféterrasse, von der sich der Marktplatz und dessen Leben gut beobachten lässt, lädt zum Verweilen ein. Zum Ensemble gehört das Gourmetrestaurant im Gewölbekeller und das Bistro im Hochparterre mit einer Hofterrasse. Das Bistro, bestückt mit kleinen Tischen und komfortablen Stühlen, hat ein modernes Ambiente, das durch dunkle Hölzer und Leder einen eleganten Anstrich bekommt. Das Gebäude ist einige Jahrhunderte alt, doch haben ihm die Besitzer, Sabine und Jürgen Koch, ein modernes Erscheinungsbild gegeben, das dennoch die Geschichte des Hauses ersichtlich werden lässt.

Inhaber: Sabine und Jürgen Koch
Marktplatz 5
97990 Weikersheim
Tel. 0 79 34/91 08-0
Fax 0 79 34/91 08-18
info@hotel-laurentius.de
www.hotel-laurentius.de

Das Bistro pflegt eine heimische Küche fast ausschließlich aus Hohenloher Produkten. Jürgen Koch, Mitglied der „Jeunes Restaurateurs d'Europe“, zeigt in seinen Regionalgerichten, welche Finesse diese haben können. Seine Frau Sabine ist eine kompetente Sommelière und somit für das Weinangebot zuständig, das vorwiegend aus Tauberfranken stammt. Die Speisekarte, die auch Menüs mit Auswahlmöglichkeiten zeigt, ist im Bistro recht umfangreich; die Getränkekarte ist kleiner, doch was darauf steht ist von ausgesucht guter Qualität. Neben den saisonalen Standardgerichten gibt es auch Tagesempfehlungen. Besonders zu empfehlen sind die *Grünkern-Schaumsuppe* und die Maultaschensuppe. Ein herrliches Schmorgericht ist die Ochsenschulter *„Böff de Hohenloh“,* geschmort in Tauberschwarz, begleitet von Hohenloher Frühlingsgemüse und einem feinen Bärlauch-Kartoffelbrei oder die glasierte *Kalbsschulter* auf weißem Spargel mit Butterkartöffelchen. Eine originelle Schokoladenterrine mit Marzipaneis oder ein sehr sahniges *Kipferlparfait* mit glasierten Erdbeeren sind ein nicht alltäglicher Menü-Abschluss.

Lage in der Ortsmitte von Weikersheim, direkt am Marktplatz
Öffnungszeiten täglich 7–22 Uhr
Preise Hauptgerichte 12–20 €, Menüs ab 23 €
Reservierung nicht erforderlich
Kreditkarten American Express, Mastercard, Visa, EC-Karte
Parkplatz hinter dem Haus und auf dem ca. 150 Meter entfernten städtischen Parkplatz
Garten/Kinderfreundlichkeit Terrasse vor dem Haus, eine Hofterrasse hinter dem Haus

Wein aus dem Taubertal

Der Weinanbau in Markelsheim wurde 1096 erstmals urkundlich erwähnt. Der Muschelkalkboden des Taubertals verleiht den Weinen eine besondere Finesse. Im Weingut Schurk entstehen die Weine noch mit viel Handarbeit. Bei Führungen weiht Winzer Urban Schurk seine Gäste gerne in die Geheimnisse des Weinanbaus ein.

Urban Schurk Weingut
Schwennengasse 4
97980 Bad Mergentheim-Markelsheim
Tel. 0 79 31/35 00
Fax 0 79 31/4 76 24
info@weingut-schurk.de
www.weingut-schurk.de
Öffnungszeiten:
Mo–Fr 9–18 Uhr, Sa 9–16 Uhr,
So 10–12.30 Uhr und nach tel. Vereinbarung

Fischgenuss aus dem Taubertal

In zehn Teichen werden die Forellen der Fischzucht Dürr herangezogen. Das frische Wasser des Erlenbachs sowie ausgewähltes Futter bester Qualität sind Garanten dafür, dass die Forellen aus dieser Zucht immer hervorragend schmecken.

Forellenzucht Dürr
Erlenbach 17
97999 Igersheim
Tel. 0 79 31/75 30 | Fax 0 79 31/47 74 74
Duerr@gmx.de
Öffnungszeiten:
Mo–Fr von 9–18 Uhr
Sa 9–13 Uhr

Bio-Geflügel aus dem Kochertal

Der vom Bundeslandwirtschaftsminister ausgezeichnete, größte Demeter-Putenbetrieb Deutschlands garantiert eine artgerechte Haltung und stressfreie Schlachtung. Das Angebot umfasst Puten ganz und halb, aber auch zerlegt in 3 und 5 Kilogramm Fleischpaketen sowie Putenteile, Landgockel und Weidegänse.

Demeter-Brunnenhof
Hohestraße 25
74653 Künzelsau-Mäusdorf
Tel. 0 79 40/22 70 | Fax 0 79 40/49 11
info@gefluegelvombrunnenhof.de
www.gefluegelvombrunnenhof.de
Öffnungszeiten:
Mo–Fr 9–18 Uhr, Sa 9–13 Uhr

Rohmilch-Schafskäse aus Langenburg

Die Demeter-Hofkäserei von Berit und Norbert Fischer liegt außerhalb des Ortes, etwas versteckt. Etwa 5000 Kilogramm Käse werden jährlich aus Rohmilch der eigenen Schafe hergestellt: Blauschimmelkäse, Hartkäse sowie verschiedene Weichkäse vom Frischkäse bis zum Rotschimmelkäse.

Langenburger Schafkäserei
Breberweg 2
74595 Langenburg
Tel 0 79 05/4 75 | Fax 0 79 05/94 04 43
roque-blue@gmx.de
www.schafkaese.com
Öffnungszeiten:
Mo–Fr 9–18, Sa 9-13 Uhr

Bummeln auf dem Schwäbisch Haller Bauernmarkt

Die zu einer Erzeugergemeinschaft vereinigten Bauernhöfe der Region Hohenlohe bieten auf dem Bauernmarkt in Schwäbisch Hall frische und erstklassige Produkte aus eigener Erzeugung an. In dem Markt hat man die Auswahl zwischen Hohenloher Spezialitäten wie dem Hällischen Landschwein oder dem Bœuf de Hohenlohe.

Bauernmarkt Schwäbisch Hall
Raiffeisenstraße 20
74523 Schwäbisch Hall
Tel. 07 91/9 32 90 50
Fax 07 91/9 32 90 59
bauernmarkt@besh.de
www.besh.de
Öffnungszeiten:
Mo–Fr 8–18 Uhr
Sa 8–13 Uhr

Hausmacher Spezialitäten von Wild und Schlachtfleisch

Nagelneu ist die Metzgerei. Das Wild kommt aus der Jagd des Eigners, dem Inhaber der „Distelhäuser Brauerei", aber auch von anderen Jagdfreunden aus der Region. Die Rinder und Schweine liefern Bauern aus der Umgebung. Und das vorzügliche Fleisch von Limpurger Weideochsen stammt aus der eigenen Herde, die ein befreundeter Landwirt nach den strengen Vorschriften für diese Tiere aufzieht. Da diese Tiere sehr selten sind, ist eine vorherige Anfrage nach dem Schlacht-/ Verkaufstermin angebracht.

Bauer's Brotzeit
Bundesstraße 49
97941 Tauberbischofsheim-Distelhausen
Tel. 0 93 41/80 59 36
Öffnungszeiten:
Mo, Di, Sa 7.30–12 Uhr
Mi, Do, Fr 7.30–18 Uhr

Entlang des Rheins: Von Karlsruhe bis Offenburg

Hier befand sich einst die Regierungszentrale des Landes Baden. Und hier residierte auch der Markgraf von Baden. Heute ist Karlsruhe nur noch die „Residenz des Rechts“, immerhin für ganz Deutschland. Die Stadt musste mithin in der jüngeren Vergangenheit manchen Bedeutungsverlust hinnehmen. In einem Punkt allerdings dürfen sich die Karlsruher bevorzugt fühlen: Vor der Haustüre liegen gleich mehrere Genuss-Regionen. Nah sind das Elsass, die Südpfalz, der Kraichgau. Und ganz nah sind auch die Ausläufer des Nordschwarzwalds. An Karlsruhe vorbei oder durch die Stadt hindurch führen zahlreiche touristische und kulinarische Routen wie etwa die Badische Spargel- oder die Badische Weinstraße.

Wein und Obst – soweit das Auge schaut

Im Südwesten von Karlsruhe schließlich, rheinaufwärts, öffnet sich der Obstgarten des Landes. Weithin bekannt sind beispielsweise die Bühler Zwetschgen. Und bei Baden-Baden nimmt eine der bedeutendsten Weinregionen Deutschlands ihren Ausgang: Vom Baden-Badener Rebland geht es, Richtung Süden, kaum merklich in die Ortenau über. Der Wein reift in dieser landschaftlich reizvollen Vorbergzone heran, die sich zwischen die Rheinebene und die hohen Schwarzwaldgipfel schiebt. Ein namhaftes Weingut reiht sich an das andere. Das Kleinklima ist für die Weingärtner ideal: Tagsüber ist es mild und warm, die Nächte dagegen sind kühl. Der Riesling heißt in der Ortenau Klingelberger. Ansonsten gedeihen auf Granit, Gneis und Porphyr mineralisch geprägte Burgunderweine wie auch körperreiche Clevner oder Traminer, die eine weitere Spezialität der Ortenau sind.

Typisch für den Obstgarten Ortenau ist Oberkirch, von wo aus Erdbeeren, Himbeeren, Kirschen, Zwetschgen, Birnen und Äpfel ihren Weg ins ganze Land nehmen. Oberkirch gilt zugleich als Hauptstadt der Brände, Geiste und Schnäpse. Nirgendwo sonst in ganz Deutschland gibt es so viele Brennereien wie in dieser Kleinstadt am Eingang des Renchtals.

»Weinbistro Klumpp«

Weingut Klumpp
Inhaber:
Familie Klumpp
Heidelberger Str. 100
76646 Bruchsal
Tel. 0 72 51/1 67 19
Fax 0 72 51/1 05 23
info@weingut-klumpp.com
www.weingut-klumpp.com

Wo kann ein Weingut besser liegen, als verkehrsgünstig, aber zugleich auch nahe bei seinen Weinbergen? Die Klumpps haben dieses Glück. „Qualität in Harmonie mit der Natur!" Diese Philosophie setzt das „Weingut Klumpp", ein reiner Familienbetrieb, durch ökologischen Weinbau konsequent um. Familie Klumpp gelingt es, durch langjährige Erfahrung in Kombination mit neuer Technik einen ökologisch intakten Rebbestand zu erhalten und zu fördern. Sorgfältige und schonende Verarbeitung im Keller garantiert, dass das hochwertige Gut aus dem Weinberg zu einem hochwertigen Produkt Wein wird. Weiße Sorten sind Riesling, Weiß- und Grauburgunder, Sauvignon Blanc und der Auxerrois, eine Rebe, von der es in Deutschland nur 60 Hektar gibt. Die Roten sind Spätburgunder, Cabernet, Merlot und Saint Laurent. Klumpp-Weine sind in Restaurants der gehobenen Klasse in der Region und in ganz Deutschland zu finden. In der Oenothek können die Weine verkostet werden, fachkundige Beratung ist selbstverständlich.

Mutter Marietta Klumpp ist die Herrin in der Küche des Weinbistros. Sie erfindet zu jeder Öffnungsperiode eine jahreszeitlich angepasste Karte ausgefallener Gerichte. Regionales steht selbstverständlich im Vordergrund, wobei Ausflüge in die große kulinarische Welt nicht gescheut werden. Im Frühjahr gibt es beispielsweise eine *Sauerkrautsuppe* mit Apfel und gebratenen Scampi, *Rehmaultäschle* mit Blattsalat und Preiselbeer-Vinaigrette oder *Rotbarbenfilet auf Ratatouille* für den Fisch-Liebhaber. Frau Klumpp kennt die Erzeuger und Lieferanten der Waren, die sie in ihrer Küche verarbeitet. Der Anspruch, neben ausgezeichnetem Wein auch hervorragende Speisen anzubieten, wird durch die stets ausgebuchte Gaststube bestätigt. Die gelegentlich gehobene Lautstärke im Raum tut dem Genuss keinen Abbruch.

Lage nördlich von Bruchsal, weit außerhalb der Stadtgrenzen an der B 3, an einer Parkbucht weist ein Monument auf das Weingut Klumpp hin
Öffnungszeiten Weinbistro: jeweils in den ersten 2 Wochen der ungeraden Monate Mo–Sa ab 17 Uhr, So ab 16 Uhr; Oenothek: Mo–Fr 16–19 Uhr, Sa 9–13 Uhr oder nach tel. Vereinbarung
Preise Hauptgerichte 8,50–13 €, Weine (Oenothek) 6–15 €
Reservierung im Weinbistro dringend empfohlen
Kreditkarten keine Kreditkarten, aber EC-Karte
Parkplatz Parkmöglichkeit im Hof oder in der Parkbucht an der B 3
Garten/Kinderfreundlichkeit in den Sommermonaten Terrasse des Weinbistros geöffnet

Hotel Restaurant »Ritter«

Stammhaus „Ritter“ und „Brasserie“ im Haus Residenz
Inhaber:
Familie Hellriegel und Sprenger
Au in den Buchen 73 bzw. 92
76646 Bruchsal-Büchenau
Tel. 0 72 57/8 84 44
bzw. 88-0
Fax 0 72 57/8 81 11
info@ritterbruchsal.de
www.ritterbruchsal.de

Auf der Fahrt durch Büchenau kommt man unweigerlich am „Ritter“ vorbei. Schon 1776 wurde das Haus als Herberge erwähnt, seit 1936 ist der „Ritter“ im Besitz der Familie Hellriegel. Aus dem Dorfgasthaus von einst sind drei gastliche Häuser geworden: das „Stammhaus Ritter“, das Hotel „Domizil“ und das Hotel „Residenz“ mit der „Brasserie“.

Heute hat man also die Qual der Wahl: Will man traditionell badisch essen, geht man in das gemütlich rustikale „Stammhaus Ritter“. Der junge Küchenchef Stefan Wendel ist experimentierfreudig und lässt auch die weite Welt herein in den badischen Kochtopf. Bei schönem Wetter kann man sich das Essen übrigens im herrlich gestalteten Biergarten unter schattenspendenden Bäumen servieren lassen. Möchte man sich einmal so richtig kulinarisch verwöhnen lassen, dann sollte man in der ruhigen Atmosphäre der „Brasserie“ ein Menü von Küchenchefin Christel Lang genießen. Ob ein *Badisches Menü,* ein Fischmenü oder nur eine Kleinigkeit – eines ist sicher: Jedes einzelne Gericht wird von der leidenschaftlichen Köchin frisch zubereitet, fantasievoll komponiert und meisterlich dekoriert. Das Angebot der Speisen richtet sich dabei nach der Jahreszeit, die Zutaten kommen weitgehend aus der Region: Wild aus den Wäldern des Kraichgaus, Gemüse, Salat und Kräuter im Sommer aus dem hauseigenen Garten, der vom Senior Helmut Hellriegel betreut wird. Seine Frau Irmgard kümmert sich um den Blumenschmuck. Ihre beiden Kinder Dieter Hellriegel und Ingrid Hellriegel-Sprenger sind in die Fußstapfen der Eltern getreten.

Zu besonderen Angeboten des Stammhauses, zum Beispiel den Fischwochen, wird um vorherige Anmeldung gebeten. Christel Lang bietet in der „Brasserie“ jeweils in der letzten Woche eines Monats besondere Menüs an, so etwa das *„Frühlingsbotenmenü mit jungen Wildkräutern“,* und natürlich ein *Spargelmenü,* liegt Büchenau doch inmitten von Spargelfeldern.

Lage an der Hauptstraße von Bruchsal-Büchenau
Öffnungszeiten Restaurant Ritter und Biergarten: täglich, mittags und abends; Brasserie: Di–Sa ab 18 Uhr, Sommerpause Mitte Juli–Ende August
Preise Restaurant Ritter: kleine Gerichte 8–11 €, Hauptgerichte 12–20 €; Brasserie: Vorspeisen 10–20 €, Hauptgerichte 18–24 €, Menüs 30–55 €
Reservierungspflicht um Reservierung wird gebeten
Kreditkarten Kredit- und EC-Karten
Parkplatz vorhanden
Garten/Kinderfreundlichkeit Biergarten mit Spielplatz, Kinderkarte

Hotel und Restaurant »Bergfriedel«

Inhaber:
Andreas Schäuble
Haabergstraße 23
77830 Bühlertal
Tel. 0 72 23/7 22 70
Fax 0 72 23/99 95 96
info@bergfriedel.de
www.bergfriedel.de

Hoch über den Dächern von Bühlertal befindet sich das Restaurant „Bergfriedel". Wer den steilen Aufstieg geschafft hat, wird mit einem herrlichen Ausblick über die zauberhafte Landschaft und die umliegenden Weinberge belohnt. Aber das ist natürlich nicht alles: Die Küche des „Bergfriedels" kann dies zweifellos toppen. Der Küchenchef Andreas Schäuble überrascht seine Gäste sowohl mit badischer Küche als auch innovativer Spitzengastronomie. *Kalbsleberscheiben* mit frittierten Zwiebeln, Apfelküchle und Trüffelpüree, *Rückensteak vom Schwarzwälder Weiderind* und das *Bühlertäler Lachsforellenfilet* von der Badischen Karte sind besonders überzeugend und auch in den diversen Feinschmeckermenüs zeigt sich die facettenreiche Kunst des Chefkochs.

Andreas Schäuble legt großen Wert auf die Verarbeitung von regionalen Produkten. Seine Forellen bezieht er von der Forellenzucht Kraus aus Bühlertal, das Fleisch von der Metzgerei Reichenbach im Glottertal, die eine eigene Viehzucht betreibt, das Wild stammt aus der Region. So bietet er auch auf seiner Speisekarte schwerpunktmäßig saisonale Gerichte an, wie etwa leichte Frühlingsgerichte mit Bärlauch, Morcheln und Badischem Spargel. Schäubles Küche hat nicht nur die zahlreichen Gäste überzeugt, sondern auch die Kritiker: Er wurde unlängst mit einem Bib-Gourmand im Michelin-Führer ausgezeichnet. Trotz dieser hohen Ehre hat Schäuble den Boden unter den Füßen nicht verloren: im „Bergfriedel" herrscht immer noch eine herzliche und familiäre Atmosphäre. Besonders zu empfehlen ist das „Bergfriedel" übrigens für Weinkenner. Andreas Schäuble bietet auf seiner Weinkarte über 500 verschiedene Positionen an! Der Schwerpunkt liegt hierbei auf den badischen Weinen, aber auch für den Liebhaber internationaler Tropfen bleiben bei dieser Auswahl keine Wünsche offen.

Der besondere Tipp
Besonders empfehlenswert ist das Amuse Bouche Menü, ein 7-Gänge-Menü mit passenden Weinen, das ab zwei Personen serviert wird.

Lage leichte Bergrandlage mit einmaligem Blick über Bühlertal
Öffnungszeiten Küche 11.30–14 Uhr und 17.30–22 Uhr, Ruhetage: Mo, Di
Preise Hauptgerichte 11–25 €, Feinschmeckermenüs 49,50 €
Reservierung empfehlenswert
Kreditkarten Mastercard, Visa, EC-Karte
Parkplatz am Haus vorhanden
Garten/Kinderfreundlichkeit überdachte Freiterrasse, Kinderkarte

Hotel-Restaurant »Linde«

Allein schon wegen der wunderbaren Aussicht, die man von der Gartenterrasse auf die umliegenden Weinberge hat, lohnt sich ein Besuch im Familienbetrieb „Linde" in Durbach. Aber auch das Restaurant mit seiner in hellem Holz gehaltenen Einrichtung lädt zum Verweilen ein. Mit einem Blick auf die Speisekarte ist man dann vollends von der „Linde" überzeugt, denn Chefkoch Marc Frühauf zaubert neben mediterranen Speisen hauptsächlich Köstlichkeiten aus der regionalen Küche auf den Teller. Besonders zu empfehlen sind die *Gebratene Landhuhnbrust auf Ortenauer Spargelragout* mit neuen Kartoffeln an Rotweinsoße oder das *Medaillon vom Durbacher Weinberg-Reh* auf Sommergemüse mit hausgemachten Spätzle. Aber auch der *Durbacher Vesperteller* kann sich sehen lassen. Wer es nicht so deftig mag, darf sich vom Eurotoque-Küchenchef auch mit herrlichen Desserts wie beispielsweise den *Schokoladen-Ravioli* mit Aprikose, Vanillesoße und Joghurt-Limoneneis verwöhnen lassen.

Inhaber:
Jürgen Frühauf
Küchenchef:
Marc Frühauf
Lindenplatz 1
77770 Durbach
Tel. 07 81/9 36 30
Fax 07 81/93 63 39
mail@hotel-linde-durbach.de
www.hotel-linde.de

Die „Linde" nimmt an der Aktion „Schmeck den Süden" teil und verarbeitet hauptsächlich regionale Produkte. So kann man sich in der „Linde" sicher sein, dass die Fleisch- und Wurstwaren von der Durbacher Ortsmetzgerei stammen und Obst und Gemüse aus der Nachbarschaft kommen. Dem Wein, den man hier verköstigt, kann man von der Gartenterrasse quasi beim Wachsen zuschauen, denn die Weine stammen ausschließlich von Durbacher Weingütern. Durbach ist übrigens die höchstprämierte Weinbaugemeinde Deutschlands, weswegen man den Ort auch als das goldene Weindorf bezeichnet. Neben dem üblichen Tagesgeschäft bietet die „Linde" in regelmäßigen Abständen besondere Aktionen an, wie zum Beispiel ein Gourmet-Schlemmer-Wochenende, einen Winzerbrunch oder eine Weingala.

Der besondere Tipp
Wenn es Ihnen in der „Linde" geschmeckt hat, dann besuchen Sie doch einmal einen der zwei Mal im Monat stattfindenden Kochkurse bei Küchenchef Marc Frühauf.

Lage ruhige Lage am Ortsrand von Durbach
Öffnungszeiten Ruhetag: Di
Preise Hauptgerichte 10–18 €, Menü ab 18 €
Reservierung empfehlenswert
Kreditkarten Visa, Mastercard, EC-Karte
Parkplatz eigener Parkplatz, auch für Busse
Garten/Kinderfreundlichkeit Gartenterrasse, Spielplatz, Kinderteller

Hotel »Zum Goldenen Anker«

Inhaber:
Walter Dunke
Hauptstraße 18-20
76344 Eggenstein
Tel. 07 21/70 60 29
Fax 07 21/78 23 33
info@hotel-anker-eggenstein.de
www.hotel-anker-eggenstein.de

Der Landgasthof „Zum Goldenen Anker“ ist die älteste Gaststätte von Eggenstein und verdankt vermutlich dem nahen Rhein seinen seemännischen Namen. Hanseatische Speisen sucht man jedoch vergeblich auf der Speisekarte, vielmehr bietet der „Goldene Anker“ eine regionale Küche, die besondere Akzente auf saisonale Spezialitäten legt. Aber auch die feine Spitzengastronomie, die im „Goldenen Anker“ ebenso serviert wird, ist absolut überzeugend und fügt sich harmonisch in das Gesamtkonzept ein.

Zu empfehlen sind die *Medaillons vom Schwein* mit Pfifferlingrahmsoße, buntem Gemüse und hausgemachten Spätzle. Ebenso lecker sind die zwar unspektakulären, aber dennoch hervorragenden gebratenen *Maultaschen* mit Ei und geschmelzten Zwiebeln. Ein schönes und leichtes Angebot an verschiedenen Salaten und kleinen Vorspeisen bietet auch dem Gast mit kleinerem Appetit Gaumenfreuden: Besonders erfrischend schmecken die *Blattsalate der Saison* mit glasierten Zuckerschoten, gebratenen Scampis und geröstetem Sesam.

Überhaupt frisch: Der „Goldene Anker“ bietet eine Saisonkarte an, die zum Beispiel mit *Geräucherter Schwarzwälder Forelle* mit Sahnemeerrettich auf Rosenkohl-Kartoffelpuffer oder leckeren *Spargelmenüs* aufwartet. Der Chefkoch Armin Radtke – seine Frau ist die Tochter des Hauses und ebenfalls gelernte Köchin – erwarb sein Wissen unter anderem im Restaurant „Köhlerstube“ der berühmten „Traube Tonbach“. Die Gäste der Dunkes können sicher sein, dass frische, regionale Produkte der heimischen Landwirtschaft auf den Teller kommen – auch weil Walter Dunke, seines Zeichens Metzgermeister, sich persönlich um den Einkauf kümmert. Es lässt sich also in dem gemütlichen Gasthaus und an schönen Tagen auch im kleinen Innenhof des „Ankers“, der romantisch mit wildem Wein umrankt ist, mit gutem Gewissen genießen.

Lage in der Ortsmitte von Eggenstein
Öffnungszeiten warme Küche von 12–13.30 Uhr und 17.30–21 Uhr
Preise Hauptgerichte 8–18 €
Reservierung am Wochenende empfehlenswert
Kreditkarten Kredit- und EC-Karten
Parkplatz am Haus vorhanden
Garten/Kinderfreundlichkeit Innenhof

Gasthof-Restaurant »Rebstock Waldulm«

Inhaber:
Familie Hodapp
Kutzendorf 1
77876 Kappelrodeck/
Waldulm
Tel. 0 78 42/9 48-0
Fax 0 78 42/9 48-20
info@rebstock-waldulm.de
www.rebstock-waldulm.de

Der „Rebstock" gilt als eines der besten Restaurants der Region Ortenau, was nicht nur Varta, Gault Millau und Michelin gewürdigt haben, sondern auch die zahlreichen begeisterten Gäste immer wieder bestätigen. Ein Kriterium für diese Auszeichnungen ist sicherlich die Frische und Qualität der Produkte, die hier verwendet werden. Junior- und Küchenchef Karl Hodapp hat persönlich ein wachsames Auge auf den Einkauf. So gibt's im „Rebstock" nur frische Forellen und Saiblinge aus der Region und die Kräuter stammen sogar aus dem eigenen Garten. Was Hodapp und Sandra Stark daraus zaubern, überzeugt auch den letzten Kritiker, denn die traditionsreiche badische Küche mit elsässischen Einschlägen erhält im „Rebstock" leichte und frische Akzente. *Cordon Bleu vom Bachsaibling* mit Ofentomaten und Rießlingsößle, Feines aus Fluss und See (Forellenklößchen, Hechtroulade, Zanderfilet, Krebsstrudel mit Sößle und Kräutermaultäschle) oder *Spanferkel und Filet vom Lammrücken* im Thymian-Ziegenkäsemantel bieten eine wahren Genuss. Als Dessert besonders beliebt ist das *Elsässer Bibeliskäsmus* mit Beerensorbet.

Im „Rebstock" zu schlemmen bringt nicht nur kulinarische Freuden, denn auch das Interieur ist stimmig. Mit vielen Details liebevoll dekoriert – es gibt sogar einen Herrgottswinkel – strahlen die Stuben des schönen Fachwerkhauses, das sich übrigens seit 1750 im Familienbesitz befindet, Behaglichkeit aus. Ein genauer Blick auf die Weinkarte lohnt sich ebenfalls: Der Name des Restaurants ist fast schon Programm, denn hier findet man 100 verschiedene Positionen. Schwerpunktmäßig werden erstklassige, badische Weine aus der Region oder vom eigenen Weinberg, um den sich Seniorchef Josef Hodapp kümmert, angeboten.

Der besondere Tipp
Im „Rebstock" kann der Gast die selbst gemachten Obstbrände sowohl probieren als auch käuflich erwerben.

Lage ruhig am Waldrand gelegen
Öffnungszeiten Ruhetag: Mo, Di bis 17 Uhr geschlossen (1.11.–31.3.)
Preise Hauptgerichte 12–19 €, Menüs 36 €
Reservierung empfohlen
Kreditkarten EC-Karte
Parkplatz am Haus vorhanden
Garten/Kinderfreundlichkeit Terrasse

Hotel-Restaurant »Burgau«

In den beiden gemütlichen Stuben des Knielinger Restaurants „Burgau“ erwartet den Gast eine gutbürgerliche, bodenständige Küche mit regional-saisonaler Ausrichtung. Neben herzhaften Gerichten, wie den hausgemachten *„Knielinger“ Maultaschen,* überzeugen vor allem die Klassiker auf der Karte: Das *Kalbsrückensteak* mit Pfifferlingen und Preiselbeeren oder die *Barbarie Entenbrust* in Orangensoße mit Schupfnudeln machen Appetit auf mehr.

Die Wirtsleute achten auf die Qualität der Produkte, getreu der Aktion „Schmeck den Süden“. So werden im Hotel-Restaurant „Burgau“ nur qualitativ hochwertige Produkte aus der Gegend rund um Karlsruhe verarbeitet, und je nach Saison stehen auf der speziellen Speisekarte leckere Angebote zur Auswahl, zum Beispiel das sommerlich-leichte *Welsfilet auf Bandnudeln* mit feiner Burgundersoße und frischen Gartenkräutern. Das macht das „Burgau“ zu einer empfehlenswerten Adresse. Sehr angenehm: Zur Mittagszeit werden den hungrigen Gästen neben den Gerichten von der regulären Karte auch spezielle Wochengerichte angeboten. Wem die Portionen zu groß sind, der kann im „Burgau“ problemlos die Gerichte auch als kleine Portion bestellen, und die kleinen Gäste können sich an hausgemachten Spätzle mit Soße oder Schupfnudeln mit Apfelmus satt essen. Natürlich hat das „Burgau“ auch hervorragende Weine aus der Region und Bier vom Fass im Angebot. Und wer nach den leckeren Hauptgerichten noch einen süßen Abschluss sucht, der kann sich am *„Burgau-Becher“,* einem üppigen Eis-Sahne-Schokolade-Traum, gütlich tun. Wer sich hier länger aufhalten möchte, um beispielsweise das große kulturelle Angebot Karlsruhes zu nutzen oder Ausflüge ins nahe Elsass zu unternehmen, der darf sich gerne im zugehörigen Hotel verwöhnen lassen. Ein kleiner Tipp: Das „Burgau“ bietet attraktive Wochenendpreise.

Inhaber: Nadin Essig
Neufeldstraße 10
76187 Karlsruhe
Tel. 07 21/56 51 00
Fax 07 21/5 65 10 35
hotel-burgau@gmx.de
www.hotel-burgau.de

Lage im Zentrum des Stadtteils Knielingen
Öffnungszeiten Mo–Fr 12–23 Uhr, So 17–23 Uhr, warme Küche 12–14 Uhr und 17–22 Uhr, So 17–22 Uhr, Ruhetag: Sa
Preise Hauptgerichte 13–16,50 €
Reservierung empfehlenswert
Kreditkarten alle Kreditkarten, EC-Karte
Parkplatz am Haus vorhanden
Garten/Kinderfreundlichkeit spezielle Angebote für Kinder

Hotel-Restaurant »Hoepfner Burghof«

Beim Betreten des Restaurants „Burghof" begibt man sich auf eine Reise in die Vergangenheit. Der Brauereigasthof ist nämlich in einem um die Jahrhundertwende in burgähnlichem Stil erbauten Gebäude untergebracht, welches ursprünglich ein Bierlokal beherbergte, das zur noch heute existierenden Privatbrauerei Hoepfner gehörte. Im „Burghof" wird die Tradition noch gepflegt, was an den wunderschön erhaltenen Deckenmalereien und den liebevollen Details in den Räumen deutlich erkennbar ist. Dem Gast wird eine gehobene regionale Küche geboten: *Burghof's Saure Nierle* vom Schwein und Rind in Rahmsoße, *Ofenfrischer Krustenbraten vom Hallischen Landschwein,* ein wunderbar zart-rosanes *Rinderfiletsteak* in Sauce Béarnaise. Die große Auswahl an verschiedenen Schnitzelgerichten sowie der reichhaltige *Käseteller* mit Käsespezialitäten der Allgäuer Biokäserei „Zurwies" sammeln besondere Pluspunkte. Klar ist auch, dass der „Burghof" alle Bierspezialitäten der Hoepfner Privatbrauerei frisch vom Fass anbietet. Die sehr umfangreiche Weinkarte mit regionalen und internationalen Weinen, zum Teil hoch prämiert, lässt aber auch den Weinkenner hier verweilen.

Der „Burghof" lädt zwar durch die schöne Atmosphäre und den netten Service zum längeren Bleiben ein, wenn es aber mal schnell gehen muss, liefern Elke und Waldemar Fretz neuerdings auch kleine Gaumenfreuden ins Haus. Aber viel angenehmer ist es natürlich, im Biergarten des „Burghofs" zu sitzen. Unter den Schatten spendenden Bäumen lässt sich wunderbar ein frisch gezapftes Bier genießen. Und die herzhaften Gerichte, wie beispielsweise Wurstsalat mit Bratkartoffeln oder Maultaschen mit Kartoffelsalat, passen hier richtig gut zum Ambiente. Der Biergarten gilt übrigens schon längst nicht mehr nur als Geheimtipp. Er darf sicherlich zu den schönsten Biergärten in und um Karlsruhe gezählt werden.

Inhaber:
Waldemar Fretz
Haid- und Neu-Str. 18
76131 Karlsruhe
Tel. 07 21/62 26 44
Fax 07 21/6 18 34 70 oder
07 21/6 18 34 03
info@hoepfner-burghof.de
www.hoepfner-burghof.de

Der besondere Tipp
Der „Burghof" bietet „Take away Work Gourmet Snacks": Man stellt sich aus verschiedenen Snacks ein Menü zusammen, das dann auf Porzellanschälchen ins Haus geliefert wird.

Lage in der Karlsruher Oststadt
Öffnungszeiten 11–23 Uhr
Preise Hauptgerichte 7–17,50 €
Reservierung um Reservierung wird gebeten
Kreditkarten alle Karten außer American Express
Parkplatz Parkmöglichkeiten am Haus
Garten/Kinderfreundlichkeit Biergarten

Restaurant »Nagel´s Kranz«

Das aus dem Jahr 1873 stammende Gebäude des Restaurants „Nagel's Kranz" liegt zwischen vielen ortstypischen kleinen Häuschen im Zentrum des Karlsruher Stadtteils Neureut. Der Chef Wolfgang Nagel kocht selbst – sensibel und mit hohem Aufwand, dabei aber immer schnörkellos und ungekünstelt, ohne unnötiges Beiwerk. Nagel hat sich der badisch-französischen Küche verschrieben, die er mit Produkten aus der Region leicht zubereitet. Nichts ist vorverarbeitet, alles kommt stets frisch in den Topf und auf den Teller. Das überzeugte auch die Kritiker: Der Gault Millau sprach Nagel für seine Kochkunst 13 Punkte zu. Highlights der Küche sind zum Beispiel der heimische Hecht, die Krebse aus eigenem Fang oder auch die diversen Wildgerichte. Sehr zu empfehlen sind die *Cremesuppe von Petersilienwurzeln* oder das *Filet vom Zander* unter der Kartoffelkruste. Fein schmecken auch die *Schweinsbäckle* in reduzierter Soße mit Kartoffelrösti. Als krönender Abschluss lockt dann noch frisch gerührtes Eis oder Sorbet.

Die Weinkarte in „Nagel's Kranz" ist übrigens dem köstlichen Essen angemessen und sehr ansprechend. Man findet badische Weine neben Weinen aus der benachbarten Pfalz oder aus dem nahen Elsass. Auf Wunsch servieren die Gastgeber aber auch gerne einen Bordeaux oder Burgunder. Champagner und Wein kann bei den Nagels auch käuflich erworben werden.

Im „Kranz" herrscht eine angenehme, freundliche und entspannte Atmosphäre. Kerstin Nagel, die im Service immer charmant und liebenswürdig agiert, vermittelt den Gästen ein familiäres Ambiente. Der „Kranz" will ganz bewusst ein Familienbetrieb sein und bleiben, in dem auf hohem Niveau gekocht und gegessen wird und der Gast sich wohl fühlen kann.

Inhaber: Kerstin und Wolfgang Nagel
Neureuter Hauptstraße 210
76149 Karlsruhe-Neureut
Tel. 07 21/70 57 42
Fax 07 21/7 83 62 54
www.nagels-kranz.de

Der besondere Tipp
Wer sich gerne überraschen lässt, dem sei das Nagelsche „Überraschungsmenü" ans Herz gelegt, das 5 Gänge inklusive korrespondierenden Weinen sowie Mineralwasser und Espresso umfasst.

Lage an der Hauptstraße im Karlsruher Stadtteil Neureut
Öffnungszeiten Küche Mo–Fr 12–14, 18.30–21.30 Uhr, Sa ab 19 Uhr, Ruhetag: So, feiertags

Preise Vorspeisen ca. 10 €, Hauptgerichte 18–26 €, Menüs (werden nur Tischweise serviert) 29 €, Überraschungsmenü 55 €
Reservierung Tischbestellung erforderlich

Kreditkarten keine Kreditkarten
Parkplatz Parkmöglichkeiten in ausreichender Zahl vor dem Lokal
Garten ruhiger und gemütlicher Innengarten

Gasthaus »Waldfrieden«

Inhaber: Werner Roth
Insel Rott/Am Rhein
76351 Linkenheim-Hochstetten
Tel. 0 72 47/41 75
www.inselrott.de

Die Insel Rott ist eine kleine, idyllische Insel. Umschlossen von zwei Baggerseen und zwischen einem Altrheinarm und dem Rhein gelegen, ist sie ein lohnendes Ausflugsziel, wenn man aus dem nahen Karlsruhe kommt. Aber auch die Anreise von weiter her lohnt sich, vor allem für Fischfreunde. Nicht nur Erholungssuchende und Hobbyangler sind auf der Insel nämlich zu finden, sondern auch die recht zahlreichen Gäste des Fischrestaurants „Waldfrieden". In dem nett anzusehenden Gebäude, das ein Seitentürmchen ziert, wird man gleich von der behaglichen Atmosphäre gefangen genommen. Aber man darf sich von der Beschaulichkeit nicht täuschen lassen: Hier geht es oft hoch her, denn die Qualität und Frische zu günstigen Preisen haben sich weit herumgesprochen. Am besten also schon vorher einen Tisch reservieren oder aber ein wenig Geduld mitbringen und auf einen freien Tisch warten.

Die Gerichte im „Waldfrieden", das seinen Ursprung in einer kleinen Hütte im Jahr 1961 hat, sind einfach, aber lecker. Süßwasserfische wie *Karpfen, Hecht, Zander, Aal und Wels* kommen zu einem guten Teil noch immer frisch aus den nahen Seen oder dem Rhein auf den Tisch. Forellen und andere Fische werden zugekauft. Der Gast kann aus den verschiedenen Fisch-Zubereitungsarten wählen und zusammen mit den leckeren Beilagen die Köstlichkeiten des Hauses genießen. Heiß begehrt ist im „Waldfrieden" der legendäre *Backfisch,* der mit den Fingern gegessen werden darf. Und auch die *Fischsuppe* gilt als die beste weit und breit.

Der besondere Tipp
Im „Waldfrieden" kann man nicht nur gut speisen, sondern in den Gästezimmern die Idylle der Insel Rott gerne auch ein wenig länger genießen.

Lage nach Hochstetten rechts, ca. 2 km der Landstraße folgen, nachdem Sie 3 Brücken überquert haben, erreichen Sie die Insel Rott
Öffnungszeiten Mi–Sa 11–22 Uhr, So, feiertags 10.30–21.30 Uhr (durchgehend warme Küche), Ruhetag: Mo, Di
Preise Hauptgerichte 9 –10 €
Reservierung empfehlenswert
Kreditkarten keine Kreditkarten
Parkplatz vorhanden
Garten/Kinderfreundlichkeit Terrasse

»Kreuz Stübl«

Im ländlich, freundlichen Ambiente des „Kreuz Stübls", das sich unter dem gleichen Dach wie Wolfgang Raubs Restaurant für Feinschmecker mit höchsten Ansprüchen – „Raubs Restaurant" – befindet, zeugen rankende Pflanzen an den Fassaden und Blumenrabatten von einem grünen Daumen der Besitzer. Dass hier aber nicht nur gerne gegärtnert, sondern auch hervorragend gekocht wird, wird schnell nach dem ersten Bissen deutlich. Passend zum den Gast umgebenden Grün bietet Wolfgang Raub im Sommer eine leichte, regionale Küche mit mediterranen Akzenten. Der *Raukesalat* mit einem Balsamessigdressing, Pinienkernen und Parmesan schmeckt als Vorspeise besonders gut.

Inhaber:
Wolfgang Raub
Hauptstraße 41
76456 Kuppenheim
Tel. 0 72 25/7 56 23
Fax 0 72 25/7 93 78
info@raubs-restaurant.de
www.raubs-restaurant.de

Die verfeinerte Regionalküche im „Kreuz Stübl" überzeugt: *Kalbsleber mit Blauschimmelkäse-Sauce* und glasierten Birnen, *Gebratenes Perlhuhn* mit glasierten Aprikosen und Pfeffersauce, *Badischer Fischkrautwickel in Gemüse-Weißburgundersauce* oder *Lammnüsschen* mit sautierten Shiitakepilzen und Rosmarinjus, Stangenbohnen und überbackenen Grießnocken. Auch die Kritiker schließen sich diesem Eindruck gerne an, so dass Wolfgang Raub bereits viele Auszeichnungen – von Varta und Michelin bis zum Gault Millau – einheimsen konnte. Raubs Küche ist einfallsreich und kreativ, wie beispielsweise der *Geröstete grüne Spargel* mit Grünkernplätzchen und Tomaten-Basilikumnage als Auftakt zum Vegetarischen Menü, beweist. Für Vegetarier ist das „Kreuz Stübl" überhaupt eine empfehlenswerte Adresse, denn hier gibt es abseits der üblichen Klassiker eine Auswahl an ideenreichen Gerichten. Aber natürlich nicht nur die Vegetarier essen hier gesund, sondern auch die Liebhaber von Lamm, Schwein oder Fisch. Wolfgang Raub bezieht sein Fleisch aus der Region, aus dem Hohenlohischen und dem Allgäu, die Fische kommen aus dem Eyachtal, der Käse vom Nußlocher Ziegenhof und Gemüse und Obst von Bauern aus der Umgebung.

Lage Ortsmitte in ländlichem Stadtteil
Öffnungszeiten warme Küche Di–Sa 12–14, 18.30–22 Uhr (geöffnet bis 24 Uhr), Ruhetag: So, Mo
Preise Hauptgerichte 11–23 €

Reservierung empfehlenswert
Kreditkarten keine Kreditkarten
Parkplatz vorhanden
Garten/Kinderfreundlichkeit Gartenlokal, Kinderkarte, Spielplatz

Hotel-Restaurant »Zum Laub«

Inhaber: Familie Klaus-Jürgen Becker
Karlsruher Straße 87
76327 Pfinztal-Berghausen
Tel. 07 21/46 94 99
Fax 07 21/46 50 97
gasthaus.laub@t-online.de
www.zumlaub.de

Wollten Sie schon immer einmal speisen wie Napoleon? Dann empfiehlt sich ein Besuch des historischen Wirtshauses „Zum Laub" in Pfinztal-Berghausen. Denn hier machte der kleine Franzose nach seinem gescheiterten Russlandfeldzug Station. Das Gasthaus bietet eine gutbürgerliche und regionale Küche, und vielleicht gab es ja schon zu Napoleons Zeiten das gefüllte Hähnchen, die *Weinbergschnecken in Rieslingrahm* oder auch die leckeren Wildgerichte. Man weiß es nicht. Aber heute sind sie wahre Gaumenfreuden und für jeden Freund der traditionsreichen badischen Küche ein Muss. Auch vegetarische Gerichte oder Mittagsmenüs finden sich im Angebot. Und für seine sehr guten *Bratkartoffeln* ist das Restaurant übrigens weithin berühmt.

Die Beckers schauen auf eine lange Tradition zurück, denn das Gasthaus befindet sich seit 1558, jetzt schon in der 18. Generation, in Familienbesitz. Kein Wunder also, dass die Wirtsleute ihr Handwerk verstehen. Auf die Herkunft der Produkte wird auch stets geachtet. Das Wild kommt schussfrisch aus eigener Jagd, die Gänse für den Martinstag und Weihnachten stammen aus der eigenen Zucht und die Wurst- und Fleischwaren beziehen die Beckers vom Ortsmetzger Wenz. Eine besondere Attraktion ist die reich verzierte Gaststube, die mit vielen Antiquitäten ausgestattet wurde. Auch die Butzenscheiben vermitteln ein uriges Ambiente. Bei schönem Wetter sollte man den Stuhl in der Gaststube allerdings mit einem Platz im romantischen Laubgarten tauschen, denn dort lässt es sich unter den Bäumen besonders gut entspannen und genießen. Mit einem Glas Wein aus dem gut sortierten Weinkeller und umsorgt vom zuvorkommenden Service fühlt man sich vielleicht wirklich ein bisschen wie Napoleon!

Der besondere Tipp
Im „Laub" lassen sich Feste mit bis zu 60 Personen durchführen. Dafür steht ein großer Raum im Obergeschoss zur Verfügung.

Lage im Zentrum des Pfinztaler Ortsteils Berghausen, an der Kreuzung von B 293 und B 10
Öffnungszeiten 12–24 Uhr, warme Küche 12–14.30 Uhr, 18–22 Uhr, Ruhetag: Mo
Preise Hauptgerichte 9–17 €
Reservierung im Winter empfehlenswert
Kreditkarten EC-Karte
Parkplatz eigener Parkplatz im Hof
Garten/Kinderfreundlichkeit Biergarten für ca. 100 Personen, Kinderkarte, Kinderüberraschungen

Restaurant »Herrmannshäusle«

Inhaber:
Sven Wessels
Hauptstraße 97
76297 Stutensee-Blankenloch
Tel./Fax 0 72 44/9 44 39
sven.wessels@gmx.de

Vor den Toren Karlsruhes steht neben der Kirche von Blankenloch ein uriges Fachwerkhaus, das „Herrmannshäusle", das aus dem Jahre 1720 stammt. Seit Dezember 2005 ist Sven Wessels Betreiber und Küchenchef. Im komplett rauchfreien Lokal mit nur ca. 35 Plätzen in der Stube, wird man vom immer freundlichen Kellner Michel zuvorkommend bedient. Bei einem Aperitif aus Rieslingsekt mit hausgemachtem Holunderblütenlikör kann man sich in Ruhe dem Studium der vorzüglichen Speisekarte widmen. Man spürt es: Sven Wessels legt großen Wert auf Frische und Qualität der zu verarbeitenden Produkte, die er vorwiegend aus der Region bezieht. Er zaubert eine saisonal geprägte badische Küche auf den Teller, die hie und da mediterrane Akzente aufweist.

Bei den Vorspeisen locken *Blattsalate mit Gänseblümchen und gegrilltem Ziegenkäse* oder das *Bärlauchsüppchen* mit gebratenen Riesengarnelen. Bei den Hauptgerichten empfehlenswert ist das *Filet vom Hohenloher Weiderind* in leichter Senfsoße mit Frühlingspilzen und feinen Nudeln, das *Zanderfilet in Schalotten-Rieslingrahm* geschmort mit Blattspinat und feinen Nudeln oder der *Lammrücken* mit Schnippelbohnen und Thymianbubenspitzle. Wer Freude an üppigen Desserts hat, ist zum Abschluss mit dem *Topfenknödel* mit Rhabarberkompott und Quarkrahmeis gut beraten. Die Weinkarte des „Herrmannshäusles" ist klein aber gut sortiert, so dass sich für jeden Geschmack der passende Wein findet.

Lage neben der Kirche im Zentrum von Blankenloch, mit der Straßenbahn S2 aus Karlsruhe bis Haltestelle „Blankenloch Kirche" (direkt vor der Tür)
Öffnungszeiten Mo–Sa 18–21.30 Uhr, Ruhetag: So
Preise Vorspeisen 7–12 €, Hauptgerichte 16–25 €, Gasthausmenü (3 Gänge) 35 €, Gustomenü (5 Gänge) 52 €
Reservierung Tischbestellung erbeten
Parkplatz ausreichend eigene Parkplätze gegenüber dem Haus
Kreditkarten keine Kreditkarten, aber EC-Karte
Garten/Kinderfreundlichkeit Terrasse

Der besondere Tipp
Hochzeiten und andere Feste bis 30 Personen finden dank des romantischen Ambientes und der exzellenten Küche von Sven Wessel im „Herrmannshäusle" einen gebührenden Rahmen.

Handverlesener Wein

Weniger ist mehr. Getreu diesem Motto werden im kleinen Weingut Dütsch die Trauben handverlesen und schonend verarbeitet. Das Angebot ist daher überschaubar, aber hervorragend. Besondere Spezialität ist der Blaufränkisch, ein herzhafter Rotwein.

Weingut Dütsch
Im Grün 8b
76534 Baden-Baden-Neuweier
Tel. 0 72 23/95 97 39
Fax 0 72 23/2 81 88 23
Weingut-duetsch@web.de
www.weingut-duetsch.de
Öffnungszeiten:
Fr 15–19 Uhr
Sa 9-13 Uhr

Bruchsaler Tradition

Der Wochenmarkt in Bruchsal hat schon seit dem 14. Jahrhundert Tradition. 40 Anbieter aus der Region bieten hier ihre Waren feil. Von Eiern und Käse über Fleisch- und Wurstwaren bis hin zu frischem Obst und Gemüse reicht die Palette. In der Stadt mit dem größten Spargelmarkt Europas darf dieses „königliche Gemüse" ebenfalls nicht fehlen.

Bruchsaler Wochenmarkt
Marktplatz
76646 Bruchsal
www.bruchsaler-wochenmarkt.de
Öffnungszeiten:
ganzjährig Mi, Sa 7–13.30 Uhr

Ein Holländer in der Ortenau

Der gelernte Sommelier Jacob Duijn kaufte 1994 seinen ersten Weinberg in Bühl. Inzwischen gehört er zur Spitze der deutschen Rotweinerzeuger und sein Weingut gehört zu den Besten in Deutschland. Bei Duijn kommen ausschließlich Spätburgunder in die Flasche.

Weingut Duijn
Hohlbaumweg 16
77815 Bühl-Kappelwindeck
Tel. 0 72 23/2 14 97
Fax 0 72 23/8 37 73
info@weingut-duijn.com
www.weingut-duijn.com
Öffnungszeiten:
nach Vereinbarung

Edle Brände aus Durbach

Die Familie Gmeiner kreiert in Durbach edle Brände. Im Sortiment sind unter anderem Schwarzwälder Kirschwasser, Mirabellenwasser, Obstler oder Topinambur. Für Interessierte ist auch eine Brennereibesichtigung möglich.

Bauernhof Hölzleberg
Hölzleberg 1
77770 Durbach
Tel. 07 81/4 13 57
Fax 07 81/9 32 19 56
info@hoelzleberg.de
www.hoelzleberg.de
Öffnungszeiten:
flexibel, Anruf erbeten

Bioland-Produkte aus Karlsruhe

Die Betreiber des Bioland-Hofs im Karlsruher Stadtteil Knielingen bauen ihr Obst, Gemüse und Getreide nach ökologischen Gesichtspunkten an und verkaufen ihre frische und qualitativ hochwertige Ware im eigenen Hofladen. Obst, Gemüse verschiedene Getreidesorten und Mehl sind die Schwerpunkte.

Bioland-Hofladen Litzenberger
Jakob-Dörr-Straße 17
76187 Karlsruhe
Tel./Fax 07 21/56 15 91
w.litzenberger@t-online.de
www.biokaufladen.de
Öffnungszeiten:
Di, Do 17–18.30 Uhr
Sa 10–12 Uhr

Fisch aus dem Eyachtal

Im klaren Wildbachwasser werden bereits seit 40 Jahren Fische gezüchtet. Die Forellen kommen fangfrisch über die Ladentheke oder werden als geräucherte Spezialitäten verkauft. Im kleinen Fischteich kann auch der Hobbyangler selbst sein Glück versuchen.

Zordel Fischzucht Eyachtal
Eyachtal 1
75305 Neuenbürg/Eyachtal
Tel. 0 70 82/6 04 20
Fax 0 70 82/94 83 86
forellenzucht@zordel.de
www.fischzucht-zordel.de
Öffnungszeiten:
täglich 8–20 Uhr

Aus der Hochburg der Hochprozentigen

In Oberkirch gibt es rund 900 (Haus-) Brennereien. Besonders empfehlenswert ist die Brennerei Höllberg. Obstbrände, Geiste und Liköre werden in der traditionsreichen Brennerei seit Jahrzehnten gebrannt. Die Brände sind mehrfach ausgezeichnet worden. Man erhält die edlen Tropfen abgefüllt in stilvollen Flaschen.

Brennerei Höllberg
Lohstraße 11
77704 Oberkirch
Tel 0 78 02/25 80 | Fax 0 78 02/25 77
info@hoellberg.de
www.hoellberg.de
Öffnungszeiten:
Mo–Mi 8.15–12.15 Uhr und 14–18 Uhr
Sa 8.30–13 Uhr

Riesling, Spätburgunder & Co.

Ewald Kopps Rotweine zählen zu den besten Deutschlands. Für seine Erzeugnisse erhält der Winzer regelmäßig Auszeichnungen. Besonders zu empfehlen sind die Rotweine aus der Pinot-Noir-Traube.

Weingut Kopp
Ebenunger Straße 21
76547 Sinzheim-Ebenung
Tel. 0 72 21/80 36 01
Fax 0 72 21/80 36 02
info@weingut-kopp.com
www.weingut-kopp.com
Öffnungszeiten:
Mo, Mi, Do, Fr 10–12 Uhr und 14.30–18 Uhr
Sa 10–14.30 Uhr

Entlang des Rheins: Von Offenburg bis Lörrach

Nur wenige Kilometer nordwestlich von Freiburg erhebt sich der Kaiserstuhl. Er ist nicht groß, aber unübersehbar. Unversehens steigt dieses kleine Gebirge vulkanischen Ursprungs mitten in der Rheinebene. Einzigartig ist die geologische Formation: Zum Teil ragen hier steile Buckel auf, die mit einer bis zu 30 Meter hohen Löss-Schicht belegt sind.

Auf den für Deutschland ungewöhnlichen, weil trocken-heißen Standorten finden sich mediterrane Pflanzen wie Küchenschelle und Orchideen sowie seltene Tiere wie die Smaragdeidechse. Der Kaiserstuhl gehört zu den wärmsten Gegenden Deutschlands. Viele Sonnenscheinstunden, Vogesenföhn und Warmluft aus dem Süden sowie der Wärmespeicher Löss tragen ihren Teil dazu bei.

Neben der Naturlandschaft sticht freilich auch die Kulturlandschaft ins Auge. Die großen Terrassen zeugen von den menschlichen Eingriffen und Flurbereinigungen in den 1970-er Jahren. Obst- und Weinbau wird hier seit vielen Jahrhunderten betrieben.

Ein kulinarisches Paradies

Aber auch kulinarisch ist der Kaiserstuhl ein kleines Paradies. Flammkuchen und Ochsenfleisch, saure Leberle, Bibiliskäs mit Brägele (Bratkartoffeln) künden von früher Armut und Bescheidenheit, werden aber von den Köchen heute auf vielfältige Weise verfeinert und geadelt. Kaiserstühler Wein hat international einen Namen. Der Grauburgunder, der an reife gelbe Äpfel, an Birnen, mitunter sogar an Ananas, Rosinen und Mandeln erinnert, gilt als Paradesorte der Region.

Das Markgräflerland, das sich weiter südlich anschließt, ist dagegen Gutedel-Land. Dieser Wein ist säurearm, süffig, mild und hat ein zartes Bukett. Hier im Rheinknie – im Westen das Elsass, im Süden die Schweiz – sind grenzüberschreitende Einflüsse kaum zu vermeiden. So auch beim Gutedel: Von Frankreich kam diese Rebsorte einst durchs Rhônetal in die Schweiz. Markgraf Karl-Friedrich von Baden, der in Lausanne studierte, brachte sie schließlich 1780 in den fruchtbaren Süden Badens.

Restaurant »Klostermühle«

In die „Klostermühle" gelangt man über eine steinerne Treppe. Bei jeder Stufe spürt man die Geschichte des Hauses, das 1769 in seiner jetzigen äußeren Gestalt errichtet wurde. Eine fachgerechte Restauration (1997–2002) der jetzigen Besitzer versetzte sogar die Mahlwerke wieder in einen funktionsfähigen Zustand. Im historischen alten Mühlenraum ist heute das Restaurant untergebracht; man sitzt zwischen den Mühlentrichtern. Wenn die Möhlin genug Wasser führt, treibt sie drei Wasserräder an und das Restaurant wird wieder zur Mühle.

Inhaber: Karin Kaiser
Am Mühlbach 6
79238 Ehrenkirchen-Offnadingen
Tel. 0 76 33/40 63 15
Fax 0 76 33/40 63 16
klostermuehle-offnadingen@web.de
www.klostermuehle-offnadingen.de

Seit 2002 wird die „Klostermühle" als Restaurant betrieben. Der Einkauf der Weine – die Weinkarte mit 280 Positionen ist sehr regional bestimmt – obliegt Karin Kaiser, der Seele des Hauses, während der Küchenchef den Produkteinkauf gestaltet. Das Fleisch kommt von der Metzgerei Vortisch in Ehrenkirchen, Obst und Gemüse aus dem Markgräflerland. Bei der allmorgendlichen Gartenarbeit entspannt sich die Inhaberin, ebenso beim Kochen von leckeren Marmeladen und Gelees. Und sonst ist sie ganz für jeden Gast da, der in seinen Bestellwünschen flexibel unterstützt wird. Jeden zweiten Tag gibt es ein anderes Mittagsmenü, zum Beispiel *Rindercarpaccio* und Salat, *Rotbarsch,* Pfifferlinge und Nudeln, Schokomousse und Erdbeeren. Drei Vorspeisen, etwa den Salat mit gebratenen Scampi, und sechs Hauptgerichte, zum Beispiel *Kalbsbäckchen* mit Wirsing und Kartoffelpüree, machen die auch sprachlich klare Karte übersichtlich und zeigen, dass hier nur frisch zubereitet wird. Das sommerliche *„Mühlenmenü",* das alle drei Wochen neu gestaltet wird, beginnt zum Beispiel mit einer *Wachtelgalantine* mit Pfifferlingssalat, es folgt ein Wolfsbarsch in Tomatenbouillon und ein Hummermedaillon mit Blumenkohl. *Entenbrust* mit Bayrischkraut und Kartoffelblinis sind der leckere Hauptgang. Zum Dessert hat man die Auswahl zwischen einem Kirschwassertörtchen mit Kirschsorbet oder einem Rohmilchkäse.

Lage am Ufer der Möhlin gelegen, Ehrenkirchen-Offnadingen liegt abseits der B 3 von Freiburg nach Bad Krozingen
Öffnungszeiten 11.30–14 Uhr, 18.30–23.30 Uhr, Ruhetage: So und Mo, Di ab 18.30 Uhr geöffnet

Preise Hauptgerichte 21–24,50 €, „Mühlenmenü" (5-Gänge) 64 €, (4-Gänge) 54 €, (3-Gänge) 45 €
Reservierung empfehlenswert
Kreditkarten alle gängigen
Parkplatz am Haus
Garten/Kinderfreundlichkeit romantischer Garten mit 35 Plätzen

Restaurant »Heiliggeist-Stüble«

Inhaber:
Adelhauserstiftung
Pächter: Angela und
Hans Stengele
Münsterplatz 15
79098 Freiburg
Tel. 07 61/2 92 35 79
Fax 07 61/2 92 35 78
info@heiliggeiststueble.de
www.heiliggeiststueble.de

Anna Katharina Egg (1734–1767) und Johann Christian Wentzinger (1710–1797) gelten als die großzügigsten Stifter Freiburgs, die mit dem Spitalfonds den Grundstock zum heutigen segensreichen Stiftungswesen legten. Das „Heiliggeist-Stüble" ist alten Freiburgen noch immer ein Begriff, doch lag es früher nicht am Münsterplatz, sondern war bis 1944 im Clarissenkloster untergebracht. Als am Münsterplatz ein gastronomisch genutztes Anwesen zur Nutzung frei stand, wurde das Gebäude komplett als Restaurant renoviert und 1998 eröffnet. Der Gastraum ist durch das helle Holz bestimmt und in einzelne Nischen abgetrennt, die den unterschiedlichsten Stiftern Freiburgs gewidmet sind.

Der besondere Tipp
Für Veranstaltungen sind zwei Räume im ersten Stock besonders geeignet. Sie können getrennt oder mit bis zu 70 Personen gemeinsam bewirtet werden.

Hans Stengele hat bereits mit 25 Jahren seinen Meister abgelegt. Weitere Stationen, unter anderem das „Colombi", folgten. Der Einfluss von Alfred Klink aus dem „Colombi" ist spürbar – das *Ebringer Schneckensüppchen* oder ein Badischer Salat zur Vorspeise zeigen dies. Das Preis-Leistungs-Verhältnis wird bei den Stengeles nie aus dem Auge gelassen und deshalb finden sich auch die Produkte aus ganz Baden in der Küche und auf dem Tisch wieder. Stengele hat eine Passion für Fische – das *Zanderfilet Reichenauer Art* ist zu nennen – aber auch für Geflügel, hier ist das gebackene *Perlhuhnbrüstchen* zu empfehlen. Nach dem Desserteller *„Heiliggeist"* mit einem Eisparfait, Sorbet, Karamel und Früchten, ist man den edlen Stiftern aus längst vergangenen Tagen dankbar für ihre guten Taten. Die Stiftungskellerei nennt zudem 12 Hektar Rebflächen ihr Eigen, die sich im „Heiliggeist-Stüble" wieder finden. Auf der Weinkarte gibt es aber auch Weine befreundeter Stiftungsweingüter, wie zum Beispiel des Bürgerspitals zum Heiligen Geist in Würzburg. Nicht nur die zahlreichen Touristen danken es Familie Stengele, dass im Herzen der Freiburger Altstadt seit ein paar Jahren ein solch schönes Lokal besteht.

Lage direkt am Münsterplatz, dem touristischen Kulminationspunkt Freiburgs
Öffnungszeiten Di–So 9.30–23 Uhr, Ruhetag: Mo
Preise Tagesmenü 9,80 €, Hauptgerichte bis zu 21,50 €
Reservierung ab 8 Personen empfohlen
Kreditkarten Mastercard, Visa, EC-Karte
Parkplatz öffentliches Parkhaus am Schlossbergring, 10 Gehminuten entfernt
Garten/Kinderfreundlichkeit große Außenterrasse für 85 Gäste, Kinderstühle vorhanden und man geht auf kleine Gäste gerne ein

Landhotel »Krone«

Inhaber: Josef Thoma
Hauptstraße 12
79423 Heitersheim
Tel. 0 76 34/5 10 70
Fax 0 76 34/51 07 66
info@landhotel-krone.de
www.landhotel-krone.de

Die „Krone" ist ein altehrwürdiges Gebäude, das bereits 1777/78 erbaut und von Christel und Josef Thoma in außergewöhnlicher Weise renoviert wurde. Die Gaststube mit mehreren Nebenzimmern und stillen Ecken macht einen behaglichen und bodenständigen Eindruck. Als einziges Hotel in Deutschland wurde die „Krone" mit ihren 25 Zimmern und Appartements vom Michelin Führer 2006 für einen „angenehmen und schönen Aufenthalt in nicht alltäglicher Einrichtung" besonders ausgezeichnet. Zu dieser Einrichtung gehört auch der 300 Jahre alte, gewölbte Kronenkeller, der wie geschaffen für Familien- und andere Feiern ist.

Die Speisekarten bieten für jeden etwas: Das Angebot „Gut und Günstig" offeriert zum Beispiel ein warmes Rindfleisch mit Gemüsevinaigrette mit Brägele oder geschnetzeltem *Leberle,* geröstet oder sauer. Die *Brägele* sind kross gebraten und munden auch zu einem *Wurstsalat.* Ein Drei-Gang-Bistromenü gibt es montags, donnerstags, freitags und samstags. Das Feinschmeckermenü, das in regelmäßigen Abständen wechselt, bezaubert: als kleines „Vorweg" eine Sülze von Kaninchen und Spargel, dann der lauwarme, marinierte Kalbskopf in Gemüsevinaigrette mit gebratener Hummerkrabbe, eine Essenz von Sellerie mit Tomaten-Mozarellanocken und im Fischgang ein kross gebratenes Zanderfilet auf geschmolzenen Tomaten. Der Fleischgang bietet ein *Filet vom Weiderind* auf gebratenen Pfifferlingen mit Selleriepüree an. Ein Ziegenkäse in frischen Kräutern und buntem Pfeffer mit Olivenöl schließt den Magen und lässt Platz für einen ofenfrischen *Kirschschlupfer* mit selbst gemachtem Sauerrahmeis. Und das alles zu einem unschlagbaren Preis! Als Gast hat man in der „Krone" ein wahrhaft königliches Gefühl.

Die heimischen Weine des Markgräflerlandes harmonieren gut mit dem Ziel der Küche, heimische Spezialitäten, raffiniert und immer wieder spannend mit Spezialitäten aus anderen Landstrichen zubereitet, zu verkosten.

Lage mitten im Malteserstädtchen Heitersheim
Öffnungszeiten Ruhetage: Di, Mi bis 16.30 Uhr, das Hotel hat immer geöffnet
Preise Vorspeisen ab 7,80 €, Hauptgerichte bis 22,80 €, Feinschmeckermenü 46 €
Reservierung empfehlenswert
Kreditkarten werden akzeptiert, aber EC-Karte bevorzugt
Parkplatz 50 Plätze
Garten/Kinderfreundlichkeit Außenterrasse mit Garten, Platz für 30 Gäste, besondere Angebote für Kinder

»Scheidels Restaurant« – Hotel »Zum Kranz«

Inhaber:
Familie Scheidel
Offenburger Straße 18
79341 Kenzingen
Tel. 0 76 44/68 55
Fax 0 76 44/93 10 77
info@scheidels-kranz.de
www.scheidels-kranz.de

Der „Kranz“ ist seit über 200 Jahren ein Familienbetrieb und war ursprünglich eine Brauerei, die noch bis 1945 existierte. Beim Eintritt in den behaglichen Gastraum fällt sofort das alte Büfett ins Auge. Tradition will erhalten und gepflegt sein. Und genau so wie Franz Scheidel, der im „Adler“ in Hinterzarten gelernt und auf der „Friedrichshöhe“ bei Lothar Eiermann gearbeitet hat, keine Geschmacksverwirrungen auf dem Teller duldet und eine geradlinige Kochkunst bevorzugt, wird im Restaurant das Bewährte erhalten.

Kenzingen liegt zwischen dem Kaiserstuhl und den Ausläufern der Schwarzwaldberge. Im Oberrotweiler Erzeugermarkt am Kaiserstuhl gibt's Gemüse, Krebse aus dem Taubergießen, Lachsforellen aus Wittelsbach und Wild aus Bombach und Ottoschwanden, und alles kommt frisch auf den Tisch, was das *Rehragout* beweist. Montags, mittwochs, donnerstags und freitags gibt es immer ein Tagesessen, das vom freundlichen Service vorgeschlagen wird: etwa eine Champignoncrèmesuppe und die leckere Poularde mit Pommes Dauphin. Auch das „Menü Maison“ ist empfehlenswert. Es beginnt in diesem Falle mit einem Carpaccio vom *Kalbsbäckchen,* es folgen Filet vom weißen Heilbutt in Champagnersauce, *Ochsenlende* in Madeirasauce und zum Nachtisch Apfelsüppchen mit Wildholunderblütensorbet.

Badische Weine bestimmen die Weinkarte, zum Beispiel die nahe gelegenen Jägle aus Kenzingen oder Huber aus Malterdingen. Das Weingut Trautwein aus Bahlingen ragt dabei etwas heraus – mit ihm zusammen wird in regelmäßigen Abständen eine kulinarische Weinprobe mit sechs Gängen veranstaltet. Von praktisch allen 200 Weinen, die auf der Karte vertreten sind, weiß Weinkenner Franz Scheidel genau, wo und wie sie wachsen. Er hat große Franzosen, Spanier und Italiener auf der Karte und das zu mehr als zivilen Preisen. Nicht verwunderlich, dass einer der großen deutschen Gastrokritiker, der zeitweise nicht weit von Kenzingen wohnt, ab und an im „Kranz“ gesichtet wird.

Lage im Städtchen Kenzingen stadtauswärts Richtung Lahr
Öffnungszeiten Ruhetage: Mo abends, Di
Preise Menüs ab 23 €
Reservierung an Wochenenden empfohlen
Kreditkarten alle gängigen
Parkplatz am Haus und über der Straße, 50 Plätze
Garten/Kinderfreundlichkeit Garten im Innenhof mit 50 Plätzen, kindgerechte Portionen

Hotel und Restaurant »Zum Kranz«

Der „Kranz“ erhielt 1872 als Gastwirtschaft eine erste Schankgenehmigung – seinen Namen bekam er aber erst 1909. Die Lörracher Traditionsbrauerei „Lasser“ übernahm das Haus 1930. Am 16. April 1966 begann die Ära der Familie Rosskopf; Günter und Antoinette Rosskopf führten das Haus annähernd 40 Jahre. Nun zeichnet Sohn Michael zusammen mit der Mutter verantwortlich, während Günter Rosskopf sich verstärkt um die Hauslieferungen von kalten und warmen Menüs kümmert und sich der Ausrichtung von Büfetts widmet.

Inhaber:
Familie Rosskopf
Basler Straße 90
79540 Lörrach
Tel. 0 76 21/8 90 83
Fax 0 76 21/1 48 43
info@kranz-loerrach.de
www.kranz-loerrach.de

Michael Rosskopf, der lange Jahre in Berlin tätig war, bringt langsam und behutsam seine Handschrift in den elterlichen Betrieb ein, zum Beispiel die noch geplanten und bereits durchgeführten Umbaumaßnahmen im Restaurantbereich, der eine große Gaststube mit 70 Sitzplätzen aufweist, oder in der Hermann-Daur-Stube mit 80 Sitzplätzen, die für Firmen-, Familien- und Vereinsfeste bestens geeignet ist. Hängen im Restaurant oben noch historische Ansichten und Stiche, so finden sich in Augenhöhe des Betrachters Werke moderner Kunst. Alt und Neu werden verbunden. Auf der Karte findet sich ebenfalls das markt- und saisonorientierte Bewährt-Traditionelle sowie das Innovative, wie beispielsweise *Markgräfler Kartoffelsuppe, Fischsüpple, Fleischküchle* oder *Kalbsleberli „Markgräfler Art“* sauer mit Rösti und gemischtem Salat. Der marinierte Kalbskopf in Dijonsenfvinaigrette wird warm serviert. Der Sommerhit des „Kranzes“ sind Edelfische und drei Scampis. Die Weinkarte besticht durch eine große Auswahl an Markgräfler und weiteren badischen Weinen, die auch offen bestellt werden können.

Der besondere Tipp
Der „Kranz“ verfügt über Hotelzimmer, in denen der Gast gerne einige Tage die badische Gastfreundschaft genießen kann.

Lage zentral, nicht weit von Lörrachs Veranstaltungszentrum Burghof und kurz vor der Schweizer Grenze, einfach der ausgeschilderten Lörracher Hotelroute folgen
Öffnungszeiten Ruhetage: So, Mo, das Hotel ist durchgehend geöffnet

Preise 4-Gang-Menü 45 €, Fischmenü (3-Gänge) 38 €, (4-Gänge) 45 €, Vegetarisches Menü (3-Gänge) 23 €, (4-Gänge) 28 €, tägliches Mittagsmenü mit Suppe, Salat und Tellergericht 9,50 €

Reservierung empfehlenswert
Kreditkarten alle gängigen
Parkplatz 22 Plätze
Garten/Kinderfreundlichkeit im Innenhof Gartenwirtschaft mit 40 Sitzplätzen, auf spezielle Kinderwünsche wird eingegangen

Gasthaus »Grüner Baum«

Inhaber/Küchenchef:
AST Gaststätten-Betrieb GmbH & Co. KG/
Hans Riehle
Hexentalstraße 35
79249 Merzhausen
Tel. 07 61/45 94 00
Fax 07 61/4 59 40 25
info@gruener-baum-merzhausen.de
www.gruener-baum-merzhausen.de

Der Küchenchef Hans Riehle hat sich die Welt angesehen, manche Gerichte kommen deshalb auf Wunsch der Gäste bei ihm asiatisch, mexikanisch oder kreolisch daher. Die Zutaten bleiben und sind aber badisch bodenständig. Die Nudeln hausgemacht, die Spätzle handgeschabt und das Angebot auf dem Teller entspricht dem Angebot des Marktes.

Angaben zu Zusatzstoffen sucht man im „Grünen Baum" auf der Speisekarte vergeblich, denn die gekörnte Brühe, die in der Küche eingesetzt wird, kommt von der Firma Asal in Todtnau und wird dort ohne Gluten, Geschmacksverstärker, Konservierungsstoffe und ohne Farbstoff hergestellt. Die Vorspeisen, die es alle in einer kleinen und einer großen Portion gibt, werden von Salaten bestimmt, die mit hausgebeiztem Lachs, Poulardenbrust oder mit einem Schnitzel serviert werden. Bei den Hauptgerichten fallen die *Pfannkuchenvariationen* sofort ins Auge – der *Kürbiskernpfannkuchen* mit Blattspinat und Champignons oder ein Kräuterpfannkuchen mit Tomaten und Frischkäse erfreuen die Pfannkuchen-Liebhaber. Hans Riehle ist aber auch bekannt für seine richtig scharfen Nudeln, die es in Kombination mit Lachs und Mango oder auch klassisch gibt. Ein Fisch des Tages auf dem Gemüsebett oder ein *Rumpsteak* können durch zahlreiche selbst gewählte Beilagen ergänzt werden. Gegen den großen Hunger gibt's die XL-Portionen und ab 21 Uhr für zwei Personen das Überraschungsmenü. Müßig zu sagen, dass alle Desserts aus eigener Produktion stammen.

Im Gastraum mit dem Kachelofen am Stammtisch haben 20 Personen Platz, im Nebenzimmer 50. In beiden Gaststuben überwiegt der klare Holzton. Die übersichtlich gestaltete Weinkarte hat ein Schwergewicht hin zum Weingut Heinemann aus Ehrenkirchen–Scherzingen.

Lage auf einer kleinen Anhöhe steht das ehemalige Rathaus der Gemeinde Merzhausen, von Freiburg kommend auf der linken Straßenseite, nach dem Stadtteil Vauban und der Solarsiedlung
Öffnungszeiten Mo–So 11.30–24 Uhr, warme Küche 11.30–14 Uhr, 18–22 Uhr, danach bis 23 Uhr Vesper und kalte Karte
Preise 8,50–19,50 €

Reservierung nicht erforderlich
Kreditkarten Mastercard, Visa, EC-Karte
Parkplatz direkt am Restaurant eingeschränkt, aber an der Hexentalstraße ist das Parken möglich
Garten/Kinderfreundlichkeit schattiger Garten mit 40 Sitzplätzen, besondere Angebote für Kinder, alle Gerichte auch in kleinen Portionen

Restaurant & Landhotel »Alte Post«

Die „Alte Post“ ist ein seit langem bekannter Markgräfler Landgasthof. Er kommt schon in Johann Peter Hebels Gedicht „Der Schwarzwälder im Breisgau“ vor: „Z'Müllen an der Post, Tausigsappermost! Trinkt me nit e guete Wii – goht er nit wie Baumöl ii“ heißt es dort, und das ist bis heute so geblieben. Der Chef des Hauses, Heinrich Mack, der seit 1986 in dem 250 Jahre alten Anwesen residiert, verbindet seine Kochkunst aus Überzeugung mit den Erzeugnissen der führenden Markgräfler Winzer. Markgräfler Gastlichkeit und Lebensart kommen auch in der Vinothek zum Ausdruck. Hier kann in passender Umgebung für kleinere Gruppen auch einmal der Aperitif eingenommen werden.

Inhaber:
Heinrich Mack
Posthalterweg/
An der B 3
79379 Müllheim
Tel. 0 76 31/1 78 70
Fax 0 76 31/17 87 87
info@alte-post.net
www.alte-post.net

Gastlichkeit im Einklang mit der Natur ist in der „Alten Post“ kein Schlagwort. Das Hotel war 1991 Umwelthotel des Jahres – Gemüse und Obst aus ökologischem Anbau, das Fleisch aus dem nahen Münstertal, das Frühstück ohne Verpackungsmüll – die eindeutige Ausrichtung ist im ganzen Haus zu spüren. Die „Eleganz der Einfachheit“ hat Mack sich auf die Fahnen geschrieben, wohl wissend, dass das Einfachste oft das Schwerste ist. Ob große Gesellschaft oder ein Essen zu zweit, die Küche stimmt immer. Der Tomaten-Rucolasalat mit Horbener Ziegenfrischkäse und reduziertem Balsamico ist der richtige Einstieg in ein Vegetarisches Menü, einen Fisch-, Fleisch- oder Geflügelgang. Da wären *hausgemachte Nudeln mit Pfifferlingen* à la crème und Brokkoli, ein mit Rosmarin gebratener Wolfsbarsch mit Blattspinat und Kräuterkartöffele oder *Rinderfiletmedaillons* mit Kardamom, Knoblauch und Vanille, Frühlingszwiebeln und Schupfnudeln. Ein viergängiges vegetarisches Menü mit Gurkenscheiben in Sesamvinaigrette, Ziegenfrischkäse in der Kräuterpanade, Artischockentarte auf Sesam-Lauchgemüse und Knuspercanneloni mit weißer Schokoladenmousse inklusive einem passenden Weinset lässt keine Wünsche mehr offen. Sehr angenehm ist, dass Gäste gebeten werden, im Restaurant nicht zu rauchen.

Lage das Wein- und Seminarhotel liegt mit der mächtigen Fassade an der Bundesstraße, die von Basel nach Freiburg führt
Öffnungszeiten kein Ruhetag
Preise Vorspeisen ab 6,50 €, Vegetarisches ab 9,50 €, Fisch und Fleischgerichte 12–25 €

Reservierung erforderlich
Kreditkarten alle gängigen
Parkplatz 60 Parkplätze, zum Teil schattig gelegen
Garten/Kinderfreundlichkeit im Innenhof lauschiges Gartenrestaurant, Kinderkarte, eine Kinderspielkiste steht zur Verfügung

Romantik-Hotel »Spielweg«

Inhaber:
Karl-Josef Fuchs
Spielweg 61
79244 Münstertal
Tel. 0 76 36/70 90
Fax 0 76 36/7 09 66
fuchs@spielweg.com
www.spielweg.com

Das Romantikhotel „Spielweg" liegt malerisch eingebettet in der Münstertaler Landschaft, die von Wiesen und sanften Hügeln geprägt ist. Hier befindet sich das Romantik-Hotel „Spielweg", das den Titel zu Recht führt, denn romantischer kann es bei Sonnenuntergängen hier gar nicht mehr sein. Bei guter Sicht blickt man bis zu den Vogesen und ins Rheintal.

Das Haus hat eine lange Tradition, denn schon 1705 wurde es erstmals urkundlich erwähnt. Seit 1861 befindet es sich in den guten Händen der Familie Fuchs, die das Hotel familiär führt. Die Stuben des Restaurants sind urig und gemütlich eingerichtet, richtig bodenständig.

Die Speisekarte kommt dann schon etwas internationaler daher und bietet neben dem Vesperteller auch Feinschmeckermenüs an. Der Schwerpunkt liegt aber eher auf den badischen Spezialitäten. *Kalbskutteln im Tomaten-Schalotten-Fond* mit Pfifferlingen und Spätzle, *Forellenfilet* „Müllerinnen Art", *Carpaccio vom Hinterwäldler Kalb* mit Parmesan und Pinienkernen, *Sauté vom Kalbsnierle* und *Kaninchenrücken* mit Karotten seien hier als Beispiele genannt. Mittags gibt es zusätzlich eine Karte mit speziellen Angeboten. Unbedingt probieren sollte man auch den Käse aus der eigenen Käserei, die seit gut zehn Jahren das Steckenpferd von Karl-Josef Fuchs ist. Spielweger Bergkäse, Obermünstertäler Weichkäse und Frischkäse zählen zu den Spezialitäten, die man auch in größeren Portionen käuflich erwerben kann. Die Milch für den Käse stammt aus dem Münstertal und wird noch in Handarbeit verkäst. Übrigens, wussten Sie schon, was ein Spielweg ist? Spielweg bedeutet Trennweg und am Restaurant „Spielweg" trennen sich die Wege, die ins Wiesental und zum Schauinsland führen.

Der besondere Tipp
Auf der Homepage des Hotels findet man leckere Rezepte des Chefkochs zum Nachkochen. Viel Spaß!

Lage im oberen Münstertal, am Waldrand gelegen
Öffnungszeiten täglich, Mo, Di nur kleine Karte
Preise Hauptgerichte 13–27 €
Reservierung empfehlenswert
Kreditkarten alle gängigen
Parkplatz am Haus
Garten/Kinderfreundlichkeit Terrasse, Kinderkarte, Spielzimmer, Spielgarten

Gasthaus »Zehner's Stube«

In der „Zehner's Stube“ führt der ungekrönte badische „Soßenkönig“ Fritz Zehner das Zepter. Im ehemaligen Bürgersaal, in dem schon im 17. Jahrhundert gespeist wurde, befindet sich heute sein Refugium. Freundlich in Empfang genommen, fällt dem Gast die Auswahl zwischen den Köstlichkeiten der Zehnerschen Küche schwer: Carpaccio vom Rehrücken mit Entenleber, *Lammrücken mit Kräuterkruste, Rinderfilet* in Rotweinsauce oder *Milchkalbsfilet* auf Morchelrahm mit Gemüse und Spätzle vom Brett haben Fritz Zehner über die Landesgrenzen hinaus berühmt gemacht und sich in vielen Auszeichnungen niedergeschlagen. Sein „Fischmenü“ erfreut den Liebhaber von Meerestieren, während das *„Stubenmenü“* dem Gast einen Querschnitt durch die kulinarischen Köstlichkeiten der „Stube“ präsentiert. Fritz Zehner, das „badische Original“, ist dennoch bodenständig geblieben, sucht auch schon mal ein Schwätzchen mit seinen Gästen und lässt sich bei Kochkursen gerne in seine Töpfe gucken.

Küchenchef: Fritz Zehner
Weinstraße 39
79292 Pfaffenweiler
Tel. 0 76 46/62 25
Fax 0 76 64/6 16 24
info@zehnersstube.de
www.zehnersstube.de

Das Ambiente in „Zehner's Stube“ ist klassisch und elegant ohne übertrieben luxuriös zu wirken. Die Gewölbedecke und die Säulen erinnern noch heute an den historischen Bürgersaal. Wer es dagegen gerne etwas rustikaler mag, für den ist die Weinstube im Keller des Hauses, der „Stubenkeller“, genau richtig. Und auch hier überzeugt die Speisekarte mit badischen und internationalen Spezialitäten, wie zum Beispiel dem *Rehragout* mit Preiselbeeren und Spätzle, dem Rumpsteak mit Bratkartoffeln, dem *Geschmorten Zieglein* mit Gemüse und Kartoffeln oder einer Mousse au Chocolat. Übrigens: Auch ein Blick in die Weinkarte lohnt sich. Die Zehners sind Weinliebhaber und -kenner. Der Gast kann ihrer hervorragenden Auswahl an badischen, französischen und italienischen Weinen blind vertrauen.

Lage im Weinort Pfaffenweiler, nahe der Weinberge
Öffnungszeiten Ruhetag: Mo
Preise Hauptgerichte 14,50–32,50 €
Reservierung empfehlenswert
Kreditkarten werden nicht akzeptiert
Parkplatz eigener Parkplatz am Haus
Garten/Kinderfreundlichkeit Terrasse, Garten

Landhotel »Mühle zu Gersbach«

Inhaber: Renate und Martin Buchleither
Zum Bühl 4
79650 Schopfheim-Gersbach
Tel. 0 76 20/9 04 00
Fax 0 76 20/90 40 55
hotel@muehle.de
www.muehle.de

Wenn Martin Buchleither strahlend seine Küche verlässt, in der er auch Kochkurse unter dem Motto „Seitensprung mit dem Küchenchef" anbietet, und sich dann an den Tisch der Gäste setzt, dann sprühen unablässig Gedankenblitze auf und umgehend ist eine lockere und entspannte Stimmung da, die sich stets in einem Lachen ausdrückt. Martin Buchleither ist quirlig und innovativ, wie beispielsweise seine Experimente mit dem Essigzerstäuber oder seine Erfindung eines mobilen Top-Restaurants zeigen.

Gersbach ist ein blitzsauberes Dorf, das, wie alle abgelegenen Orte, mit der Abwanderung zu kämpfen hat. Nur wenn die Landwirte ihre Produkte veredeln, können sie überleben. Eine Fleischgenossenschaft und die Gersbacher Chäschuchi, in der leckerer Bergkäse hergestellt wird, sind Maßnahmen, das Dorf lebensfähig zu erhalten. Auch die „Mühle" gehört in dieses Bild, denn die Buchleithers bieten immer außergewöhnliche Angebote, um Gäste anzulocken. Markus del Monego, Weltmeister der Sommeliers, kommt etwa zu Verkostungen großer Weine dieser Welt, die von einem Dinner begleitet werden. Die pfiffige Kochkunst hat Buchleither auch schon für die Lufthansa kochen lassen, was ihn aber nicht abheben ließ. Einfach und gut ist der *Schweinerücken* gefüllt mit Gersbacher Camembert auf Rahmnudeln mit Baumpilzen oder das saftig gebratene *Rinderrückenschnitzel* mit frittierten Kartoffeln. Das kleinste Menü der Welt, ein Vorspeisenpotpourri, das im Suppenteller serviert wird, ist ebenfalls ein Highlight. Das monatlich wechselnde Menü enthält im Juli einen *Rehrücken* vom Sommerbock aus heimischer Jagd. Und wenn man einen Sommelierweltmeister zum Freund hat, braucht man sich um die Gestaltung einer Weinkarte keine Sorgen zu machen: Die heimischen und ausländischen Weine können alle bedenkenlos konsumiert werden.

Der besondere Tipp
Im Gang des Hotels wird man ermuntert, ein kleines Holztürchen zu öffnen, denn dahinter verberge sich das Wichtigste des Hauses – man blickt in sein Spiegelbild und nickt bestätigend: bei Buchleithers fühlt man sich wohl!

Lage in Gersbach, eines der schönsten Dörfer Deutschlands, abseits der kleinen Durchgangsstraße
Öffnungszeiten Ruhetage: Di, Mi bis 15 Uhr
Preise 9,60–26 €
Reservierung an Wochenenden erforderlich
Kreditkarten Mastercard, Visa, EC-Karte
Parkplatz direkt neben der Mühle 40 Plätze
Garten/Kinderfreundlichkeit Garten mit Platz für 50 Personen, Besonderheit: Kinder-Küchenzeitung

Hotel Gasthaus »Am Felsenkeller«

Konrad Ortlieb legt großen Wert auf frische und regionale Produkte, die er bei Produzenten im Münstertal, in Ballrechten-Dottingen, Staufen und Seefelden in einer sehr guten Qualität erhält. Besonders am Herz liegen ihm regionales Gemüse in der passenden Jahreszeit, die regionalen Fischgerichte oder abwechslungsreiche Gerichte des Hinterwälder Rindes. Das Fleisch bezieht er vom Hinterwälder Zuchtbetrieb „S'Eckershof" im Münstertal. Das Schwarzwälder Rinderfilet mit Steinpilzen, das Merinolamm aus dem Markgräflerland oder auch ein Schwäbisch-Hällisches Landschwein kommen auf den Tisch. Letzteres kommt zwar von weiter her, aber es ist das Einzige, das in Bioqualität auf dem Markt zu haben ist. *Markgräfler Wildschweinschinken* oder ein *Kalbsbriessalat* mit Kapern findet man nicht auf jeder Karte. Unübersehbar prangt über dem Eingang des Restaurants denn auch die Forderung nach einer „gentechnikfreien Region am Oberrhein".

Inhaber:
Konrad Ortlieb
Albert-Hugard-Straße 47
79219 Staufen i. Br.
Tel. 0 76 33/62 85
Fax 0 76 33/98 14 00
info@am-felsenkeller.de
www.am-felsenkeller.de

Um Gäste an seine Kochkunst heranzuführen, gibt es ganzjährig Sonderangebote wie zum Beispiel das Degustationsmenü ab zwei Personen, das Ortlieb je nach Angebot der Saison gestaltet. Eine Besonderheit ist sicherlich der Weinkeller, der an der Theke der alten Gaststube beginnt. Das Haus ist einst als Stollenvorhütte zu einem Bergwerk erbaut worden, deshalb ist der Weinkeller in einem Bergwerksstollen aus dem Mittelalter untergebracht und birgt vor allem badische Tropfen. Das Ökoweingut Brugger aus Laufen oder das Weingut Neymeyer aus Staufen-Wettelbrunn sind vertreten.

Und zum Abschluss des Menüs lockt eine Williamsbirne mit Himbeersahne und Vanilleeis oder einer der edlen Obstbrände. Etwas ganz Ausgefallenes ist sicherlich der *Nusszopfbrotpudding* mit Vanilleeis. Das Hotel lädt nach einem guten Mahl zum Bleiben ein – das Vollwertfrühstück ist der krönende Abschluss des Aufenthaltes in der Fauststadt Staufen.

Lage am Waldrand, aber nur wenige Minuten zum Zentrum des Städtchens, gleich neben dem Schwimmbad
Öffnungszeiten Ruhetag: Mo, Hotel immer geöffnet

Preise Tellergerichte ab ca. 8 €, Menüs bis ca. 30 €
Reservierung an Wochenenden erforderlich
Kreditkarten nein, aber EC-Karte

Parkplatz vorhanden
Garten/Kinderfreundlichkeit Garten mit 35 Plätzen, Familie Ortlieb hat ebenfalls Kinder und ist auf alles eingestellt

Hotel-Gasthof »Kreuz-Post«

Inhaber: Familie Heidi und Michael Zahn
Hauptstraße 66
79219 Staufen i. Br.
Tel. 0 76 33/9 53 20
Fax 0 76 33/95 32 32
kreuz-post-staufen@t-online.de
www.kreuz-post-staufen.de

Das Haus der „Kreuz-Post", erstmals 1599 urkundlich erwähnt, erreichte seine Blüte mit Sixtus Schladerer, der das Wirtshaus 1844 übernahm und Vorfahre jener auch heute noch sehr bekannten gleichnamigen Schwarzwälder Hausbrennerei ist. Diese ist direkt im Anschluss an das Restaurant angesiedelt, wo sich die hochprozentigen Köstlichkeiten auch erstehen lassen. Sixtus zu Ehren ist ein Bankettsaal für 50 Personen im zweiten Stock benannt, während die Gaststube im Erdgeschoss ebenfalls 50 Personen Platz bietet. Das Interieur des Hauses und der Gaststube ist bestimmt von einem heiteren Grün sowie der Verarbeitung heimischer Hölzer.

Michael Zahn kommt aus einer Gastronomenfamilie im Hochschwarzwald, was ihn nachhaltig geprägt hat. Nach der Lehre auf der „Sonnenalp" in Sonthofen, Stationen in Durbach und Denzlingen und am Bodensee, zog es ihn wieder in heimatliche Gefilde. Hier findet Michael Zahn alles, was auf den Tisch kommt: Das Wild bezieht er bei der Staufener Jagdgesellschaft, das Kalbfleisch von Galloway-Rindern in Sulzburg und der frische Käse kommt vom Horbener Ringlihof. Die Speisekarte bietet einfache, gute Gerichte der Hausmannskost, denen man das Handwerkliche anmerkt, die aber pfiffig und kreativ gekocht sein wollen. Eine ganze *Dorade* mit Gemüse und Kartoffelscheiben, aber auch das *Badische Schäufele* aus dem Wurzelsud mit Bratenjus und lauwarmem Kartoffel-Gurken-Salat finden sich auf der Karte. Ganz besonders gut ist der gefüllte *Kaninchenrücken im Brickteig* gebacken mit Oliven und getrockneten Tomaten. Auf der Weinkarte mit ihren 130 Positionen findet man offene badische Viertele wie einen Grunener Altenber vom Weingut Köpfer oder einen Staufener Schlossberg Spätburgunder. Ein hauseigener Digestif bietet sich hier besonders an. Die Hotelzimmer sind wie das gesamte Haus stil- und geschmackvoll eingerichtet – die immer liebvoll angeordneten frischen Blumen stehen für die blühende „Kreuz-Post"!

Lage zwischen dem historischen Marktplatz und dem Flüsschen Neumagen
Öffnungszeiten Ruhetag: Mi
Preise 11,20–24,80 €, Menüs 29,80–36,80 €
Reservierung empfohlen
Kreditkarten alle gängigen
Parkplatz großer öffentlicher Parkplatz 50 Meter entfernt, 3 hoteleigene Parkplätze für Übernachtungsgäste
Garten/Kinderfreundlichkeit Garten direkt vor dem Haus (praktisch Fußgängerzone), kindgerechte Gerichte

Hotel Restaurant »Steinbuck«

Wo holt sich Thomas Wernet seine Inspirationen für die Küche? Der gebürtige Schwarzwälder setzt sich einfach auf sein Rennrad und jagt ein paar Weinberge hinauf oder fährt in die Rheinebene hinab, um sich zu entspannen und neue Ideen zu entwickeln. Ein weiteres Faible teilt auch seine Frau, die für den Service zuständig ist: ausgefallenes Geschirr. Nicht nur die Lage macht den „Steinbuck" zu einem der schönsten Restaurants im Kaiserstuhl, auch das Interieur.

Inhaber: Elisabeth und Thomas Wernet
Steinbuckstraße 20
79235 Vogtsburg-Bischoffingen
Tel. 0 76 62/91 12 10
Fax 0 76 62/60 79
wernet@hotel-steinbuck.de
www.hotel-steinbuck.de

Thomas Wernet gehört der Vereinigung Eurotoques an und verwendet in seiner Küche keinerlei Geschmacksverstärker und vorgefertigte Produkte. Das ist bei dem Angebot auch mehr als unnötig. Das Handwerkliche steht im Vordergrund. Ein Tag in der Woche ist der Nudelproduktion vorbehalten, die, wie auch die Spätzle, Gnocchis, Maultäschle und Schupfnudeln, selbst hergestellt werden. Alle Informationen rund um ein Küchenjahr teilen die Wernets ihren Gästen in einem kulinarischen Kalender mit: Die Wilden Zeiten, Menüs mit der Forchheimer Freimastgans und besonders das traditionelle Küchenfest stehen auf dem Programm. Ein marinierter *Ziegenfrischkäse im Brickteig* gebacken oder das Carpaccio vom Thunfisch verraten schon die Stilrichtung. Ein *Rheinzander im Speckmantel* gebraten steht neben einem Badischen Kalbssahneschnitzel in feinem Rahmsößle. Ein Blick auf das vielfältige Menü-Angebot lohnt sich immer. Beim regionalen Menü gibt es hausgemachten *Gänselebergugelhupf,* Wachtel, Rheinzander und *Elztäler Milchlamm,* beim Jahreszeiten-Menü Lammbratwürstle, *Ragout vom Hinterwälder Rind* und Kompott von Kaiserstühler Aprikosen. Die Menüs werden immer von Weinvorschlägen begleitet und sind auch mit Weinen zusammen zu bestellen. Diese kommen von der Winzergenossenschaft Bischoffingen und von rcnommierten Privatweingütern des Kaiserstuhls, wie Bercher-Schmidt und Salwey aus Oberrotweil.

Lage nahe der Winzergenossenschaft geht es steil zum Steinbuck hinauf, inmitten der berühmten Weinlage Steinbuck liegt das herrliche Haus in Alleinlage, wunderbarer Panoramablick

Öffnungszeiten 11–23 Uhr, warme Küche 12–14 Uhr, 18–21.30 Uhr, Ruhetage: Di, Mi bis 17 Uhr, November–März Küche Mi ganztags geschlossen

Preise 6–28 €

Reservierung an Wochenenden empfehlenswert

Kreditkarten EC-Karte

Parkplatz 40 Parkplätze direkt unterhalb des Restaurants

Garten/Kinderfreundlichkeit 40 Plätze auf einer der schönsten Aussichtsterrasse des gesamten Kaiserstuhls, Kinderkarte

»Kreuz-Post«

Inhaber: Isabelle und Reiner Gehr
Landstraße 1
79235 Vogtsburg-Burkheim
Tel. 0 76 62/9 09 10
Fax 0 76 62/12 98
info@kreuz-post.de
www.kreuz-post.de

Das Landhotel ist seit fast 200 Jahren in Familienbesitz, das Haus wurde von der Großmutter bis 1970 als Poststation geführt, aus der sich das Gasthaus und das Hotel entwickelt haben. Reiner Gehr gibt als Motto vor, nicht einen Beruf auszuüben, sondern ihn zu „leben". Und Leben herrscht in der Küche, die er mit seiner Frau Isabelle, einer Elsässerin teilt. Die „Kreuz-Post" gehört zur Wirtevereinigung „Kulinarischer Kaiserstuhl", die sich zusammen mit der Weinwirtschaft und dem Tourismus für eine Marke „Kaiserstuhl" stark macht. Nicht verwunderlich, dass die Speisekarte genau auflistet, von wo die Gehrs ihre Produkte beziehen. Das Walnussöl kommt aus Königschaffhausen, das Obst vom Obsthof Neumühle, die Forellen vom Forellenhof in Umkirch, das Mehl von der Burkheimer Löffelmühle. Wie wäre es mit einer hausgemachten Pastete, die die elsässische Handschrift verrät? *Leberle und Brägele* oder *Ochsenzunge* Madeira mit Nudeln? Die Forelle in Mandelbutter mit Salzkartoffeln und großem Salat? Die Küche hält, was sie verspricht – badisch im besten Sinne. Besondere Angebote, die man mit einer Gruppe nicht missen sollte, sind ein *„Schäufele im Brotteig",* das Reiner Gehr im Weinberg serviert oder „Des Nachtwächters Kulinarium".

Der besondere Tipp
Sauerkirsch-, Williams- oder Zwetschgenwasser kann in der „Kreuz-Post" als flüssiges Souvenir auch mit nach Hause genommen werden.

In Burkheim führt der Nachtwächter um 22 Uhr Besucher durch das Städtchen. Zur kulinarischen Einstimmung bietet die „Kreuz-Post" das „Nachtwächtermenü" an, das in seiner Zusammensetzung an die Tradition der Landwirte, Winzer und Fischer erinnert. *Rahmsüppchen von geräucherten Forellen, Schnecken-Lasagne* und Rinderfilet stehen hier im Mittelpunkt. Produkte aus der eigenen Hausbrennerei, die seit über 100 Jahren betrieben wird, runden zum Beispiel mit Parfait vom Sauerkirschenwasser das bodenständige Gourmet-Erlebnis ab.

Lage zwischen den Vogtsburger Ortsteilen Oberrotweil und Burkheim liegt die „Kreuz-Post" an einer Straßenkreuzung, auf der die Badische Weinstraße durch den Kaiserstuhl führt

Öffnungszeiten Ruhetag: Di
Preise kein Gericht über 30 €, Nachtwächtermenü 39,80 €
Reservierung empfohlen
Kreditkarten EC-Karte

Parkplatz ca. 50 Parkplätze im Hof
Garten/Kinderfreundlichkeit Garten mit Platz für 60 Personen, Spielplatz, als Geschenk des Hauses Seifenblasen

Gasthaus »Zum Kaiserstuhl«

Inhaber: Lothar und Walburga Koch
Niederrotweil 5
79235 Vogtsburg-Niederrotweil
Tel. 0 76 62/2 37
Fax 0 76 62/9 35 07 27
info@gasthaus-zum-kaiserstuhl.de
www.gasthaus-zum-kaiserstuhl.de

Lothar Koch hat das elterliche Anwesen, das als Bauernhof 1859 erbaut wurde, behutsam restauriert und auch zwei Übernachtungszimmer ausgebaut – die Familienbilder der Vorfahren schmücken immer noch die Gaststube. Neueste Errungenschaft ist ein ausgebauter Gewölbekeller, der sich für Familienfeste, Weinproben und Feiern trefflich eignet. In ihm sind auch die selbst gebrannten Schnäpse, die angesetzten Liköre und eingemachten Marmeladen gelagert. Lothar Koch – der Name ist Programm – kocht seit 1984 mit heimischen Kräutern, die er im eigenen Garten anbaut oder auf den Hängen der Kaiserstuhlberge sammelt. Auch die Blüten, mit denen die Teller garniert und dekoriert sind, sammelt er selbst. Im Frühling ist sein *Wiesen-Löwenzahnsalat* mit Kracherle ein knackiger Essensstart, es können aber auch glasierte junge Möhrle an wilder Kresse oder *Spargel* mit gebackenen Holunderdolden sein. Eine Grundlage seiner Kochkunst sind Fische, die er beim Rheinfischer im Elsass ersteht, oder ein wunderbarer *Geislebraten* – Zicklein aus St. Peter. *Ziegenkäse* aus den Vogesen oder eine locker-leichte *Veilchencrème* und Rahmeis von der Duftgeranie beschließen das immer leichte und wohlschmeckende Essen. 120 edle Weine vom Kaiserstuhl finden sich auf der Weinkarte, wobei ein besonderes Faible für das Weingut Huber aus Malterdingen und deren satte Rotweine besteht. Jeden Monat gibt es ein Saison-Menü. Vater Koch hilft beim Service mit, den Walburga Koch, die auch die zahlreichen Brotsorten backt, umsichtig dirigiert, und Mutter Koch putzt in der Küche das Gemüse. Ein klassischer verwurzelter Kaiserstühler Familienbetrieb!

Lage direkt an der Verbindungsstraße von Vogtsburg-Oberrotweil nach Breisach, neben der St. Michaels-Kapelle, der ältesten Kirche am Kaiserstuhl
Öffnungszeiten täglich ab 10 Uhr, warme Küche 12–14 Uhr, 18–21.30 Uhr, Ruhetage: So ab 15.00 Uhr, Mo, Betriebsferien: die letzten 3 Augustwochen
Preise 7-gängige Wein-Degustationsmenüs in Zusammenarbeit mit Winzerbetrieben ca. 75 €
Reservierung empfehlenswert
Kreditkarten Mastercard, Visa, EC-Karte
Parkplatz gegenüber des Lokals, ca. 20 Plätze
Garten/Kinderfreundlichkeit Weinlaube mit 8 Plätzen, Garten mit 36 Plätzen, Kinderstühle, Angebote für kleine Gäste, Spielzeug, da Kinder im Haus sind, können die Kleinen auch schon mal im Nebenzimmer abgelegt werden

Biologischer Weinbau

Der Kaiserstuhl ist die sonnenreichste Region Deutschlands. Hervorragende Weine gedeihen hier. Die Familie Höfflin auf dem Schambachhof hat sich auf den biologischen Weinanbau spezialisiert. Die klassischen Burgundersorten stellen den Schwerpunkt des Weingutes dar.

Weingut Matthias Höfflin
Bioland-Betrieb
Schambachhof
79268 Bötzingen, Kaiserstuhl/Baden
Tel. 0 76 63/14 74 | Fax 0 76 63/14 61
www.schambachhof.de
Öffnungszeiten:
Mo, Di, Mi 8.30–12 Uhr, Do 14–18 Uhr,
Sa 10–16 Uhr

Gesammelte badische Vielfalt

Fällt Ihnen die Entscheidung für einen guten badischen Tropfen schwer? Dann schauen Sie doch mal in der „Alten Wache" vorbei, denn hier können über 100 Weine von mehr als 30 Weingütern und Genossenschaften getestet und käuflich erstanden werden. Nach Voranmeldung sind auch Weinproben möglich.

Alte Wache
Münsterplatz 38
79098 Freiburg/Breisgau
Tel. 07 61/20 28 70 | Fax 07 61/2 02 87 13
service@alte-wache.com
www.alte-wache.com
Öffnungszeiten:
Mo–Fr 10–19 Uhr, Sa 10–18 Uhr

Exquisite Öle

In einem kleinen, verwinkelten Gässchen befindet sich die Ölmühle von Werner Reinacher, in der sich seit 1822 fast nichts verändert hat. In Handarbeit wird hier täglich ein Walnussöl mit unvergleichlichem Aroma hergestellt, das sich unter Kennern schon weit über die badischen Landesgrenzen hinaus beliebt gemacht hat.

Ölmühle
Werner Reinacher
Endingerstraße 66
79346 Endingen/Königschaffhausen
Tel. 0 76 42/76 75
Öffnungszeiten:
nach Absprache

Prachtstücke aus Gersbach

Das Chäschuchi in Gersbach ist für alle Nichtschweizer ein Zungenbrecher. Nichtsdestotrotz ist es allemal einen Abstecher wert, um Camembert, Frischkäse, Fetzenberger oder Zieger zu erstehen. Die Käserei verwendet übrigens ausschließlich Milch aus der Region. Für Gruppen kann eine „Käse-Wein-Probe" gebucht werden.

Gersbacher Chäschuchi
Ebnet 14
79650 Gersbach
Tel. 0 76 20/15 79 | Fax 0 76 20/98 02 00
larrykaes@aol.com
Öffnungszeiten:
Mo, Mi 8–12 Uhr, Do 15–18 Uhr,
Sa 7.30–12 Uhr

Käsige Naturprodukte

Die Spezialität des Ringlihof in Horben ist der Ziegenkäse, der ohne künstliche Zusatzstoffe und in Handarbeit hergestellt wird. Neben dem berühmten Käse gibt's auch Ziegenjoghurt, Rohmilchweichkäse und Käse in verschiedenen leckeren Ölen eingelegt.

Ringlihof
Familie Rees
Katzental 3
79289 Horben
Tel. 07 61/2 95 83 | Fax 07 61/2 90 71 90
otto.rees@gmx.de
www.ringlihof.de
Öffnungszeiten:
Di, Fr 15–18 Uhr und auf Anfrage

Geistreiche Wässerchen

Auch heute noch wird im Traditionsbetrieb die Kunst des Obstbrennens nach herkömmlicher Art und Weise betrieben. Hervorragende Brände und Geiste sind das Ergebnis: Kirschwasser, Johannisbeergeist oder Maraschino beweisen es.

Alte Schwarzwälder Hausbrennerei GmbH
Alfred Schladerer
Alfred-Schladerer-Platz 1
79216 Staufen
Tel. 0 76 33/83 20 | Fax 0 76 33/8 32 88
info@schladerer.de | www.schladerer.de
Öffnungszeiten:
Mo–Fr 9.30–12.30 Uhr, 14–18 Uhr,
Sa 9–13 Uhr

Wein vom Kaiserstuhl

Das Weingut Salwey zählt zu den besten seiner Art und wurde mehrfach ausgezeichnet. Der Schwerpunkt liegt auf Burgundersorten, Auxerrois und Chardonnay, aber auch die hervorragenden Weinedelbrände, wie zum Beispiel der Rinzbergwasser Apfelbranntwein, sind nicht zu verachten.

Weingut Salwey
Wolf-Dietrich und Konrad Salwey
Hauptstraße 2
79235 Oberrotweil am Kaiserstuhl
Tel. 0 76 62/3 84 | Fax 0 76 62/63 40
weingut@salwey.de
www.salwey.de
Öffnungszeiten:
Mo–Fr 9–12 Uhr, 14–17 Uhr,
Sa 9–12, 14–16 Uhr

Wein aus dem Markgräflerland

Das Familienweingut befindet sich seit 1885 in den Händen der Neymeyers. Sie betreiben einen naturnahen, kontrollierten und umweltschonenden Weinbau. Dadurch sind die Erträge von Gutedel, Müller-Thurgau, Weißer Burgunder und Spätburgunder zwar geringer, die Qualität ist jedoch ausgezeichnet.

Weingut Andreas Neymeyer
Alfred Neymeyer
St. Vitus Straße 3
79219 Staufen-Wettelbrunn
Tel. 0 76 33/53 14 | Fax 0 76 33/8 35 95
info@weingut-neymeyer.de
www.weingut-neymeyer.de
Öffnungszeiten:
Mo–Fr 7.30–19.30 Uhr, Sa 7.30–13 Uhr,
So, feiertags nur nach Anmeldung

Die große Tafel

Im sanften Licht der untergehenden Sonne erreichen die Gäste das Fest. Umrahmt von mächtiger Stadtkirche und barocken Schlossarkaden, Rathaus und Geschäftshäusern aus der Renaissance setzen sich die 150 Bürger auf das Kopfsteinpflaster des Marktplatzes an eine einzige lange Tafel. Neben der historischen Architektur umfangen zwei weitere Rahmen die Gäste: ein musikalischer und ein kulinarischer. Mittelalterlicher Gesang, Bigband-Sound, Kammermusik und Posaunenchor begleiten Flusskrebs, Wildsalami, Limpurger Rind und Sauerrahmeis mit Zwetschen. Der edle Wein aus der Region wiegt sich sanft in den Gläsern zum Takt der Musik und reflektiert das weiche Kerzenlicht in zufriedene Gesichter.

Diese Beschreibung einer großen Tafel, wie sie bei Feierlichkeiten üblich ist, entstammt weder einem Reisebericht von Ligurien noch einem gastronomischen Artikel eines Kritikers auf seiner Recherche im Luberon. Dieser Abend fand in Baden-Württemberg statt: auf dem Markplatz von Weikersheim. Leider treten die kulinarische Kompetenz und das gastronomische Selbstverständnis hierzulande selten so öffentlich zutage wie an diesem wunderbaren Abend in Tauberfranken. Noch müssen sich kulinarisch Interessierte eher wie Archäologen vorkommen.

Begeben wir uns zur Wiege des guten Geschmacks in Deutschland: in das kulinarische Zweistromland zwischen Rhein und Donau. Sechs Spezialitäten liegen bereits in Deutschlands Südwesten ausgegraben und beschrieben vor. Diese geschützten Ursprungsbezeichnungen (gU) bzw. geografischen Angaben (ggA) sind in Europa per Gesetz unter Schutz gestellt. Es handelt sich dabei um den Schwarzwälder Schinken (ggA), den Allgäuer Emmentaler (gU) und den Allgäuer Bergkäse (gU), die Schwarzwaldforelle (ggA), den Odenwalder Frühstückskäse (gU) sowie das Qualitätsschweinefleisch vom Schwäbisch-Hällischen Schwein (ggA). Diese Bezeichnungen dürfen nur Produkte tragen, die nach einer veröffentlichten Rezeptur in einem abgegrenzten Gebiet hergestellt worden sind. Als neue Bezeichnungen werden wohl bald unter anderem die Reichenauer Salate, die Reichenauer Tomate, der Tettnanger Hopfen und die Schwäbische Maultasche hinzukommen. Aber auch das Filderkraut, die Schwäbischen Spätzle und die Schwäbische Bretzel sind bereits freigelegt und bedürfen eigentlich nur noch der gemeinsamen Beschreibung durch die Experten.

Einige weitere Produkte werden in der „Arche des Geschmacks®", einer Zusammenstellung bedrohter Speisen und Getränke, durch Slow Food gesammelt. Dazu gehören in Baden-Württemberg die Champagnerbratbirne, die Albschneck(e), die Alblinse, das Limpurger Rind und das Musmehl. Die fleißigen Slow Food-Sammler, diese „Archeologen", werden sicherlich noch mehr finden: das Biberacher Milzle, den Brettener, das Langenburger Wibele oder die Wengartzwiebel. Im Gegensatz zu den Archäologen sind die „Archeologen des guten Geschmacks" allerdings nicht in Steinbrüchen und staubigen Gruben, sondern in Gasthäusern, auf Märkten, in Wurstküchen und Käsereien unterwegs.

Der Südwesten Deutschlands hat jedoch nicht nur Produkte, er hat auch kulinarische Kultur zu bieten. Hier finden Sie Deutschlands ältestes Wirtshaus, das größte Rotwein- sowie das südlichste Weinanbaugebiet Deutschlands. Sie finden die erfolgreichsten Köche und die meisten Teigwarenhersteller. Aber Superlative an sich zu sammeln, ist nicht die Art der Baden-Württemberger, denn das Prahlen gilt hier nicht als Tugend.

Die Menschen im Südwesten haben für Ihre Spitzenleistung eher anspruchslose Begründungen, wie etwa Deutschlands bester Koch Harald Wohlfahrt: „Zum Kochen brauchst Ideen, aber anbrennen darf dir nichts!" sagt er in seinem Werbespot des Landes Baden-Württemberg. Als wäre dies das Patentrezept um jahrzehntelang auf Dreisterneniveau zu kochen: Einfach nichts anbrennen lassen. Und Rainer Schnaitmann, einer der Vorzeigeweingärtner, gibt sogar zu, dass seine Reben ab und zu auch einmal ein Lob von ihm bekommen. Vollkommen unschwäbisch, denn seinen Landsleuten sagt man doch nach, dass nicht geschimpft schon Lob genug sei. Nach einem Essen an einer großen Tafel ist das Loben gar nicht mehr nötig. Die Köche sitzen mit den Musikern zusammen und trinken ein Bier. Die Gäste verlieren sich im lauen Sommerabend – mit wohligem Gefühl in Bauch und Kopf, begleitet vom Segen des Geistlichen und den guten Wünschen der Tischnachbarn.

Dr. Frank Thiedig

Region Stuttgart

Die Region Stuttgart ist das wirtschaftliche Herz von Baden-Württemberg. Mehr als zweieinhalb Millionen Menschen leben im Ballungsraum, rund ein Viertel der Bevölkerung des Südweststaats. Dies hat das Siedlungsbild nachhaltig geprägt: Entlang der Flusstäler haben sich ausgedehnte Industriezonen gebildet. Dörfer im Einzugsgebiet der Groß- und Mittelstädte sind in die Landschaft hinein gewuchert, Kleinstädte regelrecht explodiert.

Trotzdem gibt es, verwunderlich genug, immer noch viel Kulturlandschaft und unberührte Natur: im Süden den Schönbuch, im Nordosten den Schwäbischen Wald, dazu idyllische Refugien am Neckar und seinen Nebenflüssen. Wer auf Stuttgarts höchstem Berg, dem Birkenkopf, steht, erblickt westwärts Bäume bis zum Horizont. Östlich von Stuttgart wächst hervorragender Spargel. Südlich der Landeshauptstadt, auf der fruchtbaren Filderebene, gedeiht fast alles, vom Kraut bis zu Kartoffeln.

Eine Stadt zwischen Berg und Tal

Stuttgart selbst ist eine Stadt zwischen Berg und Tal, zwischen Wald und Reben. Weinberge befinden sich sogar nahe dem Hauptbahnhof, besonders aber im Neckartal. Hier findet der Viertelesschlotzer denn auch die meisten Wengerter und Besenwirtschaften, in denen die heimischen Weine zumeist mit rustikalen Speisen serviert werden. Alte Stuttgarter bevorzugen dazu als Begleiter immer noch den Trollinger, der übrigens gekühlt ein wunderbar trockener Roséwein sein kann.

Unbestritten ist Stuttgart auch die kulinarische Hauptstadt des Landes. Rostbraten, Maultaschen, Spätzle oder Gaisburger Marsch sind schwäbische Spezialitäten, aber sie gelten auch als typische Stuttgarter Gerichte. Der Gaisburger Marsch, ein Eintopf aus Ochsenfleisch, Kartoffeln und Spätzle, soll im 19. Jahrhundert hungrige Soldaten so erfolgreich gesättigt haben, dass sie seinetwegen lange Märsche in Kauf nahmen. Heute müssen die Stuttgarter und ihre Nachbarn aus Esslingen, Ludwigsburg, Böblingen oder Sindelfingen nicht mehr so weit marschieren, um fürs leibliche Wohl zu sorgen.

»Weinstube Mack«

Mitten im alten Ortskern von Fellbach befindet sich das alte und verwinkelte Haus der „Weinstube Mack“. Anfang des letzten Jahrhunderts soll hier im Erdgeschoss die Metzgerei „Hintergass“ ihr Domizil gehabt haben. Die Weinstube selbst ist äußerst gemütlich: Viel dunkles Holz, alte Dielen, nostalgische Lampen und weiße, geraffte Gardinen sorgen für ein schönes Ambiente. Dazu passen wunderbar die grünen Tischdecken und die liebevoll gefalteten weißen Stoffservietten. Der Chef Wolf Petzold kocht überwiegend schwäbisch mit kleinen Abstechern in die italienische Küche. Die Speisekarte ist klein, aber fein: acht Fleischgerichte, zwei Fischgerichte, vorneweg zwei Suppen oder ein Blattsalat. Natürlich fehlen auch Maultaschen und Kässpätzle nicht. Das Tagesgericht findet der Gast auf einer großen Tafel angeschrieben.

Inhaber:
Wolf Petzold
Hintere Straße 47
70734 Fellbach
Tel./Fax 07 11/58 17 51
info@weinstubemack.de
www.weinstubemack.de

Sehr lecker sind die *Sauren Nierle:* Das mit Essig abgelöschte Sößchen ist buttrig und wunderbar abgeschmeckt. Wer mehr Hunger hat, isst ein zartes *Lammbrätle* mit grünen Bohnen oder einen *Rostbraten „Hintergass“* mit Maultäschle, Schupfnudeln, Spätzle und Kartoffelsalat. Wer leichte Kost vorzieht, kann sich an einer *Remstalforelle* mit Butterkartöffelchen und Blattsalat erfreuen. Für Nachtischfans gibt es eine *Schokoladen-Lasagne* mit einer Füllung aus weißer, auf der Zunge zergehender Schokoladenmousse und zartbitteren Zwischenschichten.

Die Weinkarte ist eine wahre Freude. Neben offenen schwäbischen Weiß- und Rotweinen werden Remstal-Weine von renommierten Winzern wie Haidle oder Schnaitmann sowie mehrere Spitzenweine aus italienischen Anbauregionen ausgeschenkt. Die Bedienung in der „Weinstube Mack“ ist stets freundlich und sehr aufmerksam. Besonders angenehm: Nach Betreten des Lokals nimmt die Bedienung dem Gast die Garderobe ab und bringt ihm das richtige gute Stück bei Verlassen wieder.

Lage im alten Ortskern von Fellbach, gut erreichbar mit öffentlichen Verkehrsmitteln, 5 Min. Fußweg von der Haltestelle „Fellbach Lutherkirche“ entfernt
Öffnungszeiten Mo–Sa 17–24 Uhr
Preise Hauptgerichte 11–14,70 €
Reservierung erwünscht und empfehlenswert
Kreditkarten alle, außer American Express
Parkplatz kein eigener Parkplatz
Garten/Kinderfreundlichkeit Kindergerichte auf Wunsch, Malstifte und Spiele vorhanden

Restaurant »Ratsstuben«

Inhaber:
Marianne Gotschlich
Bernhäuser Straße 16
70771 Leinfelden-Echterdingen
Tel. 07 11/79 17 25
Fax 07 11/79 35 46
info@ratsstuben.de
www.ratsstuben.de

Mitten im Herzen Echterdingens liegt das Restaurant „Ratsstuben“. Hier kann man seit dem Frühjahr 2006 jeden Tag einkehren, denn der Ruhetag wurde abgeschafft. Das kommt bei den Gästen an, die vor allem die gelungene Kombination von schwäbischer und internationaler Küche schätzen. Die Gotschlichs und ihr Team verarbeiten hauptsächlich regionale Erzeugnisse wie Bœuf de Hohenlohe oder auch das Münsinger Alblamm. Solche Qualität hat ihren Preis, den man in den „Ratsstuben“ aber gerne zahlt. Die Einrichtung der „Ratsstuben“ ist recht traditionell gehalten, wirkt aber dennoch sehr einladend, und vor allem die Holzbalken und Sitzbänke tragen zur Gemütlichkeit bei.

Die sehr vielseitige und umfangreiche Speisekarte bietet für jeden Geschmack etwas: zart-rosa gebratener *Rücken vom Weidelamm* mit Bauernbrotkruste und knackigem Gemüse, *Bœuf de Hohenlohe mit Bärlauchbutter* überbacken, schwäbische *Krautwickel* oder die *Forellenfilets* in Bärlauchbutter gebraten, eine Spezialität mit Forellen aus dem nahe gelegenen Körschtal. Die original *Ratsstuben Steaks* haben übrigens Potential zum Klassiker. Auch an die Vegetarier wurde gedacht: Die „Ratsstuben“ bringen eine vielseitige vegetarische Küche auf den Tisch, die zum Beispiel mit *Grünkern-Gemüseküchle* an Kräutersahnesauce aufwartet. Übrigens: Wer das Glück hat, ganz in der Nähe der „Ratsstuben“ zu arbeiten, dem sei das täglich wechselnde Business-Lunch empfohlen, das die Gotschlichs an Werktagen von 11.30 bis 15 Uhr servieren.

Der besondere Tipp
Die „Ratsstuben“ bieten einen Rundum-Außer-Haus-Service für Veranstaltungen oder Feiern an – vom Essen bis zur Bedienung ist alles enthalten.

Lage direkt gegenüber dem Rathaus von Echterdingen gelegen
Öffnungszeiten Mo–So 11.30–15 Uhr, 17.30–24 Uhr
Preise Hauptgerichte 7,70–18,90 €
Reservierung empfehlenswert
Kreditkarten werden akzeptiert
Parkplatz am Haus
Garten/Kinderfreundlichkeit Biergarten, Kindergerichte

Spezialitätenstube »´s Laurent«

Ganz nah am malerischen Marktplatz der Barockstadt Ludwigsburg gelegen, war die „Alte Sonne“ bis vor kurzem ein reines Gourmetrestaurant, für das Laurent Durst als Küchenchef vor drei Jahren einen Michelin-Stern zurückholte. Neben der Haute Cuisine hat Laurent Durst jetzt, nach Übernahme und Umbau des Lokals, in seiner neuen Weinstube „s´Laurent“ mit rund 40 Plätzen auch herzhafte süddeutsch-schwäbische und elsässische Spezialitäten aus frischen Produkten der Region zu moderaten Preisen zu bieten.

In der elegant-schlichten Ausstattung kontrastieren dunkel palisanderfarbene Stühle und Holztische auf einem entsprechenden Parkettboden zu weißen Wänden und Vorhängen, die blanken Tische zieren Stoffservietten. In der Speisekarte finden sich zehn kalte und warme Vorspeisen (mit drei Suppen), drei Fisch- und sechs Fleischgerichte, vier Desserts sowie ein 5-Gänge-Menü. Neben der betonten Anlehnung an „Großmutters Küche“ verrät die originelle Komposition der reizvoll präsentierten Gerichte mit kräftigen Soßen und überraschenden Geschmacksnoten den ambitionierten, experimentierfreudigen Gourmet-Koch, der in seinen Lehrjahren weit herumgekommen ist und sich bemüht, seinen Gästen Außergewöhnliches zu bieten. Als Beispiel aus dem wechselnden Angebot eine warme Vorspeise: *Laugenmaultasche mit Münsterkäse* an Apfel-Zwiebel und Gewürztraminerschaum. Für die Desserts, von ähnlicher Machart und Güte, ist Dursts Lebensgefährtin Kerstin Pozybill, eine gelernte Konditorin, verantwortlich. Das reichhaltige Angebot an Weinen aus der Region, zudem aus Dursts elsässischen Heimat, aus Österreich und vielen anderen Anbaugebieten, profitiert von den hohen Qualitätsansprüchen des Restaurantchefs, die man auch in einer perfekten Beratung bei der Weinauswahl sowie beim professionellen Service durch das freundliche Personal wiederfindet.

Spezialitätenstube
„´s Laurent“ im Restaurant „Alte Sonne“
Inhaber:
Laurent Durst
Bei der katholischen
Kirche 3
71634 Ludwigsburg
Tel. 0 71 41/64 36 48-0
Fax 0 71 41/64 36 48-8
info@altesonne-durst.de
www.altesonne-durst.de

Lage im Zentrum Ludwigsburgs in einer Seitenstraße des barocken Marktplatzes
Öffnungszeiten Mi–So 12–14 Uhr, 18–22 Uhr, Ruhetage: Mo, Di
Preise Hauptgerichte (Fisch und Fleisch) 12,50–17,50 €, 5-Gänge-Menü „nach Großmutters Art“ 38,50 €
Reservierung erwünscht und empfehlenswert
Kreditkarten Visa und andere Kreditkarten, EC-Karte
Parkplatz kein eigener Parkplatz, Parkhäuser „Lotter“ und „Rathaus“ 3 bzw. 5 Gehminuten entfernt
Garten/Kinderfreundlichkeit Einrichtung einer Terrasse am Marktplatz, mit Grillspezialitäten, steht kurz bevor

Restaurant »Post-Cantz«

Inhaber: Peter Buhl
Eberhardtstraße 6
71634 Ludwigsburg
Tel. 0 71 41/92 35 63
Fax 0 71 41/90 56 07
info@post-cantz.de
www.post-cantz.de

Hinter der katholischen Kirche am historischen Marktplatz von Ludwigsburg liegt das „Post-Cantz". Das Gasthaus hat eine nahezu 300-jährige Geschichte. Es wird heute von der Familie Buhl bewirtschaftet. Der hoch gewachsene Hausherr kocht persönlich und erkundigt sich bei den Gästen, ob es schmeckt. Beim Betreten der Gaststube, die mit schweren Holzbalken und dunklem Holz eingerichtet ist, fallen der Kachelofen und ein großer, blank gescheuerter, ovaler Stammtisch ins Auge. Der zweite, hell eingerichtete Raum kann auch für private Veranstaltungen genutzt werden. Der Service ist aufmerksam und freundlich.

Rund 80 Prozent aller Gerichte sind schwäbische Spezialitäten. Dazu gehören die selbst gemachten *Maultaschen* in vielen Variationen. Neben den klassischen schwäbischen Suppen und Vorspeisen wie *Ochsenmaulsalat* und *Kutteln* sorgen Carpaccio und Gambas für einen Hauch von Internationalität. Das Rindfleisch im *Sauerbraten* und im *Tafelspitz* ist wunderbar zart, die Soßen dazu sehr gut. Spätzle, selbstverständlich aus der Eigenproduktion, werden zum Wildbraten auch in der Variation mit Haselnüssen serviert. Neben den Standardgerichten gibt es übrigens auch eine Tageskarte mit saisonalen Gerichten. Als Dessert überzeugen die wunderbaren *Apfelküchle* und andere schwäbische Leckereien. Die Weinkarte ist angemessen und offeriert hauptsächlich Weine aus der näheren Umgebung. Neben offenen Weinen werden solche von Winzern wie Ernst Dautel oder dem Grafen von Neipperg angeboten, dazu einige Weine aus Frankreich und Italien. Bier gibt es für alle Geschmäcker und auch die Vielzahl von sehr guten Digéstifs sei erwähnt.

Die Atmosphäre im „Post-Cantz" ist sehr gemütlich und Essen und Trinken anregend, wie man den lebhaften Tischgesprächen entnehmen kann. Touristen trifft man hier seltener, denn die Bürger Ludwigsburgs haben das „Post-Cantz" fest im Griff.

Lage in der Stadtmitte Ludwigsburgs in der Nähe des Marktplatzes, die Eberhardtstraße verläuft parallel zur B 27, vom Bahnhof Ludwigsburg zu Fuß zu erreichen
Öffnungszeiten täglich 11.30–13.30 Uhr, 17.30–22.30 Uhr, Ruhetag: Mi, Do
Preise Hauptgerichte 8,90–18 €
Reservierung empfehlenswert, besonders am Abend
Kreditkarten alle üblichen Kreditkarten
Parkplatz keine eigenen Parkplätze, aber ein Parkhaus liegt direkt gegenüber in der Eberhardtstraße

Hotel Restaurant »Lamm«

Die Wirtsleute des „Lamms“ in Scharnhausen blicken auf eine lange Familientradition zurück. Schon im Jahr 1775 betrieb ein Vorfahre die Poststation „Lamm“ in Scharnhausen. Das heutige „Lamm“ ist allerdings jüngeren Datums: Das Gebäude wurde 1987 erbaut und besticht nun durch die moderne und freundliche Atmosphäre. Die Inhaber sind auf vielen Gebieten recht engagiert und so konnte der Betrieb schon einige Auszeichnungen einheimsen. Besonders vorbildlich ist übrigens das Ausbildungskonzept im „Lamm“, was man auch jederzeit am netten und zuvorkommenden Service spürt.

Kauderer Hotelbetriebs GmbH
Inhaber: Familie Gehrung-Kauderer
Plieninger Straße 3/1
73760 Ostfildern-Scharnhausen
Tel. 0 71 58/17 06-0
Fax 0 71 58/17 06-44
info@hotelrestaurantlamm.de
www.hotelrestaurantlamm.de

Im traditionsreichen Familienbetrieb, der heute in siebter Generation geführt wird, erwartet den Gast eine exquisite Küche mit starken regionalen Akzenten. Unter der Leitung von Küchenchef Stefan Fehse werden köstliche schwäbische Spezialitäten serviert: von der *Flädlesuppe* über die sehr zu empfehlenden *Maultaschen in allen Variationen* – ob mit Pilzen oder Wild – bis zu den Spätzle, die auf Wunsch auch selbst geschabt auf den Tisch kommen. Als krönender Abschluss empfiehlt sich der *Ofenschlupfer*. Die Produkte, aus denen die Köstlichkeiten gezaubert werden, sind erstklassig und stammen vorwiegend aus der Region: Fleisch und Wurst kommen vom Schlachthof in Göppingen, der das so genannte „StaufenFleisch“ anbietet, und werden in der hauseigenen Metzgerei des „Lamms“ verarbeitet. Kartoffeln, Salat und das berühmte Filderkraut liefern die Bauern aus der nahen Umgebung. Auf der Weinkarte sind vor allem Württemberger im Angebot, zum Beispiel Prädikatsweine vom Weingut Aldinger aus Fellbach oder vom Grafen von Neipperg. Alkoholisches und Nichtalkoholisches, wie etwa der Apfelsaft aus eigenen Äpfeln, werden im Sommer auf der Gartenterrasse genossen. Auch der Wintergarten lädt zum Verweilen ein.

Der besondere Tipp
Das „Lamm“ hat günstige All-inclusive-Angebote für Hochzeitsfeierlichkeiten im Programm. Da freuen sich nicht nur „echte“ Schwaben!

Lage im Ostfilderner Stadtteil Scharnhausen, südöstlich von Stuttgart, an der Hauptstraße des Orts gelegen
Öffnungszeiten warme Küche 11.30–14.00 Uhr, 17.30–22 Uhr
Preise Hauptgerichte 12–25 €
Reservierung empfehlenswert
Kreditkarten American Express, Eurocard, Mastercard, Visa
Parkplatz Tiefgarage und Außenparkplätze
Garten/Kinderfreundlichkeit Gartenterrasse

Weinstube »Fröhlich«

Inhaber:
Christina Beutler
Leonhardstraße 5
70182 Stuttgart
Tel. 07 11/24 24 71
Fax 07 11/2 36 79 10
www.weinstube-froehlich.de

Beim Öffnen der Schwingtüren ist man sich noch nicht ganz sicher, ob man wirklich im richtigen Etablissement angekommen ist. Auch in der Weinstube wird man von netten Damen empfangen. Ohne Tischreservierung nimmt man zunächst an der Bar Platz, die aber einen sehr guten Überblick über das Restaurant bietet. Im „Fröhlich" ist der Übergang vom klassischen Schwabenlokal zur modernen In-Kneipe durchaus gelungen. Rauchen ist hier überall erlaubt, was manchmal stört. Abgesehen vom holzgetäfelten Teil des Raumes, wo das Ambiente etwas edler erscheint, ist es rustikal und zuweilen durch die ungedämpfte Akustik auch laut. Bei den Speisen hat man die Auswahl zwischen zwei Suppen, sechs Vorspeisen und elf Hauptspeisen, die schwäbisch akzentuiert, aber auch mediterran erscheinen. Vom *Rostbraten,* über die *Sauren Kalbsnierchen* bis zum Lamm oder Saltimbocca kann man alles empfehlen. Die Salate sind einschließlich des Kartoffelsalats sehr frisch und appetitlich. Die Fleischstücke sind punktgegart, die Spätzle eierbetont, die Röstkartoffeln sehr kross gebraten.

Noch mehr Spaß macht die Weinkarte mit den offenen Weinen. Die Weingüter Dautel, Kistenmacher & Hengerer, Wöhrwag und der badische Heger springen sofort ins Auge. Vielfältig ist auch die Auswahl der Flaschenweine. Württemberg, Baden, Frankreich, Italien – hier findet jeder den passenden Tropfen. Außerdem werden sie mit Weinadjektiven wie „fruchtig und leicht" oder „vollmundig und mild" hinreichend beschrieben. Durstige Kehlen müssen häufig nachbestellen, da Säfte und offene Weine nur in 0,2-l-Gläsern, Bier nur in 0,3-l-Gläsern serviert werden. Dafür gibt es eine Vielzahl heimischer Brände und eine riesige Auswahl erstklassiger Grappas. Der Genuss der verschiedenen Tropfen ist auch im idyllischen Hinterhofgarten sehr zu empfehlen.

Lage in der Stadtmitte von Stuttgart, mitten im Rotlichtviertel (gegenüber Gustav-Siegle-Haus), mit der U-Bahn bis Haltestelle „Rathaus" oder „Österreichischer Platz"

Öffnungszeiten täglich 17.30–0.30 Uhr, kein Ruhetag

Preise Hauptgerichte 11–18 €

Reservierung vor allem unter der Woche empfohlen

Kreditkarten werden akzeptiert

Parkplatz wenige Parkplätze vorhanden, Parkhaus ca. 100 m entfernt

Garten/Kinderfreundlichkeit Garten im Hinterhof, Kinderstuhl vorhanden

»Weinstube Klink«

Inhaber:
Vincenzo di Napoli
Epplestraße 1
70597 Stuttgart
Tel. 07 11/7 65 32 05
Fax 07 11/7 87 42 21

Mitten in Degerloch findet der geneigte Gast nach kurzer oder auch längerer Suche die klassische, rustikal eingerichtete „Weinstube Klink". Sehr freundlich wird man hier vom Inhaber Vincenzo di Napoli begrüßt, der das Lokal im vergangenen Jahr übernahm und mit unverändertem Konzept weiterführt. Dieses Konzept ist einfach erklärt: Di Napoli offeriert eine regionale, saisonale Küche und dazu eine wirklich schöne Weinauswahl mit sehr guten Weinen aus der Region.

Zu Beginn werden frisches Bauernbrot und Schmalz gereicht. Dann folgt die Wahl aus einer Reihe klassisch schwäbischer Suppen, wie den sehr guten Flädle- oder Maultaschensuppen, dazu gibt es ein klassisches Vorspeisenangebot und leckere Maultaschen. Bei den Hauptgerichten dominieren die für die Region typischen Fleischgerichte, wie zum Beispiel ein exzellenter *Rostbraten, Kalbsleber,* ein zarter *Tafelspitz* oder auch ein hervorragendes Entrecôte. Fisch gibt es immer freitags. Zu allen Hauptgerichten werden schmackhafte Beilagen gereicht: knusprige *Rösti* zur Leber überzeugen ebenso wie die sorgfältig gebratenen Bratkartoffeln oder der knackig bunte Salat. Neben den auf der Karte stehenden Gerichten werden täglich wechselnde Tagesgerichte angeboten, die auf kleinen Schiefertafeln angeschrieben sind.

Die Weinkarte bietet eine schöne Auswahl an offenen Weinen. Wer auf der Suche nach einer besonderen Flasche von einem der regionalen Spitzenweingüter ist, wird ebenfalls fündig. Di Napoli berät ebenso freundlich wie sachkundig. So eine Weinstube wünscht man sich gleich um die Ecke!

Lage im Stuttgarter Stadtteil Degerloch, in einem nicht ganz leicht zu findenden Hinterhof, nahe der U-Bahn Haltestelle „Degerloch"
Öffnungszeiten Mo–Sa 17–23 Uhr
Preise Hauptgerichte 10–23 €
Reservierung empfehlenswert
Kreditkarten werden akzeptiert
Parkplatz Parkplatz in der Felix-Dahn-Straße
Garten/Kinderfreundlichkeit Garten

»Weinstube Klösterle«

Inhaber:
Familie Hemberger
Marktstraße 71
70372 Stuttgart
Tel. 07 11/56 89 62
Fax 07 11/55 86 06

In unmittelbarer Nähe der Wilhelmsbrücke liegt im historischen Teil Bad Cannstatts die „Weinstube Klösterle“. Das Ambiente ist rustikal im Fachwerk-Stil – kein Wunder, befinden wir uns hier doch im ältesten Wohnhaus Stuttgarts (erbaut 1463), das früher einmal als Beginen-Kloster diente und dem Gasthaus seinen Namen stiftete. Urige Holztische und Bänke runden das gemütliche Bild ab.

Im „Klösterle“ wird ausnahmslos traditionell schwäbisch gekocht, ohne Ausflüge ins kulinarische Ausland oder Versuche, sich an Gerichten der Hochküche zu probieren. Vor allem huldigt man hier dem Fleisch, das im Vordergrund der recht umfangreichen Speisekarte mit rund 20 Hauptgerichten und vier Tagesgerichten steht. Sehr ordentliche Suppen in kräftiger Brühe eröffnen das Mahl. Weiter geht's mit hervorragenden hausgemachten *Maultaschen* oder *Kässpätzle*, beides Klassiker der „Klösterle“-Küche. Sehr gutes Ochsenfleisch in der Brühe oder ein klassischer *Rostbraten* machen ebenso glücklich wie der auf der Tageskarte angebotene Linsenteller. Hausgemachte Spätzle oder knusprige Bratkartoffeln reicht man als Beilage. Die Portionen sind durchweg so gestaltet, dass auch kräftige Esser satt werden. Wer jetzt noch Platz für ein Dessert hat, wird von wiederum sehr guten *Apfelküchle* oder Pfannkuchen sicher nicht enttäuscht.

Für Weinfreunde gibt es neben einer breiten Auswahl an offen ausgeschenkten Weinen auch eine Karte mit einigen regionalen Spitzenweinen von sehr guten Winzern wie Dautel, Haidle, Wöhrwag oder Fürst zu Hohenlohe.

Lage im Stuttgarter Stadtteil Bad Cannstatt, nahe der Wilhelmsbrücke, gut mit öffentlichen Verkehrsmitteln zu erreichen, Haltestelle „Rosensteinbrücke“
Öffnungszeiten Mo–Sa 17–23 Uhr, Ruhetag: So

Preise Hauptgerichte 8–17 €
Reservierung empfehlenswert
Kreditkarten alle gängigen Kreditkarten
Parkplatz im Parkhaus, ca. 200 Meter entfernt
Garten/Kinderfreundlichkeit Terrasse

Restaurant »Krehl's Linde«

Der große Speisesaal in „Krehl's Linde“ empfängt den Gast mit stilvollem Ambiente und klarer Linienführung. Die Tische sind kreativ und liebevoll von der Chefin Birgit Krehl persönlich dekoriert und laden zu einer längeren Verweildauer ein. Das Spektrum der angebotenen Gerichte reicht von internationaler Feinschmeckerküche im Restaurant bis hin zur deftig schwäbischen Küche, die im „Jägerhaus“ gegenüber serviert wird. Der gebürtige Stuttgarter Volker Krehl führt das Restaurant mit langer Familientradition seit 1984 in eigener Regie. Seine Ausbildung an international renommierten Restaurants hat ihre Spuren hinterlassen: Der Spitzenkoch ist berühmt für seine erstklassigen Kreationen. Besonders zu empfehlen ist der *Gefüllte Ochsenschwanz* auf Burgundersoße mit Gemüse umlegt mit hausgemachten Bubenspitzle oder das *Lammrückenfilet* unter der Kräuterkruste.

Volker Krehl ist ein äußerst engagierter Küchenchef, der sich nicht auf seinen 13 Punkten im Gault Millau ausruht. Als Vorsitzender der Meistervereinigung Gastronom Baden-Württemberg e.V. und als Eurotoque-Koch bemüht er sich, nicht nur auf hohem Niveau sondern auch qualitäts- und ernährungsbewusst zu kochen. Für seine Küche wählt er deshalb nur Produkte aus, von denen er weiß, woher sie kommen. Das Fleisch stammt von Erzeugern aus der Region, die ihre Tiere artgerecht aufziehen, und das Obst und Gemüse bezieht er vom Biobauern. Die ausgezeichneten Weine stammen von Weingütern der Region, zum Beispiel von den Weingütern Haidle und Medinger in Kernen-Stetten. Der Hausmost sowie Quitten- und Holunderblütenlikör stammen sogar aus eigener Erzeugung. Auch frische Forellen werden in „Krehl's Linde“ selbst geräuchert.

Inhaber: Volker Krehl
Obere Waiblinger Straße 113
70374 Stuttgart
Tel. 07 11/52 04 90-0
Fax 0711/52 04 90-132
info@krehl-gastronomie.de
www.krehl-gastronomie.de

Der besondere Tipp
Für Schüler, Studenten und Azubis werden Menüs zu reduzierten Preisen („Menü Plaisir“) angeboten. Der Chefkoch möchte so die junge Generation an die Spitzengastronomie heranführen.

Lage in Stuttgart-Bad Cannstatt, in der Nähe des Kurparks und des Mineralbads Bad Cannstatt, S-Bahn Haltestelle „Nürnbergerstraße“, U-Bahn Haltestelle „Augsburger Platz“

Öffnungszeiten Restaurant: Di–Sa 18.30–21 Uhr, Fr und Sa auch 12–14 Uhr; Jägerhaus: Mi–Mo 10.30–24 Uhr, Ruhetag: Di

Preise Hauptgerichte 12,50–27 €

Reservierung empfehlenswert

Kreditkarten Mastercard, Visa, EC-Karte

Parkplatz eigene Parkplätze vorhanden, ein Parkhaus befindet sich in der Nähe

Garten/Kinderfreundlichkeit Garten, spezielle Angebote für Schüler, Azubis und Studenten

»Weinstube Lamm«

Inhaber:
Jürgen Huber
Mühlstraße 24
70469 Stuttgart
Tel. 07 11/8 56 07 32
Fax 07 11/6 57 31 65
info@weinstubelamm.de
www.weinstubelamm.de

Wer die helle Gaststube betritt, fühlt sich bei Jürgen Huber gleich heimelig wohl, wie in Omas Wohnstube. Und so kann es sein, wie in einer familiären Atmosphäre nicht unüblich, dass man den blank gescheuerten Tisch mit anderen Gästen teilen muss (beziehungsweise darf) und in nette Gespräche eingebunden wird. Die dekorativen Kochbücher signalisieren, dass sich Birgitte Idler, eine talentierte Köchin und Konditorin, ausgiebig mit genussvollen Regionen und klangvollen Namen beschäftigt hat, und dennoch ihre eigene Kochkunst prägte. Viele der leckeren Gerichte, die sie ihren Gästen in der „Weinstube Lamm" kredenzt, meint man zu kennen. Und dann wird man doch sehr positiv von der geschmackvollen Zubereitung überrascht.

Auf der täglich wechselnden „Speisekarte" – oder besser der Schiefertafel an der Wand – empfehlen sich die beeindruckenden Köstlichkeiten der süddeutschen und schwäbischen Küche, alle aus frischen Zutaten zubereitet. Donnerstags gibt es allerdings ausschließlich frische *Maultaschen* mit diversen Salaten. Das klare Frischebekenntnis zu Produkten aus der Region – es gibt, was morgens frisch angeboten und eingekauft wird – und die Idee, eine Oase der schwäbischen Gastlichkeit zu schaffen, wo sich Freunde treffen, geht klar auf. Zitat: „Nur wer die Erzeuger kennt und zum Beispiel weiß, ob und wie die Tiere artgerecht aufgezogen werden, hat Vertrauen zu der Qualität des Fleisches und den Produkten." Das gilt auch für die sehr gut sortierte Weinkarte. Sie beinhaltet Hervorragendes von württembergischen und badischen Winzern. Auch die Desserts, von außerordentlicher Machart und Güte – wo gibt es noch ein so hervorragendes, *selbst gemachtes Eis* und Sorbet –, profitieren von den hohen Qualitätsansprüchen Birgitte Idlers. Das „Lamm" ist eine Gaststätte, in der man sich rundum wohl fühlen kann.

Lage im alten Zentrum von Feuerbach, die Mühlstraße ist eine Seitenstraße der Feuerbacher Talstraße, U-Bahn-Haltestellen „Krankenhaus Feuerbach" oder „Wilhelm Geiger Platz"

Öffnungszeiten Mo–Sa 18–1 Uhr (von Okt. bis Ende April auch So 12–15 Uhr)
Preise Hauptgerichte 9–23 €
Reservierung erwünscht und empfehlenswert

Kreditkarten keine Kreditkarten
Parkplatz Parkhaus schräg gegenüber in ca. 30 Metern Entfernung
Garten/Kinderfreundlichkeit Kinderangebote nach individueller Absprache

»Gasthaus zur Linde«

Inhaber: Jörg Mink
Sigmaringer
Straße 49
70567 Stuttgart
Tel. 07 11/7 19 95 90
Fax. 0711/7 19 95 92
info@gasthauszurlin.de
www.gasthauszurlin.de

Hier kocht (noch) der Chef persönlich. Der Inhaber, Chefkoch und „Vollblutgastronom" Jörg Mink, der noch ein weiteres Restaurant in Berlin und einen Cateringbetrieb führt, verwöhnt seine Gäste mit altschwäbischen Gerichten nach Omas Rezept. Von der *Flädlesuppe*, den Maultaschen in der Brühe und der *Kuttelsuppe* bis zum Linsensüppchen – die schwäbische Suppenküche ist hier reichhaltig vertreten. Auch typisch schwäbische Vorspeisen wie Ochsenmaulsalat, Schwarzwurstsalat und *Sülze vom Tafelspitz* stehen auf der Karte. Den Maultaschen in verschiedenen Variationen und dem Rostbraten werden jeweils eine eigene Seite der Speisekarte gewidmet. Aber auch besondere schwäbische Spezialitäten wie Kalbsbäckchen, *Kutteln in Trollingersößle* und *Wallerfilet im Wurzelsud* finden sich auf der reichhaltigen Speisekarte. Und der *Kartoffel-Kopfsalat* ist wirklich ein Gedicht.

Die schwäbischen Nachtische, die heimischen Edelbrände und besonders die reichhaltige Weinkarte mit Erzeugnissen von neun namhaften Weingütern der Region, sowohl offen als auch in der Flasche, runden das Bild eines sehr guten und vor allem regionaltypischen Lokals ab. Dazu tragen auch das Ambiente in einem denkmalgeschützten Haus, die rustikale Einrichtung der Gasträume und nicht zuletzt der aufmerksame, aber nie aufdringliche Service bei. Ein Besuch in der „Linde" ist zwar kein „billiges Vergnügen"; die hervorragende Qualität und ein vernünftiges Preis-Leistungsverhältnis lassen einen jedoch gerne wieder hier einkehren.

Der besondere Tipp
Der urige Gewölbekeller der „Linde" lässt sich für Familienfeiern und andere Feste buchen.

Lage im Stuttgarter Vorort Möhringen gelegen, mit dem Pkw von der Stadtmitte in Richtung SI-Zentrum fahren, von der Haltestelle „Möhringen Bahnhof" ca. 10 Min. Fußweg, 200 Meter von der Haltestelle „Sigmaringer Straße" entfernt

Öffnungszeiten täglich 12–14 Uhr, 18–24 Uhr, Sa ab 18 Uhr

Preise Suppen/Vorspeisen 4–10 €, Hauptgerichte 10–25 €

Reservierung unbedingt erforderlich, aber nicht per E-Mail

Kreditkarten alle gängigen Kreditkarten werden akzeptiert

Parkplatz kein eigener Parkplatz, kaum öffentliche Parkplätze in der Nähe

Garten/Kinderfreundlichkeit Garten vorhanden

Gasthaus »Ochsen«

Die Stuttgarter City hat man hinter sich gelassen. In Uhlbach ist man nun umgeben von Weinbergen und Fachwerkhäusern. In der heimeligen Atmosphäre des „Ochsen", geprägt von viel Holz in der Inneneinrichtung, Damasttischdecken, allerlei Schnitzereien und Sammlerstücken, wird man von der Bedienung Hanne, die beim Reden zuweilen schwäbische Sparsamkeit an den Tag legt, in Empfang genommen. Aber Hanne hat die Gaststube und die Gäste im Griff. Schnell freundet man sich mit dem Wohnstubencharakter an und kann einen Blick in die urschwäbische Speisekarte werfen. Über diese Karte hinaus offeriert die Küche immer noch spezielle Tagesangebote. Vom Service wird dann gerne zur gewählten Speise der passende Tropfen aus dem örtlichen (Rotenberg) oder dem regionalen Weinangebot empfohlen.

Inhaber:
Familie Wagner
Markgräflerstraße 6
70329 Stuttgart
Tel. 07 11/32 29 03
ochsen-uhlbach@t-online.de
www.ochsen-uhlbach.de

Die Speisekarte bietet neben Suppen und Vorspeisen auch Gerichte für den kleinen Appetit und zwölf Hauptspeisen. Ebenso wenig fehlen die Kategorien schwäbische Spezialitäten und vegetarische Gerichte auf der Karte. Nicht zu vergessen: die Beilagenvariationen und die durchgehend servierten schwäbischen Vesper. Als Desserts gibt es neben Eis auch Apfelstrudel und rote Grütze. Die Speisen sind natürlich allesamt selbst gemacht und auch Details werden von der Bedienung mit Ruhe und Sorgfalt erklärt und angepriesen. Die *Maultaschensuppe* schmeckt wie bei Muttern, der *Gemischte Braten mit Spätzle* weckt Kindheitserinnerungen. Das Tagesangebot *Ackersalat mit Lachs* und die *Lammfleischküchle mit Bärlauchspätzle* zeugen von Saisonalität. Die in 0,1 l beziehungsweise 0,2 l und 0,75 l eingeteilte Weinkarte ist fast ausnahmslos mit Württembergern bestückt: Neben diversen Sondereditionen der Genossenschaften Rotenberg und Uhlbach finden sich Flaschenweine von Ellwanger, Schnaitmann und Wöhrwag, also von den Topwinzern aus dem Stuttgarter Umland.

Lage im Stuttgarter Vorort Uhlbach, vom Hauptbahnhof Stuttgart mit der S-Bahn-Linie S1 bis „Obertürkheim Bahnhof", weiter mit Bus 62 oder 65 bis Endhaltestelle „Uhlbach"
Öffnungszeiten 11.30–23 Uhr, warme Küche 12-14 Uhr und 17–21 Uhr, Ruhetage: Mo, Di
Preise Hauptgerichte 7–16 €
Reservierung erforderlich
Kreditkarten werden nicht akzeptiert
Parkplatz Parkmöglichkeiten in der näheren Umgebung vorhanden
Garten/Kinderfreundlichkeit Gartenwirtschaft

»Römerhof«

Der „Römerhof" ist ein klassisches schwäbisches Restaurant mit schön gedeckten Tischen – teils mit Leinendecken, teils mit Spitzendecken –, in dem man sich wie in seine Kindheit zurückversetzt fühlt. Der „Römerhof" ist ein typisches Stadtteilrestaurant, in dem sich auch Vereinsmitglieder treffen oder Familienfeste gefeiert werden. Die Wirtin, Frau Ewa Wallas, kocht eine traditionelle schwäbische Küche ohne Schnörkel. Die Karte ist klein gehalten. Hier findet man zum Beispiel die sehr guten hausgemachten *Maultaschen* mit klassischer Fleisch-Spinatfüllung, in Butter geschmälzten Zwiebeln und einen guten selbst gemachten Kartoffelsalat. Als eines der wenigen Stuttgarter Lokale bietet der „Römerhof" noch einen *Kartoffelgurkensalat* an, der zur warmen Stuttgarter Schinkenwurst gereicht wird. Darüber hinaus ist der zarte *Rostbraten,* klassisch schwäbisch mit frischen Butterzwiebeln, Spätzle und Salat – das heißt serviert mit einem Schüsselchen Kartoffelsalat und einem Schüsselchen mit grünem Salat –, sehr zu empfehlen. Neben der Standardkarte hat der „Römerhof" eine wechselnde Tageskarte, die mit traditionellen, regionalen Gerichten wie einem *Gaisburger Marsch* mit kräftiger Fleischbrühe oder einem Schweinebraten mit Kartoffelknödeln und Blaukraut sowie saisonalen Gerichten wie Spargel oder Matjes aufwartet. Wer dann noch Platz für ein Dessert hat, sollte unbedingt Frau Wallas vorzügliche *Apfelküchle* probieren. Bei sämtlichen Gerichten fühlt man sich als Schwabe übrigens an den mütterlichen oder großmütterlichen Herd zurückversetzt, da sie typisch, ohne viel Schnickschnack und Schnörkel, aber sehr gut und lecker zubereitet sind.

Inhaberin:
Ewa Wallas
Filderstraße 25
70180 Stuttgart
Tel. 07 11/6 40 73 63

Die Weinkarte bietet neben Flaschenweinen auch offene Weine bekannter regionaler Winzer, wie Dautel, Haidle, Wöhrwag, Aldinger, Schnaitmann oder Fürst zu Hohenlohe, um nur einige zu nennen. Aber auch der Bierliebhaber kommt mit den Stuttgarter Bieren oder einem Schwarzbier aus Krusovice auf seine Kosten.

Lage im Stuttgarter Süden an der Filderstraße/Ecke Römerstraße, Bus 43, Haltestelle „Markuskirche" bzw. maximal 10 Gehminuten vom Marienplatz

Öffnungszeiten Di–So 18–24 Uhr

Preise Hauptgerichte 7,50–15,80 €

Reservierung empfehlenswert am Wochenende, im Winter und für Gruppen ab 6 Personen

Kreditkarten nur Bargeld

Parkplatz keine Parkmöglichkeiten vorhanden

Garten/Kinderfreundlichkeit alle Gerichte auch als Kinderportionen

Restaurant »Wielandshöhe«

Inhaber: Vincent Klink
Alte Weinsteige 71
70597 Stuttgart
Tel. 0711/6 40 88 48
Fax 0711/6 40 94 08
edition@vincent-klink.de
www.wielandshoehe.de

Über den Dächern von Stuttgart, mit einem sensationellen Blick über den Talkessel, schwingt Vincent Klink in seiner „Wielandshöhe" den Kochlöffel. Der umtriebige Meisterkoch, der unter anderem zweimal in der Woche im „ARD-Buffet" präsent ist, legt den Schwerpunkt seiner Kreationen auf die regionale Küche. Dies jedoch, ohne das Prädikat „regional" zu sehr zu strapazieren, denn gelegentliche Ausflüge ins Mediterrane sind durchaus erwünscht. *Calmbacher Saiblingsfilet* in Frühlingskräuterkruste, Variation vom Kaninchen mit Olivenbohnen und Gnocchi, *Kalbsrücken* in Morchelsauce, *Sauerampfersuppe* mit Frischkäse-Klößchen sowie *Holunderküchle* mit Vanillesauce und Thaiti-Vanille-Eis sind der beste Beweis für diese gelungene Kombination.

Klink verwendet vorwiegend Produkte aus der Region, und Bio-Produkte haben Vorrang. Ganz nach der Devise: Die Natur ist der beste Koch, werden die Zutaten möglichst ganzheitlich verarbeitet und sei es nur, um einen kräftigen Fond herzustellen. Weniger ist mehr, auch das könnte eine Devise des Küchenteams auf der „Wielandshöhe" sein, denn hier stehen die Zutaten und ihr ursprünglicher Geschmack im Mittelpunkt. Manipulationen, beispielsweise durch den Einsatz von Glutamat, sind demnach absolut verpönt.

Effekthascherei und Lifestyle-Küche sind nicht Klinks Sache. Er hat die einfache Küche entdeckt und sie zur Basis seines Erfolgsrezeptes gemacht. Deshalb begibt er sich auch auf Spurensuche nach dem guten Geschmack und wirft dazu schon einmal einen Blick in ein Kochbuch aus dem 17. Jahrhundert und lässt sich von alten Rezepten und Kochtechniken inspirieren. Seit 1991 führt der sympathische Klink das Restaurant an der Alten Weinsteige nun schon, das mit seinem schlichten und modernen Ambiente überzeugt. Er liebt sein Metier leidenschaftlich, das spürt man hier.

Der besondere Tipp
Auch anderen schönen Künsten ist Vincent Klink leidenschaftlich verfallen. So gibt er zum Beispiel eine eigene Zeitschrift namens „Häuptling Eigener Herd" heraus.

Lage in Stuttgart-Degerloch an der Alten Weinsteige
Öffnungszeiten 12–14 Uhr, 18.30–24 Uhr, Ruhetage: So, Mo
Preise Hauptgerichte 32–37 €
Reservierung empfehlenswert
Kreditkarten American Express, Diners, Mastercard, Visa, EC-Karte
Parkplatz Parkmöglichkeit entlang der Straße
Garten/Kinderfreundlichkeit Außengastronomie

Weinstube »Muz«

Inhaber: Familie Muz
Traubenstraße 3
71384 Weinstadt-Endersbach
Tel. 0 71 51/6 13 21
Fax 0 71 51/6 11 31
info@weinstube-muz.de
www.weinstube-muz.de

In der gemütlichen, holzgetäfelten Weinstube „Muz“, die aus drei kleinen Gasträumen besteht, sorgen klassisch weiß gedeckte Tische, frische Blumen und Kerzen für eine angenehme Atmosphäre. Gemeinsam mit Sohn Thomas leiten Christina und Werner Muz den Service – persönlich und familiär – und begrüßen ihre Gäste stets sehr freundlich. Die Weinstube „Muz“ ist ein Restaurant, in dem man spürt, dass man sich hier um den Gast bemüht. Vorneweg reicht man Bauernbrot mit Frischkäse und hausgemachtem Griebenschmalz. Die Speisekarte bietet reichlich Auswahl an regionalen Gerichten zu angemessenen Preisen. Neben einem breiten Suppenangebot gibt es klassische schwäbische Küche wie Gaisburger Marsch, *Kässpatzen,* Maultaschen und Kutteln in Trollingersoße. Wer es anspruchsvoller mag, kommt bei *Lammhaxen,* sehr saftigem Rostbraten (mit vorzüglicher Soße), gesottenem Tafelspitz oder *Rehragout* auf seine Kosten. Auch die Beilagen sind intelligent ausgewählt. So gibt es zur Lammhaxe exzellent passendes Speckweißkraut. Ein kleines Menü und eine schöne Dessert-Auswahl runden das Angebot ab.

Die umfangreiche Weinkarte mit rund 100 verschiedenen Positionen ist der Stolz von Werner Muz. Neben preisgünstigen, offenen Weinen finden sich auch viele Spitzenweine der Region von Aldinger, Haidle, J. Ellwanger und Wöhrwag im Angebot. Der Hausherr ist ein Weinkenner und freut sich, wenn er einem interessierten Gast den passenden Wein zum Essen empfehlen darf. Unnötig zu erwähnen, dass stets das passende Glas zum Wein gereicht wird. Wer am Ende des Abends noch eine Zigarre rauchen will, kommt bei der Auswahl im Humidor ebenfalls auf seine Kosten. Vorbildlich ist aber auch, dass einer der drei Gasträume Nichtrauchern vorbehalten ist.

Der besondere Tipp
Die Weinstube „Muz“ verfügt über einen schönen Gewölbekeller, der für Feiern (25 bis 60 Personen) und Weinproben zur Verfügung steht.

Lage im Weinstädter Ortsteil Endersbach, in einer Seitenstraße der Strümpfelbacherstraße, ca. 10 Gehminuten von der S-Bahn-Haltestelle „Endersbach“ entfernt

Öffnungszeiten Mo–Sa 17–24 Uhr, Ruhetage: So, feiertags

Preise Hauptgerichte 10–22 €

Reservierung empfehlenswert

Kreditkarten werden akzeptiert

Parkplatz Parkmöglichkeiten am Haus, weiterer Parkplatz in ca. 30 Metern Entfernung

Garten/Kinderfreundlichkeit Biergarten

Gasthaus »Zum Hirsch«

Mitten in Srümpfelbach liegt das Gasthaus „Zum Hirsch". Das stattliche, historische Fachwerkhaus wird von der Familie Lang geleitet. Der Inhaber, der jahrelang in der Stuttgarter „Weinstube Schellenturm" als Chefkoch wirkte, steht selbst am Herd und erkundigt sich bei seinen Gästen nach ihrer Zufriedenheit. Die Gaststube macht einen sehr gepflegten und gutbürgerlich-gemütlichen Eindruck. Ein schöner alter Dielenboden mit Teppichen, weiße Stofftischdecken und Kerzen am Abend schaffen eine angenehme Atmosphäre. Der Service ist aufmerksam und freundlich.

Inhaber: Familie Lang
Hauptstraße 3
71384 Weinstadt-Strümpfelbach
Tel. 0 71 51/6 11 03
info@hirsch-struempfelbach.de
www.hirsch-struempfelbach.de

Die Speisekarte bietet ein breites Angebot an typisch schwäbischen Spezialitäten mit ganz wenigen Ausflügen in die mediterrane Küche. Neben einer großen Auswahl an guten, klassischen Suppen finden sich einige Salate und über 20 Hauptgerichte. Die Fleischqualität ist bei allen Gerichten stets hervorragend. Sehr zu empfehlen ist die zarte *Ochsenbrust* mit einer cremigen Meerettichsoße, das zarte *Butterschnitzel vom Kalb* oder die klassische *Rindsroulade.* Auch die Liebhaber von Innereien kommen hier auf ihre Kosten: *Nierle, Kutteln* und auch *Herz* schmecken vorzüglich. Dazu gibt es leckere Bratkartoffeln oder hausgemachte Nudeln, knackige bunte Salate und einen sehr guten Kartoffelsalat. Die Dessertkarte ist umfangreich und bietet viele hausgemachte Spezialitäten wie die *Apfelküchle* oder den hervorragenden Kirschstrudel.

Die Weinkarte ist begrenzt auf acht Weißweine und zwölf Rotweine in Flaschen, alle aus Weinstadt, und einige wenige französische, spanische und italienische Weine. Hier finden sich einfachere ebenso wie anspruchsvolle Weine aus den hervorragenden Lagen um Weinstadt. Eine vernünftige Preisgestaltung bei den Speisen wie bei den Getränken lassen einen gerne wiederkommen.

Lage mitten im Ort an der Hauptstraße von Strümpfelbach gelegen
Öffnungszeiten Mi–So 11.30–14.30 Uhr, ab 17 Uhr, Ruhetage: Mo, Di
Preise Hauptgerichte 10,80–16,80 €
Reservierung empfohlen, nur telefonisch
Kreditkarten nur EC-Karte
Parkplatz vor dem Haus
Garten/Kinderfreundlichkeit Kindergerichte auf der Karte

Gasthaus »Zur Traube«

Am Anfang eines der schönsten Dörfer des Remstals steht der Landgasthof „Zur Traube". Das Haus aus dem Jahr 1910 ist von außen völlig unscheinbar, normalerweise fährt man auf der Suche nach gutem Essen daran vorbei. Das Gasthaus findet man auch nicht auf der Restaurantliste der „Remstal-Route", einem Marketingzusammenschluss mehrerer Remstal-Gemeinden. Aber wer schon immer gutes traditionelles Essen und Trinken geschätzt hat, ist hier goldrichtig. Der Gastraum ist unspektakulär eingerichtet, die Wände sind hell getäfelt, man sitzt auf Holzbänken und -stühlen, immerhin mit Kissen. Die Tische sind weiß eingedeckt und mit Blümchen geschmückt. Der Service ist freundlich und zuvorkommend. Es gibt eine aktuelle Tageskarte und eine Standardkarte. Auf der Tageskarte finden sich 17 typisch schwäbische Hauptgerichte, zum Beispiel *Kalbszüngle* in Rahm mit Spätzle und Salat oder frische *Kalbsnieren* mit Röstkartoffeln und Salat. Die sauren Nierle sind sauber geputzt, in einer milden, leicht säuerlichen Soße, dazu hervorragende, wirklich knusprige, fettfreie Bratkartoffeln. Auch die Standardkarte bietet 15 Hauptgerichte an, etwa zarten saftigen *Kalbsrahmbraten,* die Soße sahnig-cremig, sehr gut abgeschmeckt, mit handgemachten Spätzle. Die erfahrene, aufmerksame Bedienung fragt, wie man den bestellten *Rostbraten* möchte. Und er wird so serviert, wie man ihn sich wünscht: zart-rosa, saftig, mit gutem Rindfleischgeschmack und bedeckt mit einem Haufen schöner, weich gebratener Zwiebeln! Für den kleinen Appetit oder Vesper hält die Küche *Schwäbischen Wurstsalat* oder einen Hausmacher Vesperteller mit verschiedenen Würsten und Schinken bereit. Die Weinkarte offeriert eine kleine Auswahl offener roter und weißer Weine, allesamt keine Spitzenweine, sondern ehrliche Tropfen aus dem Remstal.

Inhaber:
Robert Mödinger
Hauptstraße 91
71384 Weinstadt-Strümpfelbach
Tel. 0 71 51/6 11 06

Der besondere Tipp
Wer nach dem Essen noch Lust auf einen kleinen Spaziergang hat, kann gleich gegenüber der „Traube" dem Bronze-Skulpturenpfad des bekannten Bildhauers Hans-Ulrich Nuss durch die Strümpfelbacher Weinberge folgen.

Lage am Ortseingang von Weinstadt-Strümpfelbach
Öffnungszeiten 11.30–14 Uhr, 17.30–23.30 Uhr, Ruhetag: Mi ab 15 Uhr und Do

Preise Hauptgerichte 6,40–16,90 €
Reservierung mittags Tischreservierung empfohlen
Kreditkarten keine Kreditkarten, keine EC-Karten

Parkplatz direkt vor und neben dem Haus
Garten/Kinderfreundlichkeit Kinderstuhl, Kindergerichte

Arche-Passagier Filder-Spitzkraut

Das Filderkraut hat eine jahrhundertealte Tradition auf der Filderhochebene südlich von Stuttgart. 1501 wurde der Krautanbau hier erstmals urkundlich erwähnt. Diese Tradition ist ein Grund, warum das Spitzkraut in die Slow Food „Arche des Geschmacks®" aufgenommen wurde. Das Spitzkraut, das auf den fruchtbaren Lößlehmböden hervorragend gedeiht, hat einen feinen, milden Geschmack und eine charakteristische, spitze Form. Diese ist es auch, die die maschinelle Verarbeitung des Krauts erschwert. Die Delikatesse wird hauptsächlich zu geschmackvollem Sauerkraut verarbeitet. Die Filderbauern haben übrigens alle ihre eigene Haussorte, Fremdzüchtungen von außerhalb werden nicht akzeptiert. Man bekommt das Kraut vor allem in Hofläden und auf Wochenmärkten der Region. Filder-Spitzkraut (als Sauerkraut) ist erhältlich bei:

Kimmichs Sauerkonserven
Lichtensteinstraße 10
72631 Aichtal
Tel. 0 71 27/5 18 86
Fax 0 71 27/5 91 79
kundenservice@kimmichs.de
www.kimmichs.de

Sauerkonservenfabrik Fritz Schlecht
Johannesstraße 2
70794 Filderstadt-Bernhausen
Tel. 07 11/70 26 29
Fax 07 11/7 07 99 78
info@filder-spitzbueble.de
www.filder-spitzbueble.de

Ein Weingut mit Tradition

Im alten Weinort Fellbach vor den Toren Stuttgarts wird seit Jahrhunderten Wein angebaut und die Familie Aldinger pflegt diese Tradition bereits in der 15. Generation. Exzellente Weine wie Lemberger, Spätburgunder und Riesling werden vom Mitglied im „Verband Deutscher Prädikatsweingüter" auch im Barriquefass ausgebaut.

Weingut Gerhard Aldinger
Schmerstraße 25
70734 Fellbach
Tel. 07 11/58 14 17 | Fax 07 11/58 14 88
info@weingut-aldinger.de
www.weingut-aldinger.de
Öffnungszeiten:
Mo–Fr 9–12 Uhr, 15–18 Uhr, Sa 9–12 Uhr

Weine mit Charakter

An den Südwesthängen der Rems liegt das Weingut Karl Haidle, wo in traditioneller Handarbeit charaktervolle Weine der Region angebaut und gekeltert werden. Das mit vielen Preisen ausgezeichnete Weingut bietet alles, was der Weinliebhaber begehrt: Kerner, Riesling, Trollinger, Spätburgunder und vieles mehr.

Weingut Karl Haidle
Hindenburgstraße 21
71394 Kernen-Stetten
Tel. 0 71 51/94 91 10
Fax 0 71 51/4 63 13
info@weingut-karl-haidle.de
www.weingut-karl-haidle.de
Öffnungszeiten:
Mo–Fr 8–12, 13–18 Uhr, Sa 8–13 Uhr

Traditionelle Backwaren

Im urigen Stuttgarter Heusteigviertel wird seit über 100 Jahren die Backtradition gepflegt. Noch heute werden Brot und Brezeln nach alter Rezeptur im Holzbackofen gebacken. Neben traditionellen Backwaren kreieren die Konditoren täglich feinste Kuchen und Torten.

Bäckerei Hafendörfer (Stammhaus)
Heusteigstraße 35
70180 Stuttgart
Tel. 07 11/9 60 12-0 | Fax 0711/9 60 12-15
info@hafendoerfer.com
www.hafendoerfer.com
Öffnungszeiten:
Mo–Fr 6.15–18.30 Uhr, Sa 6.15–13 Uhr

Bistro mit Kuhstallblick

Mitten in Möhringen findet man im Reyerhof alles für das leibliche Wohl. Im Hofladen erhält man Obst und Gemüse aus eigenem Anbau, aber auch Milchprodukte und Käse, hergestellt aus der Milch der eigenen Kühe, die man gleich vis à vis bewundern kann. Im Bistro darf man gerne dem Koch in die Töpfe schauen und die gesunden Suppen, Salate oder die täglich wechselnden Hauptspeisen genießen.

Der Reyerhof-Hof + Laden + Bistro
Unteraicher Straße 8
70567 Stuttgart-Möhringen
Tel. 07 11/71 18 90 | Fax 07 11/7 16 83 30
laden@reyerhof.de
Öffnungszeiten:
Mo-Fr 9-18.30 Uhr, Sa 8–13 Uhr
Bistro:
Mo geschlossen, Di 9–17 Uhr, Sa 8–14 Uhr

Qualität aus Württemberg

Baden-Württemberg ist nach Bayern das schafreichste Bundesland Deutschlands. Das Fleisch der Württemberger Lämmer ist besonders zart und würzig im Geschmack und eignet sich hervorragend zum Grillen. Eine artgerechte Aufzucht und Haltung garantieren die hochwertige Qualität.

Frisch-Lamm Metzgereigesellschaft mbH
Franz-Wachter-Straße 23
70188 Stuttgart
Tel. 07 11/46 79 70
Öffnungszeiten Laden:
Mo–Fr 6–16 Uhr, Sa 6–13 Uhr

Hervorragende Weine aus dem Remstal

Im landschaftlich reizvoll gelegenen Strümpfelbach befindet sich das Weingut Kuhnle. Die Winzerfamilie, die auf eine über 500-jährige Weinbautradition zurückblickt, hat für ihre Weine zahlreiche Auszeichnungen und Ehrenpreise erhalten. Berühmt geworden sind die Kuhnles für ihre hervorragenden Rotweine.

Weingut Kuhnle
Hauptstraße 49
71384 Weinstadt-Strümpfelbach
Tel. 0 71 51/6 12 93 | Fax 0 71 51/61 07 47
info@weingut-kuhnle.de
www.weingut-kuhnle.de
Öffnungszeiten:
Di–Fr 9–12 Uhr, 14–18 Uhr
Sa 9–13 Uhr oder nach Absprache

Schwarzwald

Sieht man einmal von der handwerklichen Arbeit des Räucherns und von den Weihern oder Bächen ab, die der Fischzucht dienen, ist der Schwarzwald kein Garten Eden. Lange Winter, viel Schnee: Die Natur wurde von den Menschen nicht eben als gnädig empfunden. Vielerorts herrschte bittere Armut. Holz und Wasser waren oft die einzigen Einnahmequellen.

Was soll auch wachsen und gedeihen im tiefen, dunklen Wald und auf großer Höhe! Doch das ist nur die eine Seite. Die andere Seite: Kaum irgendwo sonst in Deutschland ist die Dichte an ordentlichen Landgasthöfen so hoch, sind so viele Sterne, Kochmützen, Löffel und Punkte konzentriert wie hier. Allein die Gemeinde Baiersbronn: Über so viele Gourmet-Tempel verfügen etliche Großstädte nicht wie der Ort im Nordschwarzwald.

Genuss hat Tradition

Einer der Gründe dafür, dass dieses lang gezogene Mittelgebirge heute mit Urlaub und gutem Essen assoziiert wird, ist darin zu suchen, dass der Schwarzwald die älteste und größte Tourismusregion des Landes ist. Leibliche Genüsse haben Tradition und blicken bereits auf eine längere Geschichte zurück, so wie auch manche (Nobel-) Herberge: Hier ließ man es sich schon vor hundert und mehr Jahren gut gehen.

In diesem Sinne sind die typischen Schwarzwälder Spezialitäten sicherlich auch Zeugnisse eines gelungenen Marketings und einer frühen Kundenbindung. Regionale Produkte lassen sich hier schon lange gut verkaufen: Schwarzwälder Schinken etwa oder Schwarzwälder Kirschtorte, die gar nicht im Schwarzwald kreiert wurde, allerdings von dort aus ihren Siegeszug um die Welt antrat.

Von Westen wurden badische und sogar französische, von Osten schwäbische Einflüsse wirksam. Den Rest besorgt die Natur – Gemüse und Obst kommen aus der Rheinebene und den Seitentälern, Pilze, Beeren oder auch Wild aus den Bergwäldern. Die Küche profitiert davon. Und diese Natur ist bis heute das wichtigste Kapital geblieben. Waren früher Rohstoffe wie Holz oder Wasser das Kapital des Schwarzwalds, so sind es mittlerweile vor allem Entspannung, Erholung und gutes Essen.

»Quellen-Restaurant«

„Quellen-Restaurant“ im „Bad Hotel Bad Teinach“
Inhaber: Mineralbrunnen AG/ Thomas Kling
Otto-Neidhart-Allee 5
75385 Bad Teinach
Tel. 0 70 53/2 90
Fax 0 70 53/2 91 77
info@bad-hotel.de
www.bad-hotel.de/Bad-Teinach

Bad Teinach ist schon seit dem Mittelalter für seine gesundheitsförderlichen Heilquellen bekannt. 1842 erhob König Wilhelm I. von Württemberg Bad Teinach offiziell zum Kurort und ließ mit dem „Bad Hotel“, der Trinkhalle und dem Badehaus ein eindrucksvolles Ensemble errichten, in dem sich schon Könige und Fürsten zu erholen pflegten. Das „Bad Hotel Bad Teinach“, ein Palais im klassizistischen Stil, strahlt auch heute noch etwas von den vergangenen, hochherrschaftlichen Zeiten aus. Ein Hauch von Luxus … und nach dieser Devise wird auch der Gast im „Bad Hotel Bad Teinach“ empfangen.

Neben den umfangreichen Wellnessangeboten bietet das Hotel eine hervorragende Küche. Dem Küchenteam liegt die schwäbisch-badische Tradition am Herzen, die sie gekonnt mit der gehobenen Küche verbindet. Raffinierte Vorspeisen, leckere Suppen und verschiedene *Maultaschenvariationen,* wie zum Beispiel Maultaschen mit Blattspinat, Rahmpilzen und Käse überbacken, locken den hungrigen Gast. Auch das *Wildgulasch* vom heimischen Wildbrett oder die Fischspezialitäten, wie beispielsweise das *Zanderfilet* mit Cherrytomaten und bunten Bärlauch-Rahmnudeln, sollten unbedingt probiert werden. Als Besonderheit werden lebendfrische Forellen aus dem hauseigenen Bassin angeboten. Auch die Wellness-Vitalgerichte, die den Grundsätzen einer gesunden, vollwertigen Ernährung folgen, sind eine Empfehlung wert. Als Beispiel sei hier die *Frühlingssalatplatte* mit warmen Putenbruststreifen, Spargel, Radieschen und Sonnenblumenkernen genannt. Auf Wunsch können die Gerichte übrigens auch als kleine Portion bestellt werden.

Auch die Weinkarte überzeugt: Hier sind hauptsächlich württembergische und badische Weine zu finden. Aber nicht nur die hervorragenden Weine kommen aus Baden-Württemberg. Die in der Küche verwendeten Produkte werden zum größten Teil aus dem Schwarzwald bezogen.

Lage direkt neben dem Kurpark
Öffnungszeiten 11–24 Uhr
Preise Hauptgerichte ab 15 €

Reservierung empfehlenswert
Kreditkarten American Express, Diners, JCB, Mastercard, Visa, EC-Karte

Parkplatz Parkplatz und Tiefgarage vorhanden
Garten/Kinderfreundlichkeit Kinderkarte

Restaurant »Bauernstube«

Hotel
„Traube Tonbach"
Inhaber:
Heiner Finkbeiner
Küchenchef:
Henry Oskar Fried
Tonbachstraße 237
72270 Baiersbronn
Tel. 0 74 42/49 26 65
Fax 0 74 42/49 26 92
tischreservierung@traube-tonbach.de
www.traube-tonbach.de
Öffnungszeiten: täglich
12–14 Uhr, 18.30–21 Uhr

Das Hotel „Traube Tonbach" genießt dank Harald Wohlfahrts Kochkünsten und dem Restaurant „Schwarzwaldstube" weltweit ein hohes Ansehen. Aber auch das Restaurant „Bauernstube" ist erwähnenswert, denn hier liegt der Ursprung des heutigen Hauses. Die gemütliche, rustikale Stube bietet die ideale Kulisse für die typisch badischen und schwäbischen Spezialitäten von Henry Oskar Fried. *Saure Kalbskutteln in Trollingersauce* mit Bratkartoffeln, *Schwarzwaldforelle „blau"* oder *„Müllerin Art"*, badische Hechtklößchen oder der schwäbische Wurstsalat sind allesamt empfehlenswert. Als krönender Abschluss locken das *Schwarzwälder-Kirschwasser-Eisbömble* oder die Apfelküchle mit Vanillesauce und Schokoladeneis. Die Verwendung von qualitativ hochwertigen regionalen Produkten wie dem Schwäbisch-Hällischen Schwein und Wildkräutern aus dem Schwarzwald ist in der „Bauernstube" eine Selbstverständlichkeit.

Wanderhütte »Sattelei«

Hotel Bareiss
Inhaber:
Hermann Bareiss
Küchenchefs:
Oliver Ruthardt/
Oliver Steffenski
Gärtenbühlweg 14
72270 Baiersbronn-Mitteltal
Tel. 0 74 42/4 70
Fax 0 74 42/4 73 20
info@bareiss.com
www.bareiss.com
Öffnungszeiten:
täglich 11–17 Uhr

„Wanderhimmel Baiersbronn" – so heißt die Tourismus-Initiative, die Baiersbronn zum attraktivsten Wandergebiet in Europa machen soll. In diesem Rahmen entstand auch das Konzept „köstlich wandern" und so wurde die Wanderhütte „Sattelei" vom renommierten Hotel Bareiss als erste ganzjährig bewirtschaftete Wanderhütte eröffnet. Den Wanderer erwarten in der Hütte, die zwischen den Baiersbronner Ortsteilen Mitteltal und Tonbach liegt, leckere regionale Gerichte zu günstigen Preisen: *Sülze vom Mitteltaler Weiderind, Schwäbisches Schäufele, Murgtaler Wurstsalat* oder auch eine *Bauernbratwurst* vom Mitteltaler Weiderind. Bier gibt es vom Fass, Weine im offenen Ausschank. Hüttenwirtin ist Tatjana Meyer, eine waschechte Schwäbin, die ihre Ausbildung im Bareiss absolviert hat. Für die Küche zeichnen Oliver Ruthardt und Oliver Steffenski verantwortlich. Knapp 50 Gäste finden in der Hütte an blanken Ahorntischen Platz und können sich im Winter am offenen Kamin wärmen.

Schwarzwaldhotel »Tanne«

Inhaber: Jörg Möhrle
Tonbachstraße 243
72270 Baiersbronn
Tel. 0 74 42/83 30
Fax 0 74 42/83 31 00
urlaub@hotel-tanne.de
www.hotel-tanne.de

Das Hotel-Restaurant „Tanne“ schmiegt sich sanft an die Schwarzwaldhänge. Das Tonbachtal ist nicht nur ein kulinarisches Paradies, sondern auch ein Genuss für Naturfreunde. Wer noch nach dem idealen Start- oder Endpunkt einer Wanderung sucht, dem sei die „Tanne“ empfohlen. Das heutige Hotel wurde 1868 als Fuhrmannswirtschaft gegründet. Von diesen vergangenen Zeiten zeugen auch heute noch die rustikalen und gemütlichen Stuben, die mit handbemalten Stühlen ausgestattet sind. Vier verschiedene Stuben hat die „Tanne“ insgesamt, alle haben ihren eigenen Charakter. Mit dem in der „Tanne“ angebotenen, selbst gebrannten Schnaps wurden übrigens schon zu Anfang des letzten Jahrhunderts die besagten Fuhrmänner zum längeren Verweilen in den gemütlichen Räumen verführt.

Dies hat das Restaurant heute nicht mehr nötig, denn es überzeugt durch einen netten, freundlichen Service und eine hervorragende regionale Küche. Maultaschen, *Filet-Medaillons* vom Schwäbisch-Hällischen Landschwein, Filderkraut und Speckknödel, *Spieß vom Tonbacher Rothirsch* – übrigens die persönliche Empfehlung des Küchenchefs – oder die *Forellenfilets* mit Kräutern, Basilikumsauce und Gemüsenudeln könnten nicht besser sein. Für den kleinen Appetit können die Gerichte auch als kleine Portion bestellt werden. Man schmeckt es: Bei den Möhrles kommen nur regionale Produkte von höchster Qualität auf den Tisch.

Wer die traute Zweisamkeit der Geschäftigkeit der Stuben vorzieht, der findet diese bei einem exklusiven Gourmetmenü im „Kuschelkeller“. Die Wirtsleute sorgen aber auch sonst stets dafür, dass es ihren Gästen an nichts mangelt, zum Beispiel bei Grillabenden oder Galamenüs.

Der besondere Tipp
In der „Kohlwälder Grillstube“ der „Tanne“ ist man sein eigener Grillmeister und kann sich seine Steaks am Tisch selber grillen.

Lage ruhige Lage im idyllischen Tonbachtal
Öffnungszeiten 12–14 Uhr, 18–21 Uhr, Ruhetag: Mo
Preise Hauptgerichte 9–15,50 €
Reservierung empfehlenswert
Kreditkarten Mastercard, Visa, EC-Karte
Parkplatz eigener Parkplatz vorhanden
Garten/Kinderfreundlichkeit Terrasse, Kinderkarte, Kinderspielzimmer, Malsachen

»Schliffkopf« Wellness Hotel

Inhaber:
Familie Fahrner
Schwarzwald-
hochstraße
72270 Baiersbronn
(Schliffkopf)
Tel. 0 74 49/92 00
Fax 0 74 49/92 01 99
info@schliffkopf.de
www.schliffkopf.de

Wo einst die wuchtige „Schliffkopf"-Schutzhütte stand, ist auf 1025 Meter Höhe mittlerweile ein hochmodernes und elegantes Wellness-Hotel mit Saunalandschaft, Schwimmbad und exklusiven Suiten entstanden, inmitten eines wunderschönen Wander- und Naturschutzgebiets. Hier kann man aber nicht nur gut entspannen, sondern auch ausgezeichnet essen. Im Restaurant „Brandenkopf" und dem „Schliffkopf-Stübchen" werden ausgezeichnete Gerichte der regionalen wie auch der internationalen Küche serviert.

Die Familie Fahrner gehört mit ihrem Haus zu den „Naturpark-Wirten Schwarzwald Mitte/Nord". Diese haben es sich zum Ziel gesetzt, die heimische Landwirtschaft und einmalige Kulturlandschaft des Schwarzwalds zu unterstützen. So verwendet das Küchenteam auf dem „Schliffkopf" hauptsächlich regionale Produkte. Besonders das Hinterwälder Weiderind begegnet dem Gast hier häufig, sei es gemütlich grasend auf den Wiesen oder perfekt zubereitet auf dem Teller als *Hinterwälder Rind* an einer Pfifferlingsoße. Auch die schlichten Gerichte, wie die Bratwürste, die *Maultaschen* oder der *Schwäbische Sauerbraten* schmecken hervorragend. Wer es etwas exquisiter mag, sollte das gedünstete Buhlbacher *Forellenfilet* mit Sektschaumsoße und Gemüsenudeln probieren. Sympathischerweise gibt es auch alle Gerichte in einer preisgünstigen Testportion. Überhaupt: Gourmets kommen im „Schliffkopf" ganz sicher auf ihre Kosten, denn die mehrgängigen Menüs überzeugen sowohl geschmacklich als auch optisch.

Das Ambiente ist übrigens sehr angenehm: Die Räume sind modern und ansprechend eingerichtet und im „Schliffkopf-Stüble" kommt sogar Schwarzwald-Romantik auf. Sensationell ist das Gipfel-Candle-Light-Dinner auf der Terrasse, das man am besten bei Sonnenuntergang genießen sollte, denn dann hat man einen herrlichen Blick über die Hügel des Schwarzwaldes bis zu den Vogesen und der Schwäbischen Alb.

Lage auf 1025 Meter Höhe in exponierter Lage
Öffnungszeiten täglich 11.30–21 Uhr
Preise Naturparkgerichte 9,50–29,50 €
Reservierung empfehlenswert
Kreditkarten EC-Karte
Parkplatz eigener Parkplatz am Haus vorhanden
Garten/Kinderfreundlichkeit Terrasse

Landgasthof »Bergblick«

Inhaber:
Jürgen Schön
Hasenbuchweg 1
79872 Bernau im Schwarzwald
Tel. 0 76 75/2 73
Fax 0 76 75/14 66
info@bergblick-bernau.de
www.bergblick-bernau.de

Wer einen typischen Schwarzwaldgasthof sucht, der wird in Bernau im Südschwarzwald fündig. Inmitten der sanft geschwungenen Landschaft steht der Landgasthof „Bergblick“, dessen Interieur dank der schönen, holzgetäfelten Stuben den eintretenden Gast überzeugt. Die Wirtsleute verfügen über jahrzehntelange Erfahrung in der Gastronomie und betreiben ihren Gasthof mit viel Leidenschaft und Spaß am Beruf. Dank des zuvorkommenden Services fühlt man sich im „Bergblick“ gut aufgehoben. Über Naturholzböden, vorbei an einem sehenswerten Kachelofen, wird man zu seinem Tisch geleitet.

Die Speisekarte enttäuscht dann auch die Hoffnungen auf ein leckeres Mahl nicht, denn der „Bergblick“ bietet typische regionale Spezialitäten an, die, dank ihrer nicht alltäglichen Zubereitungsart, schon Feinschmecker und Kritiker überzeugten: Der „Bergblick“ wurde unter anderem von Michelin und Varta ausgezeichnet. Die hausgemachten *Rehbratwürste* mit Zwiebeln und Balsamicolinsen, die *Sauren Nierle* mit Brägele, das *Badische Schäufele* mit Meerrettich und Bratkartoffeln oder die *Entenbrust in Akazienhonigsößle* beweisen, dass der Chefkoch sein Handwerk auf meisterliche Art versteht. Als Mitgliedsbetrieb der „Naturparkwirte Südschwarzwald“ präsentiert der „Bergblick“ nach Möglichkeit nur Produkte aus der Region oder aus dem Ländle auf den Tellern. Die frischen Fische kommen vom Bodensee, Fleisch und Wurst liefert der Ortsmetzger und das Wild wird gleich um die Ecke in den Bernauer Wäldern gejagt und zu leckeren Wildgerichten verarbeitet.

Der Landgasthof „Bergblick“ verfügt auch über komfortable Zimmer, die zum Urlauben einladen. Mit besonderen Angeboten wie den Mountainbike- oder Nordic-Walking-Wochen wird dem Gast zudem ein umfangreiches sportliches Programm geboten.

Lage Südhang im Bernauer Hochtal
Öffnungszeiten täglich 9–23 Uhr
Preise Hauptgerichte 8–40 €
Reservierung abends erforderlich
Kreditkarten EC-Karte
Parkplatz Parkplatz, Garage und Tiefgarage
Garten/Kinderfreundlichkeit Terrasse, Biergarten, Spielplatz

Guten Appetit!
Die Naturpark-Wirte* laden ein

Berghotel Mummelsee
Schwarzwaldhochstraße 11
77889 Mummelsee
Tel. 07842-99286
info@berghotel-mummelsee.de
www.berghotel-mummelsee.de

Gasthaus Rössle
Arnbacher Str. 1
75334 Straubenhardt-Ottenhausen
Tel. 07082-8757
info@roessle-ottenhausen.de
www.roessle-ottenhausen.de

Gasthaus Rössle
Neuenbürger Straße 1
75334 Straubenhardt-Conweiler
Tel. 07082-2227

Hotel Bel Air Forsthof
Brandrüttel 26
77887 Sasbachwalden
Tel. 07841-644-0
info@bel-air-sasbachwalden.de
www.bel-air-sasbachwalden.de

Hotel Engel
Rechtmurgstraße 28
72270 Baiersbronn
Tel. 07449-850
info@engel-obertal.de
www.engel-obertal.de

Hotel Schwarzwald-Idyll
Obertal 50
77784 Oberharmersbach
Tel. 07837-92990
info@schwarzwald-idyll.de
www.schwarzwald-idyll.de

Hotel Waldblick
Eichelbachstraße 47
72250 Freudenstadt
Tel. 07442-8340
info@waldblick-kniebis.de
www.waldblick-kniebis.de

* Stand 07/2006

Hotel-Café Heselbacher Hof
Heselbacher Weg 72
72270 Baiersbronn
Tel. 07442-8380
info@heselbacher-hof.de
www.heselbacher-hof.de

Kurhaus – Parkrestaurant
Kurpromenade 8
76332 Bad Herrenalb
Tel. 07083-2484
info@kurhaus-parkrestaurant.de
www.kurhaus-parkrestaurant.de

Landgasthof-Hotel Hirsch
Hauptstraße 5
72290 Loßburg
Tel. 07446-95050
hotel@hirsch-lossburg.de
www.hirsch-lossburg.de

Landhotel Bären
Hauptstraße 4
72290 Loßburg
Tel. 07446-1352
service@hotelbaeren.de
www.hotelbaeren.de

Landidyllhotel Hirschen
Schwarzwaldstraße 2
77709 Oberwolfach
Tel. 07834-8370
hirschen@landidyll.de
www.landidyll.de

Restaurant Wagnerstüble
Wildbader Straße 45/1
75335 Dobel
Tel. 07083-8758
info@roykieferle.de
www.roykieferle.de

Schwarzwaldhotel Tanne
Tonbachstraße 243
72270 Baiersbronn
Tel. 07442-833-0
urlaub@hotel-tanne.de
www.hotel-tanne.de

Waldgaststätte Bütthof
Stadtwald 1
76534 Baden-Baden
Tel. 07221- 73747
joerg.lass@gmx.de
www.buetthof.de

Wellness & Natur Resort Schliffkopf
Schwarzwaldhochstrasse 1
72270 Baiersbronn
Tel. 07449-9200
info@schliffkopf.de
www.schliffkopf.de

Restaurant Poppelmühle
Mühleweg 11
75337 Enzklösterle-Poppeltal
Tel. 07085-7870
info@poppel-muehle.de
www.poppel-muehle.de

Gasthof Holzwurm
Am Altenrain 12
77887 Sasbachwalden
Tel. 07841/20540
holzwurm.oberle@t-online.de
www.holzwurmwirt.de

Hotel-Restaurant Engel
Hauptstraße 13
77830 Bühlertal
Tel. 07223/72163
info@engel-buehlertal.de
www.engel-buehlertal.de

Hotel-Restaurant-Vinothek Lamm
Mönchstrasse 31
76332 Bad Herrenalb
Tel. 07083/9244-0
schwemmle@lamm-rotensol.de
www.lamm-rotensol.de

Naturpark-Wirte
Schmeck den Schwarzwald

»Adler Stuben« Bärental

Hotel
„Adler Bärental"
Inhaber:
Walter Wimmer/
Sabine Wimmer
Feldbergstraße 4
79868 Feldberg
Tel. 0 76 55/93 39 33
Fax 0 76 55/93 05 21
info@adler-feldberg.de
www.adler-feldberg.de

Das am Feldberg gelegene Gasthaus könnte einem Bilderbuch entsprungen sein: Die alten Stuben sind liebevoll und gemütlich eingerichtet – so stellt man sich den Schwarzwald vor! Der professionelle Service bringt zügig die Speisekarte und stellt den Gast vor die Qual der Wahl, denn die Küche bietet eine Vielzahl von badischen Spezialitäten auf gehobenem Niveau. Die *Bergwiesenheusuppe, Rehnüsschen* mit Balsamico-Kirschen und Spätzle oder das *Rumpsteak vom Hinterwälder Rind* mit Bärlauchkruste sind besonders empfehlenswert. Als krönenden Abschluss sollte man keinesfalls auf das *Weißbiertiramisu* mit Erdbeeren und Mangosorbet verzichten. Viele der Gerichte kann man übrigens auch als kleine Portion bestellen.

Die Wimmers sind Mitglieder der Gastronomenvereinigung „Naturparkwirte Südschwarzwald" und beziehen deshalb einen Hauptteil ihrer Produkte von Bauern aus der Region. Dadurch leisten sie (und auch die anderen „Naturparkwirte") einen wichtigen Beitrag zum Erhalt der Region Südschwarzwald beziehungsweise der hier ansässigen Landwirtschaft. Die Gäste freut's, denn so kommen garantiert immer frische und qualitativ hochwertige Produkte auf den Tisch. Als besonderer Service werden die Lieferanten sogar auf der Speisekarte namentlich genannt: Das Hinterwälder Rind, Kalb und Schwein liefert ein Metzger aus Schönau, von der Forellenzucht Treß in Lauchringen stammen Bach- und Regenbogenforellen und das schmackhafte Wild wird in den umliegenden Wäldern geschossen.

Dass Feldberg-Bärental zwar ein Schwarzwaldort par excellence ist, aber bei weitem kein verschlafenes Nest, beweisen die zahlreichen Aktionen und Veranstaltungen im „Adler". Als Beispiel sei der regelmäßige Brunch am Sonntag zu nennen.

Lage zwischen Feldberg, Titisee und Schluchsee
Öffnungszeiten täglich 11–23 Uhr
Preise Hauptgerichte 8–25 €
Reservierung empfehlenswert
Kreditkarten Mastercard, Visa, EC-Karte
Parkplatz ca. 30 Parkplätze vor dem Haus
Garten/Kinderfreundlichkeit Terrasse, Kinderstuhl, Kinderkarte, Spielzimmer, Malsachen

Landgasthof »Waldhorn«

Inhaber: Familie Stoll
Murgtalstraße 67
76596 Forbach-Gausbach
Tel. 0 72 28/9 18 70
Fax 0 72 28/91 87 14
LGWaldhorn@aol.com
www.landgasthof-waldhorn.de

Forbach ist landschaftlich wunderschön im Nordschwarzwald gelegen. Die Umgebung lädt zu einem aktiven Kurzurlaub oder zu erholsamen Spaziergängen ein. Wer nicht nur Schwarzwälder Luft schnuppern, sondern auch die typische Küche kennen lernen möchte, dem empfiehlt sich eine Rast im Landgasthof „Waldhorn". Hier stehen regionale Spezialitäten im Mittelpunkt. Man sitzt recht zünftig in der rustikalen Gaststube, was aber etwa nach einer Wanderung durch das Murgtal genau das richtige Ambiente ist.

Familie Stoll hat sich auf ihre sportlichen Gäste eingestellt und bietet beispielsweise deftige Vesper an. Die Käseplatte, das Holzfäller Vesperbrett mit *Schwarzwälder Schinkenspeck,* Käse und Hausmacher Wurst sowie der Wurstsalat schmecken besonders gut. Wer nicht nur vespern möchte, dem stehen beispielsweise *Schwäbischer Zwiebelrostbraten* mit Krautspätzle, Maultaschen, *Wildschwein-Medaillons* mit Pfifferlingen oder auch fangfrische *Schwarzwaldforellen* – „blau" oder nach „Müllerinnen Art" – zur Auswahl. Wer es etwas edler mag, dem sei eines der Drei-Gänge-Menüs empfohlen, die unter anderem mit badischer Grünkernsuppe, Filet vom St. Peterfisch, Kaninchenkeule und zum krönenden Abschluss mit Zimtparfait aufwarten.

Selbstverständlich werden regionale Weine, wie beispielsweise der Eisentaler Breschtgräbler, ausgeschenkt. Die Wirtsleute möchten ihren Gästen stets Frische und Qualität bieten. Somit landen nur Produkte aus der heimischen Landwirtschaft auf dem Teller. Das Geflügel stammt sogar aus der eigenen Aufzucht. An warmen Sommerabenden ist es übrigens im Biergarten und auf der Terrasse sehr nett. Mit einem guten Glas badischen Weins lässt sich die herrliche Aussicht angemessen genießen. Wer sich dann nicht mehr auf den Heimweg machen möchte oder kann, der ist in einem der Hotelzimmer des „Waldhorns" gerne willkommen.

Lage am Südende der Hauptstraße
Öffnungszeiten täglich 11–14 Uhr, 17–24 Uhr, So, feiertags durchgehend
Preise Hauptgerichte 5,90–17,20 €
Reservierung empfehlenswert
Kreditkarten Visa, EC-Karte
Parkplatz Parkplätze für PKW und Bus
Garten/Kinderfreundlichkeit Biergarten, Terrasse

Gasthaus zur »Krone«

Inhaber:
Familie Manfred Kern
Mußbach 6
79348 Freiamt
Tel. 0 76 45/2 27
Fax 0 76 45/91 61 96
info@krone-freiamt.de
www.krone-freiamt.de

Manfred Kern führt mit seiner Frau Silvia die „Krone", deren Name seit 1796 verbürgt ist, bereits in der neunten Generation. Beide haben sich im „Markgräfler Hof" in Freiburg kennen gelernt. Eine heimelige Stimmung erfährt der eintretende Gast, das warme Holz, die einfache Gestaltung der Gaststube, der grüne mächtige Kachelofen strahlen Beständigkeit aus – Haltepunkt der Ruhe in einer hektischen Zeit. Großmutter Christine hat zahlreiche Rezepte hinterlassen, die besonders das in der Küche veredeln, was um Haus und Hof gedeiht. Den Rest kauft Manfred Kern nur von ihm bekannten Produzenten der Region. Wurst und Schinken kommen vom Metzger Schuhmacher. Die Nudeln werden selbst gemacht und die Spätzle von Hand geschabt. Pommes gibt es nicht, dafür noch echte badische *Brägele!* Lamm im Frühjahr, hausgemachte Schlachtplatte, Wild aus heimischer Jagd, Gänse im Herbst, Spargel, wenn er auch wirklich in der Ebene wächst, und vor allem *Gizzi-Braten.* Von Ende Mai bis Ende Juni steht diese Spezialität auf der Speisekarte, da ein echter Zickleinbraten nur als solcher bezeichnet werden kann, solange die kleinen Ziegen sich noch mit Muttermilch ernähren. Auch der *Kalbskopf* in Vinaigrette und das Kalbschnitzel mit den unverwechselbaren Brägele sind hervorragend.

Die Weine mit badischem Schwerpunkt kommen aus der Ortenau, dem Markgräflerland und vom Kaiserstuhl. Von dort werden Weine des biologisch anbauenden Schambachhofes aus Bötzingen bezogen. Die „Krone" praktiziert absolut keine hinterwäldlerische Küche, denn Manfred Kern hat in seinen Lehr- und Wanderjahren, die ihn bis in die französische Schweiz führten, auch in andere Küchen und Töpfe geschaut. Aber es hat ihn eher in seiner eigenen Kochkunst bestärkt und die steigende Zahl der Stammgäste dankt es ihm!

Lage an der ehemaligen, kurvigen Durchgangsstraße, die von Freiburg nach Lahr über den Berg führt, nicht weit von der Klosterruine des Klosters Tennenbach entfernt

Öffnungszeiten Mo, Di, Do, Fr ab 17 Uhr, Sa, So 12–14 Uhr und ab 17.30 Uhr, Ruhetag: Mi

Preise Suppe 3 €, Hauptgerichte bis zu 23 €

Reservierung erforderlich

Kreditkarten EC-Karte

Parkplatz 40 Plätze

Garten/Kinderfreundlichkeit Terrasse, Kinderstühle, spezielle Gerichte für Kinder

Restaurant »Zur Esche«

Hinterzarten ist nicht nur Anhängern des Skisprungsports ein Begriff, es bietet auch kulinarische Höhenflüge. Das „Waldhotel Fehrenbach", das mit dem Restaurant „Zur Esche" eine ehrgeizige Schwarzwälder Küche offeriert, legt den Schwerpunkt auf die Wildkräuter. Wie passend, dass das Gebäude der „Esche" – ein ehemaliger Bauernhof – idyllisch umgeben von Wiesen und Wäldern liegt. In dem gemütlichen Restaurant mit dem schönen Kachelofen wird, angefangen beim bunten *Wildkräutersalat* mit Kräuterkäse, Cappuccino vom Löwenzahn mit geräuchertem Lachsforellenfilet, über Spargel mit Waldmeistersauce, bis hin zum *Filet vom Schwarzwälder Weiderind* in Bärlauchkruste und Taubnessel-Birnensauce, kredenzt, was Wald und Wiesen hergeben. Wer bei soviel Kräutereinsatz in der Küche auf den Geschmack gekommen ist, der kann sich kleine Kräutersäckchen, Pestos oder Teemischungen mit nach Hause nehmen. Jeden Dienstag wird übrigens in einem Kräuterseminar in die Geheimnisse der Kräuterkunde eingeführt. Anschließend wird ein Kräutercocktail angeboten.

Restaurant „Zur Esche" im „Waldhotel Fehrenbach"
Inhaber:
Josef Fehrenbach
Alpersbach 9
79856 Hinterzarten-Alpersbach
Tel. 0 76 52/9 19 40
Fax 0 76 52/91 94 10
info@waldhotel-fehrenbach.de
www.waldhotel-fehrenbach.de

In „Josefs Weinstub'" geht es etwas traditioneller zu. Auf der Karte findet man hier einen guten *Vesperteller* mit Bauernbrot und Landbutter. Auch die Kinder kommen mit den leckeren Pfannkuchen auf ihre Kosten. Besonders sonntags ist die „Esche" einen Ausflug wert, denn dann ist der traditionelle *Sonntagsbraten* auf der Tageskarte zu finden.

Hier im grünen Südschwarzwald kommen nur saisonale und regionale Gerichte auf den Teller, die eine erstklassige Qualität haben. Und für alle, die es gerne süß mögen, empfiehlt sich die „Esche" übrigens ganz besonders, denn der Patissier zaubert jeden Tag köstliche Kuchen und Torten.

Lage im Hinterzartener Ortsteil Alpersbach
Öffnungszeiten täglich 11.30–14, 18–22 Uhr, Ruhetag: Mi
Preise Hauptgerichte 7,50–23 €, Menüs 29–48 €

Reservierung empfehlenswert
Kreditkarten werden nicht akzeptiert
Parkplatz vorhanden
Garten/Kinderfreundlichkeit Sonnenterrasse, Kinderkarte

Der besondere Tipp
Ein besonderer Hingucker ist die Festscheune des „Waldhotels Fehrenbach", die für Festivitäten 25 bis 120 Personen Platz bietet.

Gasthaus »Grenzsägmühle«

Inhaber:
Nordin Dekkar/
Jean-Jacques Frisch
Grenzsägmühle 2
75210 Keltern-
Niebelsbach
Tel. 0 70 82/71 01
Fax 0 70 82/79 33 82
info@grenzsaegmuehle.com
www.grenzsaegmuehle.com

Die „Grenzsägmühle" ist ein Ausflugslokal mit geradezu legendärer Geschichte. An der ehemaligen Landesgrenze zwischen Baden und Württemberg errichtet, wird hier schon seit 1931 Gastronomie betrieben. Berühmte Persönlichkeiten wie beispielsweise Fritz Wunderlich haben hier schon einmal ein Bier getrunken. Seit 1989 schwingen Nordin Dekkar und Jean-Jacques Fritsch den Kochlöffel in der „Grenzsägmühle" und haben mit ihrem Konzept einer traditionellen Küche mit französischen und elsässischen Akzenten Erfolg bei ihren Gästen. Aber auch die einfachen Gerichte wie die handgeschabten *Käsespätzle* oder die geschmelzten Maultaschen sind empfehlenswert. Das Jägerschnitzel sollte man übrigens unbedingt im Jägerzimmer verzehren, denn mit den vielen Jagdtrophäen an den Wänden speist man hier im passenden Ambiente. Zu fairen Preisen wird in der „Grenzsägmühle" in der Woche ab 11.30 Uhr auch ein Mittagstisch angeboten. Zur Auswahl stehen hier beispielsweise Fleischkäse mit Zwiebelsauce, Spiegelei und Bratkartoffeln oder *Geschnetzeltes aus frischem Gemüse* mit Bandnudeln.

Wer es etwas exklusiver mag, dem seien die *Schweinemedaillons* mit Senfsauce, *Filetspitzen vom Rind* mit frischen Waldpilzen und Rösti oder die *Schwarzwälder Forelle „blau"* empfohlen. Abgerundet werden diese Köstlichkeiten mit einer Auswahl an hervorragenden Weinen, die allerdings vorwiegend aus Frankreich und Italien stammen.

Ein besonderer Anziehungspunkt ist der Biergarten der „Grenzsägmühle", in dem auch regelmäßige Open-Air-Events veranstaltet werden, die eine überregionale Bedeutung gewonnen haben. Hier sitzt man unter schattigen Bäumen und erfrischt sich mit einem Glas Hefeweizen, Pils oder Export. Bei der fröhlichen Stimmung, die hier immer herrscht, verbrüdern sich sogar Württemberger und Badener.

Der besondere Tipp
Die „Grenzsägmühle" bietet einen Cateringservice an – von leckeren Menüs bis hin zum edlen Geschirr kann hier für Feierlichkeiten alles komplett gebucht werden.

Lage leicht abgelegen in einem Waldgebiet, Nähe zu Wander- und Radwegen
Öffnungszeiten Di–So 11.30–22.30 Uhr, Mo 17–22.30 Uhr, durchgehend warme Küche
Preise Hauptgerichte 6,80–16 €
Reservierung empfehlenswert
Kreditkarten alle gängigen
Parkplatz großer Parkplatz am Haus
Garten/Kinderfreundlichkeit Biergarten, Terrasse, Spielplatz

Landgasthof Hotel „Hirsch“

Der hübsche Schwarzwaldort Lossburg liegt am Rand ausgedehnter Wälder. Hier gibt es noch idyllische kleine Dörfer, alte Mühlen und verwunschene Flusstäler, die von alten Zeiten erzählen. Auch der Landgasthof „Hirsch“ besteht schon seit dem Jahr 1602, und so blickt die Wirtin Evi Rehfuß auf eine über 400-jährige Tradition ihres Hauses zurück. Bei so viel Erfahrung kann man sich im „Hirschen“ getrost der Wirtin und ihrem Team anvertrauen.

Inhaberin: Evi Rehfuß
Hauptstraße 5
72290 Lossburg
Tel. 0 74 46/9 50 50
Fax 0 74 46/9 50 55
hotel@hirsch-lossburg.de
www.hirsch-lossburg.de

Die angebotenen Gerichte sind traditionell-bodenständig badisch oder schwäbisch, schmecken aber keineswegs langweilig. Im Gegenteil: Sie haben eine gewisse Finesse und zeugen von der großen Kreativität des Küchenteams. Der schwäbische *Rostbraten* vom Weiderind mit handgeschabten Spätzle, die gebratene *Forelle mit Räucherkäse* überbacken und mit Dampfkartoffeln serviert sowie die hausgemachte *Tafelspitzsülze* in Radieschenvinaigrette sind allesamt sehr empfehlenswert. Auch Feinschmecker müssen im „Hirschen“ nicht darben, denn die „Feinschmeckerteller“, wie zum Beispiel die *Nüsschen vom Lossburger Wiesenlamm* mit Bärlauchpesto überbacken, werden auch die Gourmets überzeugen.

Evi Rehfuß nimmt an der Aktion „Schmeck den Süden“ teil, was den Einsatz von regionalen Produkten garantiert. Auch die Erzeuger werden auf Nachfrage gerne namentlich genannt, und so erfährt man beispielsweise, dass der Ziegenkäse aus dem Murgtal kommt, das Lamm von der Erzeugergemeinschaft Nordschwarzwald und die Forellen von einem Züchter in Dießen. In den Stuben des „Hirschen“ wird im Winter der Kamin angefeuert, der eine behagliche Stimmung aufkommen lässt. Nach einer Tour auf den zahlreichen Langlaufloipen wärmt man sich also am besten im „Hirschen“ wieder auf.

Der besondere Tipp
Das ganze Jahr über werden im „Hirsch“ spezielle Arrangements angeboten, zum Beispiel die Hubertustage inklusive Wildmenü im Herbst.

Lage an der B492 in der Ortsmitte von Lossburg
Öffnungszeiten 11–14.30 Uhr, 18–21.30 Uhr, kein Ruhetag
Preise Hauptgerichte 9,80–17,50 €
Reservierung empfehlenswert
Kreditkarten Mastercard, Visa, EC-Karte
Parkplatz am Haus
Garten/Kinderfreundlichkeit Garten, Kinderspeisekarte, Malsachen

Schwarzwaldgasthof »Zum Goldenen Adler«

Inhaber:
Bernd und Axel Maier
Hauptstraße 58
79254 Oberried
Tel. 0 76 61/6 20 17
Fax 0 76 61/78 95
info@goldener-adler-oberried.de
www.goldener-adler-oberried.de

Seit 2001 führen die beiden Brüder Bernd und Axel Maier den elterlichen Betrieb, der seit 1708 in Familienbesitz ist. Familiäre Gastfreundschaft wird hier gelebt: Die Eltern sind noch täglich anzutreffen und Nachwuchs ist bei Bernd und Axel auch schon da. Axel ist für den Service und den Weinkeller zuständig, der für Weindegustationen eingerichtet wurde. Bernd hat zuerst Metzger und dann Koch gelernt. Der grundsoliden Ausbildung folgten Wanderjahre, die ihn in die Schweiz, an den Tegernsee und nach Lech führten.

Die nicht überladene Speisekarte ist mit historischen Fotos des „Adlers" bebildert und wird täglich dem Marktangebot angepasst. Eingekauft wird das Fleisch von Landwirten aus dem Dreisamtal und von Jägern der Region. Die Maiers schätzen die heimische Landwirtschaft und halten auch eigene Rinder und Kälber, die selbst geschlachtet werden. So finden sich auf der Karte Kalbsgeschnetzeltes Zürcher Art vom Milchkalb und *Zastlermer Gamsragout* aus heimischer Jagd. Die Küche zeigt einen soliden und ehrlichen Querschnitt durch die badische Kochkunst, in der das *Badische Schäufele* oder die Leberle mit Brägele nicht fehlen dürfen. Vegetarische Gerichte und leichte Kost, wie pochierte *Zanderfilets mit Schnittlauchsößle,* finden sich ebenfalls. Das Vesperkärtle ist für den kleinen Hunger zwischendurch gedacht – ein Paar Hausmacher Bratwürste mit Brot, ein *Badisches Nudelsüpple* oder ein *Pikanter Käsesalat* stehen unter anderem zur Auswahl. Auf der Weinkarte findet man vor allem Kaiserstühler. Zum Dessert gibt's gebackene *Apfelküchle* nach Großmutters Art, ein hausgemachtes Kirschwasserbömble oder als besonderes Angebot das Bauernhofeis des Ruhbauernhofes in Dietenbach. Der „Adler" ist ein Schwarzwaldgasthof, der bodenständig, überaus freundlich und weltoffen geführt wird.

Lage am Ortsausgang von Oberried, von Kirchzarten her kommend, steht das stattliche Gebäude
Öffnungszeiten Mo, Di, Do 17–24 Uhr, Fr, Sa 11.30–14 Uhr, 17–24 Uhr, So durchgehend geöffnet, Ruhetag: Mi
Preise Tagesgericht um 10 €, Menü 33,80 €
Reservierung am Wochenende empfehlenswert
Kreditkarten Mastercard, VISA, EC-Karte
Parkplatz direkt neben dem Haus
Garten/Kinderfreundlichkeit 100 Personen finden unter Sonnenschirmen und Bäumen einen Sitzplatz, Kindergerichte, Kindergeschirr, Spielplatz und Hasenstall, Spieltruhe

Gasthaus und Landmetzgerei »Sonne«

In der „Sonne" befindet man sich bei jedem Wetter auf der Sonnenseite des Lebens. Egal, ob man am Eingang rechts den Weg in die Metzgerei wählt oder links in die Gaststube, die Wahl ist immer richtig. Die Kombination von Metzgerei und Gasthof ist hier in Tiefenbronn wunderbar gelungen, was auch die zahlreichen Stammgäste, die zum Teil seit Jahrzehnten in der „Sonne" einkehren, bestätigen. In der „Sonne" arbeiten drei Generationen zusammen und diese familiäre Atmosphäre zieht eben auch viele Gäste an. In der Metzgerei bietet der Seniorchef Walter Bock Leckeres aus der Wurstküche und achtet persönlich auf die Qualität der Zutaten. Dass hier nur Produkte aus der Region verarbeitet werden, ist für den Metzgermeister selbstverständlich. Täglich aufs Neue offeriert er seine Spezialitäten: Leber- oder Griebenwurst, Weißwürste, Fleischkäse etc.

Inhaber: Familie Bock
Küchenchef:
Michael Dobler
Seehausstraße 1
75233 Tiefenbronn
Tel. 0 72 34/42 39
Fax 0 72 34/43 15
info@metzgerei-sonne.de
www.metzgerei-sonne.de

In der Gaststube der „Sonne" wird eine schwäbische Hausmannskost aufgetischt, obwohl Tiefenbronn eher badisch geprägt ist. Besonderen Erfolg bei seinen Gästen hat Küchenchef Michael Dobler mit der *gefüllten Kalbsbrust*. Die Spätzle werden hier noch von Hand geschabt und selbst saure *Nierle* und saure *Kutteln* stehen noch auf der Speisekarte. Natürlich werden Fleisch und Wurst aus der eigenen Herstellung verwendet. Die Auswahl fällt hier wirklich schwer, denn neben *Ochsenschwanzragout* mit Serviettenknödeln, *Zwiebelrostbraten* mit Spätzle sowie dem umfangreichen Vesperteller locken auch einige Gerichte mit mediterranen Akzenten, beispielsweise die Bandnudeln mit Scampi oder das Seezungenfilet und Rucola. Übrigens sitzt man bei schönem Wetter auf der Gartenterrasse unter den Kastanienbäumen sehr gemütlich. Aber im Grunde ist das Wetter für einen Besuch in der „Sonne" ganz egal, denn bei der Familie Bock herrscht immer Sonnenschein.

Lage in der Ortsmitte von Tiefenbronn
Öffnungszeiten 11.30–14 Uhr, 17–21 Uhr; Ruhetage Lokal: So, Mo, feiertags; Ruhetag Metzgerei: Mo nachmittags
Preise Hauptgerichte 7–20 €
Reservierung erforderlich
Kreditkarten EC-Karte
Parkplatz eigener Parkplatz vorhanden
Garten/Kinderfreundlichkeit Gartenterrasse

Schwarzwaldgasthof Hotel »Waldfrieden«

Inhaber:
Irmgard Hupfer/
Hilde Flum
Dorfstraße 8
79674 Todtnau-
Herrenschwand
Tel. 0 76 74/92 09 30
Fax 0 76 74/9 20 93 90
waldfrieden@
herrenschwand.de
www.hotel-waldfrieden.de

Herrenschwand ist eines der letzten typischen Schwarzwalddörfer und von Touristen noch weitgehend unentdeckt. Wer Ruhe sucht, ist hier also absolut richtig, und so trägt der Schwarzwaldgasthof „Waldfrieden" seinen Namen zu Recht. Die unbeschreiblich schöne Landschaft verleitet zum längeren Bleiben und für sportliche Aktivitäten ist der „Waldfrieden" auch im Winter eine gute Anlaufstelle.

Der Schwarzwaldgasthof verfügt über zwei urgemütliche Stuben, die mit hellem Tannenholz und einem Kachelofen ausgestattet sind. Eine der Gaststuben bietet einen sensationellen Panoramablick. Vor allem abends lohnt sich hier der Besuch, denn der Sonnenuntergang in Herrenschwand ist wirklich herrlich.

Die Karte korrespondiert mit der ländlichen Gegend im Südschwarzwald und bietet typische Spezialitäten aus dem Schwarzwald und dem Elsass. Empfehlenswert sind besonders die Schwarzwälder *Bachforelle Müllerin Art* auf Schalottenspinat, *Quiche Lorraine, Rumpsteak vom Hinterwälder Rind* an Rotweinjus, Kalbsrückensteak mit Morchelrahmsauce und Spätzle sowie das *Hasenrückenfilet* in Wacholderrahmsauce. Die Spezialität des Hauses – wie könnte es anders sein – ist die *Schwarzwälder Kirschtorte,* die man sich bei einem Besuch im Schwarzwald natürlich nicht entgehen lassen darf.

Als Mitglieder der Gastronomenvereinigung „Naturparkwirte Südschwarzwald" verwenden die Wirtsleute für ihre leckeren Kreationen nur regionale Produkte von heimischen Landwirten: Der Gersbacher Käse, das Wild aus den Wäldern rund um Todtmoos oder das Hinterwälder Rind haben Spitzenqualität, die man schmeckt. Die zahlreichen Spezialwochen, wie zum Beispiel Lamm-, Wild- oder Naturparkwochen, sorgen für ein abwechslungsreiches, saisonales Angebot.

Lage ruhige, sonnige Lage auf einem nach Süden offenen Hochplateau
Öffnungszeiten 8–23 Uhr, Ruhetag: Di
Preise Hauptgerichte 8–19,50 €
Reservierung empfehlenswert
Kreditkarten Mastercard, Visa, EC-Karte
Parkplatz großer eigener Parkplatz direkt am Haus
Garten/Kinderfreundlichkeit Gartenwirtschaft, Kinderstühle, Wickeltisch, Kinderkarte, Spielplatz, Spielwiese

Landgasthof zur »Lilie«

Schwarzwald-Tourismus pur – das ist Triberg. Deutschlands höchste Wasserfälle, die von 163 Meter Höhe über sieben Stufen in die Tiefe stürzen, das Schwarzwaldmuseum, die barocke Wallfahrtskirche „Maria in der Tanne", die weltgrößte, begehbare Kuckucksuhr – alles das findet sich hier. So viele Eindrücke wollen verarbeitet werden und so sollte man nicht versäumen, den Weg in die „Lilie" einzuschlagen. Das Gasthaus liegt nur wenige Gehminuten von den Wasserfällen entfernt: Von der überdachten Terrasse der „Lilie" hat man einen hervorragenden Blick auf dieses Naturschauspiel.

Inhaber:
Josef Smetanjuk
Wallfahrtstraße 3
78098 Triberg
Tel. 0 77 22/44 19
Fax 0 77 22/36 54
info@lilie-triberg
www.lilie-triberg.de

Leberknödelsuppe, geräucherter Rollschinken mit Kartoffelsalat und Brot, hausgemachte *Maultaschen* oder das *Wildragout mit Preiselbeerpastete* stehen auf der Speisekarte der „Lilie". Als Abschluss empfiehlt sich der *hausgemachte Apfelstrudel* mit Vanilleeis und Sahne. Wer sich für eines der mehrgängigen Menüs entschieden hat, die in der „Lilie" preisgünstig angeboten werden, wird es vielleicht nur nach einer längeren Pause schaffen, auch noch die Spezialität des Hauses, die *Schwarzwälder Kirschtorte,* zu probieren.
Das Interieur des Gasthauses ist einmalig: Viel Holz – zum Teil 400 Jahre altes Schwarzwaldholz – und rustikale Tische und Stühle sorgen für ein uriges Ambiente. In den zahlreichen Stuben findet man auch bei großem Andrang noch einen Platz und wer gleich mit 100 Personen anreisen möchte, der lässt sich am besten das „Stadl" reservieren. In der „Lilie", die schon seit 1608 existiert, werden zum überwiegenden Teil regionale Produkte verwendet. Obst und Gemüse, Forellen und Wild stammen aus der unmittelbaren Umgebung. Dieser Küchenphilosophie der Familie Smetanjuk stimmt man gerne zu und lässt sich dann doch noch gerne zu einem weiteren Stückchen Schwarzwälder Kirschtorte überreden.

Lage direkt am Triberger Wasserfall, gegenüber dem Schwarzwaldmuseum
Öffnungszeiten täglich 9–24 Uhr, im Winter ab 10 Uhr

Preise Hauptgerichte um 10 €
Reservierung empfehlenswert
Kreditkarten Mastercard, Visa

Parkplatz Parkplatz am Haus, Busparkplatz 3 Gehminuten entfernt
Garten/Kinderfreundlichkeit überdachte Terrasse, Kindergerichte

Gasthof »Kreuz«

Inhaber: Ulrich Schanz
Hauptstraße 8
78667 Villingendorf
Tel. 0 7 41/3 40 57
Fax 0 7 41/34 72 17
info@kreuz-villingendorf.de
www.kreuz-villingendorf.de

Villingendorf, am Ostrand des mittleren Schwarzwaldes zu finden, liegt nur sechs Kilometer von Rottweil entfernt und damit geographisch ziemlich genau zwischen Schwarzwald und der Schwäbischen Alb. Die Region ist bestens bekannt für die alemannische Fasnet und hat sich mittlerweile auch zu einem kleinen kulturellen Zentrum gemausert. Im schmucken Villingendorfer Gasthaus „Kreuz" mit seinen hübsch anmutenden blauen Fensterläden werden dem Gast leckere regionale Spezialitäten serviert. *Kalbsnierenbraten* mit hausgemachten Spätzle, *Rostbraten* mit Trollinger-Zwiebelsoße, *„Schwabentöpfle"* (Schweinelendchen auf Spätzle mit Champignonrahmsoße, gebratenen Speckscheiben und Spargelspitzen) oder das *Felchenfilet* hinterlassen einen starken Eindruck. Den Vegetariern kann das *Ragout von frischen Steinchampignons* und Spargel im Nudelkranz empfohlen werden. Sämtliche Gerichte können im Sommer auch im schattigen Biergarten des Gasthofes eingenommen werden.

Saisonale Aktionen wie zum Beispiel die Fischwochen, die Lamm- und Bärlauchwoche im April, die Spargelwoche, die Wildspezialitätenwochen im Herbst oder das Martinsgansessen im November sorgen für Abwechslung, sehr zur Freude auch der zahlreichen Stammgäste. Das Gasthaus befindet sich übrigens schon seit 1824 in Familienbesitz. Gastfreundlichkeit hat im „Kreuz" also eine lange Tradition. Der Chef, Ulrich Schanz, nimmt an der Aktion „Schmeck den Süden" teil und so ist der Einsatz von regionalen Produkten in seiner Küche immer garantiert. Wer es nach einem opulenten Mahl oder mehreren Gläsern Wein nicht mehr nach Hause schafft, dem sei eines der schönen Gästezimmer des Gasthofes empfohlen.

Der besondere Tipp
Ulrich Schanz ist ein begnadeter (und ausgezeichneter) Brenner. Die edlen Hochprozentigen, die er im „Kreuz" selbst herstellt, können auch käuflich erworben werden.

Lage mitten im Dorf an der Hauptstraße gelegen, nahe Kirche und Rathaus
Öffnungszeiten 11–14 Uhr, 16–1 Uhr, Sa durchgehend, Ruhetage: Mi, Do bis 16 Uhr

Preise Hauptgerichte 9,60 – 18 €, Tagesessen/Mittagstisch ab 7 €
Reservierung empfehlenswert, v.a. Sa, So

Kreditkarten Mastercard, Visa, EC-Karte
Parkplatz ca. 30 Plätze am Haus
Garten/Kinderfreundlichkeit Terrasse im Garten, Spielplatz

Gasthof »Linde«

Die „Linde“ in Villingendorf bei Rottweil hat schon viele Jahre auf dem Buckel: 1885 wurde sie erbaut und befindet sich bereits in der vierten Generation im Familienbesitz. Die vanillegelbe Fassade mit den roten Fensterläden wirkt sehr einladend und die Inneneinrichtung ist stilvoll. In der „Linde“ wird dem Gast eine nicht alltäglich anzutreffende, feine und regionale Küche geboten. *Schweinebraten in Rotweinsauce,* Medaillons vom Schweinerücken gefüllt mit einem Kalbfleischkräuterbrät, *Rehbraten* in Wacholdersahnesauce und Rotbarbe auf Safranrisotto schmecken hervorragend. Während andernorts der Trend zu Kurzgebratenem geht, werden in der „Linde“ noch Schmorbraten mit viel langem Atem zubereitet.

Inhaber: Inge und
Rainer Gaiselmann
Rottweiler Straße 3
78667 Villingendorf
Tel. 07 41/3 18 43
Fax 0 7 41/3 41
info@linde-villingendorf.de
www.linde-villingendorf.de

Aber auch reizvolle, mediterran angehauchte Vorspeisen finden sich auf der ambitionierten Speisekarte: Thunfischtatar auf Gurkencarpaccio mit Wachtelei oder eine Jacobsmuschel mit Limonenkruste auf Safranrisotto. Rainer Gaiselmann kocht also durchaus auch international wie etwa das Lammragout mit Safrancouscous zeigt. Aber egal, was er kocht, ganz wichtig ist dem Chefkoch, dass regionale und vor allem absolut frische Produkte verwendet werden, was zusätzlich zur Klasse seiner Küche beiträgt. Gaiselmann ist seit gut zehn Jahren Mitglied bei „Eurotoque“.

In der „Linde“ wird nach Saison gekocht, so dass Rainer Gaiselmann im Frühling spezielle *Spargel- und Bärlauchwochen* oder später im Jahr Gerichte mit *Wild* und *Pilzen* anbietet. Auch die Weinkarte, auf der sich deutsche und internationale Spezialitäten finden, kann sich sehen lassen. Diese können übrigens auch bei speziellen Weinproben verköstigt werden.

Lage in der Ortsmitte von Villingendorf
Öffnungszeiten 11.30–14.30 Uhr, 17.30–24 Uhr, Ruhetage: Mo abends, Di
Preise Hauptgerichte 15–25 €
Reservierung erwünscht
Kreditkarten Mastercard, Visa, EC-Karte
Parkplatz Parkplatz vor und neben dem Haus
Garten/Kinderfreundlichkeit Terrasse, Kinderkarte, Spielecke

Restaurant »Rindenmühle«

Inhaber: Martina und Martin Weißer
Am Kneippbad 9
78052 Villingen-Schwenningen
Tel. 0 77 21/8 86 80
mail@rindenmuehle.de
www.rindenmuehle.de

Beim Betreten der Küche strömt den Besuchern ein köstlicher Duft entgegen, der Kindheitserinnerungen weckt – es ist Einmachzeit. Gregor Schlüter hat am Morgen frische Zwetschgen mitgebracht. Schlüter ist einer von vier Spitzenköchen in der „Rindenmühle“. Auf dem Weg vom Parkplatz zum Restaurant verlangsamen sich die Schritte der Besucher. Unwillkürlich bleiben sie stehen und staunen. Die Terrasse der „Rindenmühle“ ist von einem malerischen Kräutergärtlein umgeben, das täglich die Zutaten liefert, die den Speisen optisch und geschmacklich den letzten Schliff verleihen. Die Pflege des Gartens ist Chefsache, selbstverständlich verzichtet Martin Weißer dabei auf chemische Hilfsmittel, „es darf ruhig alles wild durcheinander wachsen“, sagt er.

Auch in der Küche wird größter Wert auf Natur pur gelegt. „Wir brauchen nicht viel Platz“, erklärt der Küchenchef, „weil wir unser Material ja täglich frisch beziehen.“ Im traditionsreichen Restaurant, das seit Jahrhunderten im Besitz der Familie Weißer ist, sind dies die Stichworte für die Philosophie, nach der die Gäste verwöhnt werden. Gekauft wird nur bei Betrieben, die sich über eine so genannte „Charte de Confiance“, eine Vertrauensurkunde, in den Dienst von „Eurotoques“ gestellt und damit zu gläserner Produktion verpflichtet haben. Die Karte in der „Rindenmühle“ wechselt abhängig vom saisonalen Warensortiment, zur Zeit sind Kombinationen mit *Pfifferlingen* ein Schwerpunkt. Gemäß der Überzeugung, dass weniger oft mehr ist, beschränkt sich die edle Auswahl auf vier Vorspeisen, drei Suppen, sechs Hauptspeisen, fünf Fischgerichte und zwei Menüs. Außerdem gibt es eine *„Klassiker-Karte“,* auf der bodenständige Gerichte mit besonderem Pfiff angeboten werden. Weißer und seine Kollegen verstehen ihren Beruf als Berufung, sie wollen eine „ehrliche Küche“ bieten, die auf erstklassigen Zutaten basiert.

Lage in einem der schönsten Stadtteile des Stadtbezirks Villingen, beim Kneippbad
Öffnungszeiten Di–So 11.30–14 Uhr, 17.30–22 Uhr, Ruhetage: So ab 16 Uhr, Mo
Preise tagesfrische Gerichte 15–23 €
Reservierung nicht erforderlich
Kreditkarten Mastercard, Visa, EC-Karte
Parkplatz vor dem Haus
Garten/Kinderfreundlichkeit Terrasse

Silencehotel Landgasthof »Adler«

Inhaber: Familie Haas
77709 Wolfach-St. Roman
Tel. 0 78 36/9 37 80
Fax 0 78 36/74 34
info@silencehotel-adler.de
www.adler-sanktroman.de

Der im Mittleren Schwarzwald gelegene Flößerort Wolfach – ein 180-Seelen Dorf – verspricht Ruhe und Erholung. In der Abgeschiedenheit der naturbelassenen Landschaft des Kinzigtals kann man ausgedehnte Wanderungen unternehmen. Einen Abstecher wert ist vor allem das Schwarzwälder Freilichtmuseum in Gutach, das historische Höfe aus dem Schwarzwald zeigt.

Für eine Pause nach so viel Schwarzwald-Sightseeing bietet sich der traditionsreiche Landgasthof „Adler" in Wolfach-St. Roman geradezu an. Hier wird schon seit 300 Jahren erfolgreich Gastronomie betrieben. Einst ein einfacher Landgasthof, wurde der „Adler" nach und nach zu einem imposanten Ensemble mit Hotel und Restaurants ausgebaut. Wer möchte, kann sich gleich mehrere Tage oder Wochen bei Familie Haas einquartieren und sich im Wellnessbereich des Hotels verwöhnen lassen. Im rauchfreien Wintergarten, auf der schönen Gartenterrasse oder an der Hotelbar lässt es sich durchaus längere Zeit aushalten.

Aber auch die Tagesgäste kommen nicht zu kurz. In den stilvollen Restaurants namens „Romanus" und „Jakobus", die zusammen etwa 140 Personen Platz bieten, werden Schwarzwälder Leckerbissen angeboten, zum Beispiel Wildgerichte aus der eigenen Jagd. Eine feine, regional geprägte Küche kommt im „Adler" auf den Tisch. Sehr zu empfehlen sind die *Medaillons vom Rehrücken.* Hier und da sind aber auch internationale Speisen zu finden. Darüber hinaus gibt es deftige Speisen für den kleineren Appetit, zum Beispiel das *Schwarzwälder Bauernvesper.* Nicht zu vergessen die Torten und Kuchen – darunter natürlich auch die *Schwarzwälder Kirschtorte* – aus der eigenen Konditorei. Verarbeitet werden in der Küche hauptsächlich Produkte aus der Region, der eigenen Landwirtschaft und Schlachtung.

Der besondere Tipp
Das Wild stammt aus dem hauseigenen Wildgehege, das besonders für Kinder sehr interessant ist.

Lage etwas abseits im idyllischen St. Roman
Öffnungszeiten 7–24 uhr, kein Ruhetag
Preise Hauptgerichte 7,50–22 €

Reservierung empfehlenswert, v. a. So
Kreditkarten Mastercard, Visa, EC-Karte
Parkplatz vorhanden

Garten/Kinderfreundlichkeit Wintergarten, Gartenterrasse, Kinderkarte, Spielzimmer

Den Schwarzwald schmecken

Im Museum der Alpirsbacher Klosterbräu erlebt man traditionelles Brauhandwerk und erfährt, welche Arbeiten für den Brauprozess nötig sind. Aus dem guten Schwarzwälder Quellwasser entstehen spritzig erfrischend wie vollmundige Spezialitäten, die in der Braustube verkostet werden können. Im Shop können neben dem leckeren Gerstensaft, der schon mehrfach von der DLG ausgezeichnet wurde, große und kleine Geschenke, Accessoires, Gläser und andere Sammlerobjekte käuflich erworben werden.

Alpirsbacher Klosterbräu Shop
Ambrosius-Blarer-Platz
72275 Alpirsbach
Tel. 0 74 44/6 71 44 und 6 71 49
brauwelt@alpirsbacher.de
www.alpirsbacher.de

Öffnungszeiten Shop:
Mo-Fr 10-12 Uhr, 13-18 Uhr, Wochenende/Feiertage 11-17 Uhr (verkürzte Öffnungszeiten während der Wintermonate)
Museum: täglich ganztags nach Vereinbarung (Tel. 0 18 05/00 18 62)

Hinterwälder Weiderind

Das Hinterwälder Weiderind ist die typische Rinderrasse des Schwarzwalds. Das relativ kleine und kräftige Rind ist äußerst robust und genügsam. Das Fleisch ist fest, zart und sehr mager. Einige Gastronomiebetriebe sind bereits Abnehmer. Auch Privatpersonen können das Fleisch in benutzerfertigen Kleinmengen geliefert bekommen.

Schwarzwälder Weideland Gesellschaft
Reinerzauer Oberdörfle 39
72275 Alpirsbach-Reinerzau
Tel. 0 74 44/9 11 45 | Fax 0 74 44/9 11 46

Ins Netz gegangen

Das Erfolgskonzept ist einfach: gutes Futter, wenig Tiere und natürlich das frische Quellwasser aus dem Schwarzwald. Die Schwarzwaldforellen der Calmbacher Forellenzucht haben eine ausgezeichnete Qualität.

Forellenzucht Calmbach
Würzbachtaler Forellengrill
Würzbachtalstraße 278
75323 Bad Wildbad-Calmbach
Tel. 0 70 81/72 17 | Fax 0 7081/95 26 45
www.forellenzucht-calmbach.de
Öffnungszeiten Laden:
Mo–Sa 8–18 Uhr
Forellengrill:
April–Oktober Mo, Mi–So 12–18 Uhr

Aus alternativem Anbau

Der Blanc Hof wird seit über 40 Jahren nach Demeter-Richtlinien bewirtschaftet. Auf den Feldern gedeihen Kartoffeln, Mohrrüben, Salate und Kräuter, die ökölogisch mit natürlichen Düngemitteln herangezogen werden. Auch Milchkühe, Hühner und Hasen gehören zum Hof. Im Hofladen findet man frisches Obst und Gemüse sowie verschiedene Brot- und Teigwaren.

Blanc Hof
Weinbergweg 1
75438 Knittlingen-Kleinvillars
Tel. 0 70 43/92 05 05
Fax 0 70 43/92 05 03
info@Blanc-Hof.de | www.Blanc-Hof.de
Öffnungszeiten:
Di 10–12 Uhr, 16–18 Uhr,
Do 10–12 Uhr, 14–18 Uhr

Frischer Fisch aus dem Naturpark Südschwarzwald

Die Forellenzucht Treß bietet eine große Auswahl an frischen Bach-, Regenbogen- und Lachsforellen und geräucherten Forellenfilets. Zu den besonderen Spezialitäten von Rainer Treß zählt der Forellenkaviar. Der Züchter hat einen eigenen Hofladen und ist auch auf dem Lauchringer Wochenmarkt vertreten.

Treß – Forellenzucht
Neuwiesenweg 1
79787 Lauchringen
Tel. 0 77 41/45 24
Fax 0 77 41/91 34 77
Öffnungszeiten:
Mo–Sa 8–12 Uhr, 14–17 Uhr,
Mi, Sa nur vormittags

Schwäbische Alb

Für kulinarische Köstlichkeiten war die Schwäbische Alb in früheren Zeiten nicht gerade bekannt. So wenig wie für andere Lustbarkeiten. Rau, karg, kalt – das assoziiert man schon eher mit diesem Landstrich zwischen dem Neckar im Norden und der Donau im Süden, mit dieser ziemlich steinigen Hochfläche zwischen 700 und 1000 Metern Meereshöhe, wo es stets „einen Kittel kälter" ist.

Indes hat Not schon immer erfinderisch gemacht, waren Hunger und harte Natur nicht einmal die schlechtesten Köche. Mehl-, Gries- und Brotsuppen zeugen von der Kreativität der Bauern, die sich für die – hier noch härtere – Feldarbeit stärken mussten. Mit Fleisch ging man sorgsamer um als anderswo, nichts ließ man „verkommen". Kein Wunder, dass die Sauren Kutteln auf der Schwäbischen Alb besonders gut schmecken.

Karg, aber dennoch reich an Spezialitäten

Typisch für dieses Mittelgebirge sind auch die Schafherden, die über die Hochflächen ziehen und die Wacholderheiden auf natürliche Weise pflegen. Ihr Fleisch gilt mittlerweile als typische regionale Spezialität. Und auch einige der besten Nudel- und Spätzlehersteller fabrizieren ihre Produkte auf der Alb und exportieren sie ins Flach- wie ins Ausland. Die hiesigen Spätzle gelten als besonders bissfest und brauchen, was kein schlechtes Zeichen ist, etwas länger, bis sie „al dente" sind. Typisch für die Alb und den Albrand mit seinen hellen Kalkfelsen ist auch der Most. Im Herbst setzt man aus Äpfeln oder Birnen besagtes Getränk an, das die Einheimischen allerdings frühestens im durchgegorenen Zustand genießen.

Ludwig Uhlands Satz „Viel Steine gab's und wenig Brot" trifft die Wirklichkeit von heute nur noch zum Teil. Die Schwäbische Alb hat sich in der jüngeren Vergangenheit immer mehr zu einem beliebten Ausflugsziel entwickelt – der zu verschiedenen Freizeitaktivitäten einladenden Landschaft wegen. Aber auch wegen der urtümlichen und urigen Wirtschaften. Hier und da gibt es noch Gasthäuser mit Metzgerei und eigener Schlachtung, und die Preise fallen zumeist ebenfalls ländlich-gesittet aus.

Gasthaus zum »Lamm«

Noch heute ist Hans Buck seinem Vater Jakob dankbar, dass der in den 1960-er Jahren „bei seinen Leisten" blieb: Während die meisten Gastwirte in der Umgebung damals ihre Wirtschaften modern aufrüsteten, riss er die alten Butzenfenster im „Lamm" nicht heraus, sondern ließ sie, samt der niedrigen Balkendecke und dem derben Dielenboden, restaurieren und rettete so den urigen Charme der „Alb-Beiz" aus dem Jahre 1886, die schon sein eigener Vater und der Großvater geführt hatten. Und Hans Buck hat den Entschluss, den Familienbetrieb weiterzuführen, nie bereut: Aus dem Umkreis von über 50 Kilometern strömen die Leute nach Zähringen, um nach ausgedehntem Alb-Spaziergang oder winterlichem Loipen-Lauf im „Lamm" Brotzeit zu machen. Und was für eine! Buchs hausgemachte Schinken-, Blut- und Leberwurst, sein Schwartenmagen und das hauseigene *Rauchfleisch* sind rar gewordene Köstlichkeiten. Beim *„Zähringer Wurstteller"*, mit dicken Essiggurken und Senf garniert, kann man das ganze Angebot Buck'scher Wurstmacherkunst probieren. Dazu schenkt der Wirt hausgemachten Most aus Äpfeln und Birnen der umliegenden Obstwiesen aus und reicht saftiges Bauernbrot aus Natursauerteig. Das ist selbst gebacken, wie auch die leckeren Käse-, Apfel- und *Zwetschgenkuchen*, mit denen Gattin Barbara immer sonntags die Gäste verwöhnt. Das Handwerk des Wurstmachens hat Hans Buck noch beim alten Hausmetzger gelernt, der bis vor 13 Jahren noch auf den Hof kam. Heute sucht sich der Wirt sein Fleisch auf dem Schlachthof im nahen Weidenstetten selbst aus: „Da kenn' ich die Schweine wie die Bauern." Höhepunkt im Jahr ist das „Lamm-Essen" zur Kirchweih im Oktober: Da drängen sich die Leute eng an eng auf den schmalen Holzbänken bei zartem *Lammbraten*. Die Geschwindigkeit, mit der da die kleinen Fenster beschlagen, ist zuverlässiger Gradmesser für den Stimmungspegel in der genüsslich brodelnden Wirtsstube.

Inhaber: Hans und Bärbel Buck
Zähringen
89174 Altheim (Alb)
Tel. 0 73 40/5 38

Lage im Weiler Zähringen, ein paar Kilometer außerhalb von Altheim (Alb), das Dörfchen liegt mitten auf der Schwäbischen Alb, im Dreieck zwischen Geislingen, Gerstetten und Ulm

Öffnungszeiten Sa–Mi 10–23 Uhr, Ruhetage: Do, Fr (außer an Feiertagen wie Karfreitag oder Himmelfahrt), März, Mitte Juli–Mitte August geschlossen

Preise Hauptgerichte 4,50–6 €

Reservierung nur für die historische Gaststube erforderlich

Kreditkarten werden nicht akzeptiert, aber EC-Karten

Parkplatz hauseigene Parkplätze vorhanden

Garten/Kinderfreundlichkeit Gartenterrasse

Badhotel Restaurant »Stauferland«

Inhaber: Kauderer
Hotelbetriebs GmbH
Gruibinger Straße 32
73087 Bad Boll
Tel. 0 71 64/80 16 80
Fax 0 71 64/41 46
info@badhotel-stauferland.de
www.badhotel-stauferland.de

Bad Boll liegt inmitten der herrlichen Gegend am Albtrauf, die zu ausgedehnten Wanderungen einlädt. Wer die steilen Hänge einmal erklommen hat, kann die Aussicht genießen oder über Wacholderheiden spazieren. Das Badhotel „Stauferland" befindet sich in Halbhöhenlage und bietet einen sensationellen Blick über die Gegend, in der vor vielen Jahrhunderten die Staufer ihr Herrschaftsgebiet errichtet haben. Heutzutage geht es in Bad Boll aber weit friedlicher zu als noch zu den kriegerischen Zeiten der Staufer.

Das Hotel „Stauferland" hat kürzlich die Zertifizierung zum Drei-Sterne-Wellness-Star-Hotel erhalten. Sauna, Massage, Schwimmbad, Barfußparcours – das Hotel bietet seinen Gästen Entspannung pur. Aber natürlich hat das Hotel mit seinem Restaurant vor allem kulinarisch einiges zu bieten. Die Gastronomen nehmen an der Aktion „Schmeck den Süden" teil und arbeiten nach der Devise: Nur frische und qualitativ hochwertige Produkte aus der Region kommen in die Küche. Somit stammt fast alles, was dem Gast serviert wird, aus der unmittelbaren Umgebung. Fleisch- und Wurstwaren kommen vom Göppinger Metzger-Schlachthof, wo nur so genanntes „Staufen-Fleisch" verarbeitet wird, der Apfelsaft wird aus den Äpfeln der hauseigenen Streuobstwiesen hergestellt. Auch der Wein ist hervorragend und wird von namhaften Winzern aus Baden und Württemberg geliefert. Diese Frische hat natürlich auch ihren Preis, den der Gast hier aber gerne zahlt.

Der besondere Tipp
Das Badhotel gehört zu den fahrradfreundlichen Betrieben in Deutschland, die sich unter dem Motto „Bett & Bike" zusammengeschlossen haben. Radfahrer auf Tour über die Alb sind hier also gern gesehene Gäste.

Schwerpunktmäßig wird eine regionale Küche mit schwäbischen Spezialitäten geboten, die je nach Saison wechseln. Immer im Angebot sind die leckere *Flädlesuppe,* der gute *Rostbraten* oder auch die *Maultaschen.* Mit einem Glas Sekt, der übrigens aus der ältesten Sektkellerei Deutschlands – Kessler Sekt aus Esslingen – stammt, empfiehlt es sich, auf der Terrasse den schönen Sonnenuntergang zu genießen.

Lage ruhige Halbhöhenlage
Öffnungszeiten kein Ruhetag, durchgehend geöffnet
Preise 12–28 €
Reservierung empfehlenswert
Kreditkarten Mastercard, Visa, EC-Karte
Parkplatz vorhanden
Garten/Kinderfreundlichkeit Terrasse

Restaurant »Forellenfischer«

Das alte Mühlrad dreht sich noch wie vor hundert Jahren im tiefgrünen Naturbecken, wo die Quelle aus dem Karstgestein der Alb mitten in Weiler ans Tageslicht sprudelt. Genau dort, im reinen Quellwasser, hält Horst Rau die Forellen und Saiblinge, die ihm der Züchter aus dem nahen Erbach liefert, bis zur Minute, in der seine Gäste bestellen: klassisch als *Forelle „blau“* oder *„Müllerin Art“,* die Version im knusprigen Mandelrock oder das würzige *Tatar von Forelle.* „Früher“, sagt Rau, Herr der Töpfe in dem historischen Gasthaus, „machten die Ulmer und Ehinger hierher ihren Sonntagsausflug zum Forellenessen. Heute ist auch unser feiner *Strudel vom Saibling* auf Weißweinsauce gefragt – oder die *Rehmedaillons* mit Pfifferlingen und Apfelrotkraut. Ob Fisch, Wild oder Fleisch – Horst Rau achtete auf regionale Qualitätsware schon zu einer Zeit, als viele Kollegen ihre Ansprüche längst Convenience-Produkten geopfert hatten oder das boten, was Rau und Gattin „Firlefanz“ nennen: überteuerte Importware für überkandidelte „Nouvelle Cuisine“. Hällisches Landschwein und Bœuf de Hohenlohe besorgt stattdessen der Dornstädter Biometzger Rießland und die Revierjäger von Seißen bringen dem Küchenchef Wildschwein und Reh schon mal am Stück vorbei, weil der es am liebsten selbst zerlegt.

Inhaber: Horst und Marga Rau
Aachtalstraße 6
89143 Blaubeuren-Weiler
Tel. 0 73 44/65 45
Fax 0 73 44/92 26 31
forellenfischer@t-online.de
www.forellenfischer.de

Marga Rau kümmert sich mit der gleichen Philosophie um den Weinkeller des Hauses: die Gewächse des Rainer Schnaitmann aus Fellbach etwa oder die der Aufrichts, der Newcomer vom Bodensee, die, wie auch die gestandenen Altvorderen Aldinger oder Graf Adelmann, zu Degustationen in den „Forellenfischer“ kommen. Dort können neugierige Weinnasen die Super-Tropfen aus dem Land dann zu Raus speziell komponierten Menüs verkosten. Der denkt trotz über einem halben Jahrhundert Küchen-Erfahrung ans Aufhören überhaupt nur unter einer Bedingung: „Wenn ich Suppen und Soßen nimmer selber machen kann, dann, erst dann, geh’ ich in Rente“.

Lage im Herzen der mittelalterlichen Ortschaft, direkt neben der Kirche
Öffnungszeiten 11.30–14 Uhr, 18–22 Uhr, Ruhetag: Mo
Preise Hauptgerichte 7–24 €, Feinschmecker-Menüs 38 €
Reservierung empfehlenswert
Kreditkarten Diners, Mastercard, Visa, EC-Karte
Parkplatz hauseigener Parkplatz vorhanden
Garten/Kinderfreundlichkeit Kastaniengarten hinter dem Haus

Gasthof »Löwen«

Inhaber: Angela und Volker Schairer
Metzinger Straße 20
72581 Dettingen/Erms
Tel. 0 71 23/7 12 86
Fax 0 71 23/8 83 87
loewen-dettingen-erms@t-online.de
www.loewen-dettingen.de

Dettingen an der Erms ist ein kleines, idyllisches Städtchen, das durch seinen schön gestalteten Ortskern und die vielen stattlichen Fachwerkhäuser ins Auge fällt. Es liegt am Fuße der Alb, nur rund 30 Minuten von Stuttgart entfernt. Hier ist der Gasthof „Löwen" mit seiner schönen roten Fassade zu finden. Küchenchef Volker Schairer bringt im „Löwen" eine gutbürgerliche, schwäbische Küche auf den Teller. Das besondere Steckenpferd des Küchenchefs sind alte Rezepte, denen er gekonnt eine moderne Leichtigkeit verleiht. Freunde der gehobenen Feinschmeckerküche kommen hier also genauso auf ihre Kosten wie Genießer auf der Suche nach hervorragenden regionalen Speisen.

Gekocht wird nach der Saison. Im Frühling gibt's zum Beispiel frischen *Spargel.* Pilze, besonders Gerichte mit Pfifferlingen, und Wild aus der eigenen Jagd stehen hier regelmäßig auf der Speisekarte ebenso wie Gerichte mit *Fisch,* Muscheln und Krustentieren. Wer es einfacher mag, dem seien die sehr guten, selbst gemachten *Maultaschen* und die *Sauren Kartoffelrädle* ans Herz gelegt.

Im gemütlich eingerichteten Gasthof bleibt man gerne ein Weilchen länger, vor allem auch wegen des netten Serviceteams, das Angela Schairer leitet. Aber auch der gut sortierte Weinkeller mit ausgesuchten Weinen verleitet zum Bleiben und zu einem Viertele mehr. Das Restaurant verfügt über eine Terrasse, auf der es sich nach einer langen Wanderung über die Schwäbische Alb gut aushalten lässt. Und wer gerne länger in den Genuss des netten Services und der herb-schönen Landschaft kommen möchte, der ist in einem der Gästezimmer herzlich willkommen.

Der besondere Tipp
Der Gasthof „Löwen" bietet einen Partyservice für Hochzeiten, Familienfeiern und Geschäftsessen. Angefangen bei der Tischdekoration bis hin zum leckeren Gaumenschmaus wird alles geliefert.

Lage zwischen Metzingen und Bad Urach, im Ortskern von Dettingen
Öffnungszeiten 8–14 Uhr, 17–24 Uhr, Ruhetag: Mi

Preise 6,60–20 €
Reservierung empfehlenswert
Kreditkarten werden nicht akzeptiert

Parkplatz Parken am Haus möglich
Garten/Kinderfreundlichkeit Terrasse

»Gestütsgasthof Offenhausen«

Der „Gestütsgasthof" in Offenhausen bei Gomadingen ist Teil einer alten Klosteranlage und verfügt laut Aussage des Küchenchefs über die „schönste Gartenwirtschaft auf der Alb". Im historischen Gasthaus kehrt man gerne ein, denn der um 1200 erbaute Gestütshof bietet mit der Reiterecke und der Kutscherstube ein sehr gemütliches Ambiente. Bei den angenehm langen Öffnungszeiten bleibt man gerne noch ein bisschen länger sitzen und zum Gehen wird hier sowieso niemand aufgefordert.

Inhaber:
Dietmar Gulewitsch
Klosterhof 1
72532 Gomadingen-Offenhausen
Tel. 0 73 85/9 67 99
Fax 0 73 85/96 79 96
landhotel-gulewitsch@t-online.de
www.gule.de

Auf der Alb gibt es selbstverständlich die Klassiker der schwäbischen Küche, obwohl die Wurzeln der Familie von Dietmar Gulewitsch in Bessarabien liegen. *Saure Kutteln* mit Röstkartoffeln, Maultaschen mit Kartoffelsalat oder geröstet mit Ei, *Gaisburger Marsch,* Sauerbraten oder *Lammkeule vom Älbler Lamm* in Zwiebel-Speck-Soße finden sich auf der Karte. Dietmar Gulewitsch weicht aber auch gerne mal von der Norm ab und verfeinert die regionale Küche. Die *Kartoffelküchle* mit Ziegenfrischkäse gefüllt, das geräucherte Forellenfilet auf Carpaccio von roter Bete und Apfel oder die geröstete Blutwurst auf Apfelscheiben mit Röstzwiebeln und Kartoffelpüree erfreuen ebenso den Gaumen wie die *Rehkeule in Wacholderrahm.* Im „Gestütsgasthof Offenhausen" kann man sich nicht nur verwöhnen lassen, sondern in Genießerkochkursen bei Dietmar Gulewitsch selbst aktiv werden.

Der besondere Tipp
Die Gulewitschs betreiben nicht nur das Gasthaus, sondern auch ein Landhotel, das auch für Tagungen geeignet ist. Ein besonders uriger Weinkeller lädt zu Weinproben ein.

Die Gulewitschs nehmen an der Aktion „Schmeck den Süden" teil und unterstützen so die heimische Landwirtschaft. Die Produkte stammen vorwiegend von der Alb, das Lamm zum Beispiel vom Schäfer Stotz in Münsingen, das Wild wird in den heimischen Wäldern geschossen und das Gemüse kommt aus Bad Urach. Auch die Weinkarte kann sich sehen lassen: Viele hervorragende württembergische und badische Weine gesellen sich hier zu guten Tropfen aus Spanien und Frankreich.

Lage an der Lauterquelle im Klosterhof
Öffnungszeiten täglich 11–24 Uhr
Preise Hauptgerichte 9,50–14,90 €
Reservierung empfehlenswert

Kreditkarten Mastercard, Visa, EC-Karte
Parkplatz vorhanden
Garten/Kinderfreundlichkeit Gartenwirtschaft, Kindergerichte

Biohotel-Gasthof »Rose«

Inhaber: Familie Tress
Aichelauerstraße 6
72534 Hayingen-Ehestetten
Tel. 0 73 83/9 49 80
Fax 0 73 83/94 98 22
tress.rose@t-online.de
www.rose-ehestetten.de

Ein verführerischer Duft von frischem Brot durchzieht den Gasthof „Rose". Im ersten Biohotel Baden-Württembergs wird nämlich noch mit dem Korn der hauseigenen Felder Brot gebacken. Auch alle übrigen Produkte stammen vom eigenen Hof oder von den nahen Demeter- beziehungsweise Biolandhöfen Erzberger und Krieg, Freitag sowie Köberle.

Dass gesundes Essen und Spitzengastronomie kein Widerspruch sein müssen, demonstriert die „Rose" auf gekonnte Art und Weise. Inge Tress, die Hausherrin, ist Gesundheitsberaterin. Sie bietet daher ihren Gästen aus Überzeugung eine vegetarische und vollwertige Küche an – und begeistert damit. Dass die „Rose" ein Biohotel und -gasthof ist, heißt aber noch lange nicht, dass nur Vegetarier hier auf ihre Kosten kommen. Daniel und Simon, die Söhne des Hauses, haben Erfahrungen in europäischen Spitzenhotels sammeln können und bereiten die hochwertigen Zutaten, selbstverständlich auch Fleisch, zu gesunden und sehr leckeren Speisen zu. Dies war zum Beispiel dem „Feinschmecker Guide" eine Auszeichnung wert.

Der besondere Tipp
Die „Rose" bietet auch einen Vollwert-Partyservice an. Von der Musikkapelle bis zur Hochzeitstorte wird alles von Familie Tress organisiert.

In der „Rose" wird vor allem eine saisonale Küche geboten: Klar, dass man hier im Winter keine Erdbeeren auf der Karte findet. In dem sympathischen Restaurant mit einem sehr freundlichen Service gibt es Köstlichkeiten der regionalen Küche, wie das *Filet vom Weiderind* unter der Kräuterkruste oder die *Keule vom Alblamm.* Als Beilage sollte man die selbst gemachten *Spätzle* keinesfalls versäumen. Zusätzlich gibt es jede Woche spezielle Aktionen wie zum Beispiel ein großes *Vital-Salatbuffet* oder die Alb-Guide-Tour mit Chef Johannes Tress persönlich. Ganz nach dem Motto des Hauses – „in der Rose blühen Sie auf" – verlässt man nach so gutem und gesundem Essen gestärkt den Gasthof.

Lage ruhig gelegen, mitten im 500-Einwohner-Dorf Ehestetten
Öffnungszeiten 11.30–14 Uhr, 17–21 Uhr, Sa, So durchgehend warme Küche, Ruhetag: Di
Preise 7,90–18,90 €
Reservierung an Wochenenden empfehlenswert
Kreditkarten Visa, EC-Karte
Parkplatz vorhanden
Garten/Kinderfreundlichkeit Gartenwirtschaft, Kräutergarten, Kinderkarte, Malsachen

Gasthof zum »Hirsch«

Der idyllische Luftkurort Hayingen im Lautertal zwischen Donau und Neckar lädt zu erholsamen Stunden in der schönen Landschaft ein. Im Lautertal befinden sich einige stattliche Burgen, die von den ehemals kriegerischen Zeiten auf der Alb zeugen. Heute geht es aber weitaus friedlicher zu und abseits von aller Hektik lässt es sich im Gasthof zum „Hirsch" gemütlich speisen. Durch seine Lage ist das Gasthaus die ideale Einkehradresse nach Wanderungen und Radtouren oder nach einem Besuch der nahe gelegenen Barockabtei Zwiefalten. Den Gastwirten gelingt es, eine herzliche und familiäre Atmosphäre zu erzeugen – neben den sehr empfehlenswerten deftigen und herzhaften schwäbischen Spezialitäten ist dies ein weiterer Pluspunkt des „Hirschen". Der *Rostbraten* mit Röstzwiebeln, *Maultaschen nach „Küchenmeisterart"* mit Pfifferlingskräutersößle, *Käsespätzle* und *Rehbraten* mit Wacholderrahmsoße schmecken sehr gut und haben trotz traditioneller Rezeptur einen innovativen Pfiff. Die Produkte stammen übrigens zu einem großen Teil aus der Region. Die *Forelle „blau"* oder nach „Müllerinnen Art" und die hausgeräucherte Forelle mit Kartoffelsalat werden von fangfrischen Lautertaler Forellen zubereitet. Das Fleisch stammt aus der hauseigenen Schlachtung, von der eigenen Schafweide oder aus der Indelhauser Jagd. Und das sind längst nicht alle regionalen Produkte! Die Linsen, das Holzofenbrot, die Milch, der Käse und selbst das Eis haben keine langen Transportwege hinter sich. Als besondere Spezialität gibt es verschiedene Variationen der *Albschneck,* der heimischen Weinbergschnecke. Diese kleine, unscheinbare Schnecke machte das Lautertal einst berühmt und mittlerweile wird das alte Gewerbe der Schneckenzucht wiederbelebt. Feinschmecker legen sogar weite Wege zurück, um im „Hirsch" diese Delikatesse zu verköstigen.

Flair-Hotel Gasthof „Hirsch"
Inhaber:
Familien Kloker und Steinhardt
Wannenweg 2
72534 Hayingen-Indelhausen
Tel. 0 73 86/9 77 80
Fax 0 73 86/97 78 99
info@hirsch-indelhausen.de
www.hirsch-indelhausen.de

Lage im Hayinger Ortsteil Indelhausen, über die B 311 von Ulm oder die B 312 von Reutlingen zu erreichen

Öffnungszeiten Ruhetag: Mo

Preise 11,20–13,80 €

Reservierung empfehlenswert

Kreditkarten werden akzeptiert

Parkplatz am Haus vorhanden

Garten/Kinderfreundlichkeit Garten

Hotel »Schwanen«

Metzingen am Fuße der Alb ist längst zum samstäglichen Pilgerort für Shopping-Touristen aus aller Welt geworden, denn in dem einst beschaulichen Ort haben sich die Fabrikverkäufe namhafter Markenanbieter und Designer angesiedelt. Dass ganz in der Nähe der pulsierenden Shopping-Meile auch ein sehr gutes Restaurant liegt, ist allerdings den Wenigsten bekannt: Das Hotel „Schwanen" lädt den gestressten Einkäufer zum Entspannen ein. Der freundliche Service bringt prompt die Speisekarte, auf der vor allem regionale Spezialitäten aufgelistet sind. Die Auswahl fällt schwer, da es die Wirtsleute auf exzellente Weise verstehen, traditionelle Gerichte mit innovativen und frischen Akzenten zu versehen. Mit den geschmelzten *Maultaschen,* die es übrigens auch vakuumverpackt zum Mitnehmen gibt, liegt man eigentlich immer richtig. Das Rind und Schwein stammen aus artgerechter Aufzucht und so sollte man auch einmal den *Krustenbraten* vom Schwäbisch-Hällischen Landschwein probieren, das direkt von der Bäuerlichen Erzeugergemeinschaft Schwäbisch Hall bezogen wird. Auch alle übrigen Produkte kommen aus kontrolliertem und ökologischem Anbau. Lammfleisch stammt beispielsweise vom Schäfer Stolz in Münsingen und auch die Bio-Bäckerei Maser beliefert den „Schwanen" mit ihren Erzeugnissen. Verwöhnt werden die Gäste zudem mit regelmäßigen Spezialitätenwochen und besonderen Aktionen, zum Beispiel während der Spargelzeit.

Inhaber:
Dieter Wetzel
Bei der Martinskirche 10
72555 Metzingen
Tel. 0 71 23/94 60
Fax 0 71 23/94 61 00
info@schwanen-metzingen.de
www.schwanen-metzingen.de

Neben dem hoteleigenen Restaurant gibt es auch noch das Café-Bistro „Mezzo", das im englischen Bistrostil eingerichtet ist und typische Bistrogerichte sowie leckere Cocktails bietet. Auch die Gartenwirtschaft unter alten Kastanienbäumen ist eine Empfehlung wert. Denn hier lässt es sich mit einem Glas Wein einfach gut entspannen.

Lage in der Stadtmitte von Metzingen
Öffnungszeiten 11–24 Uhr, Bistro: ab 14.30 Uhr
Preise 8,90–24 €

Reservierung für Wunschtische empfehlenswert
Kreditkarten American Express, Diners, Mastercard, EC-Karte

Parkplatz kostenfreier Parkplatz gegenüber
Garten/Kinderfreundlichkeit Gartenwirtschaft, Kinderkarte

Hotel Gasthof »Herrmann«

Die Schwäbische Alb wird auf kulinarischem Gebiet seit jeher ja eher stiefmütterlich behandelt. Dass man hier aber trotzdem ausgezeichnet essen kann, beweist das Gasthaus „Herrmann", dass man im Herzen der Schwäbischen Alb, in Münsingen, findet. Mitten im Ort steht – kaum zu übersehen – das stattliche Gasthaus. Die Familie Autenrieth führt das Hotel und Restaurant bereits in der vierten Generation. Dass die Gastgeber über viel Erfahrung verfügen, spürt man nicht zuletzt am netten und freundlichen Service.

Inhaber:
Jürgen Autenrieth
Am Marktplatz
72525 Münsingen
Tel. 0 73 81/1 82 60
Fax 0 73 81/62 82
info@hotelherrmann.de
www.hotelherrmann.de

Die Speisekarte ist vielversprechend und man wird tatsächlich nicht enttäuscht. Küchenchef Jürgen Autenrieth versteht sein Handwerk und bietet eine gutbürgerliche bis gehobene Küche an. Der zarte *Kalbsbraten in Sherryrahmsoße,* das Züricher Kalbsgeschnetzelte, der zarte *Rehbraten* in Wacholderrahmsoße, der *Krustenbraten* vom Schwäbisch-Hällischen Landschwein, der *Zwiebelrostbraten* mit Käsespätzle oder die *Rehmedaillons* in Haselnussmantel und Schlehensoße sind allesamt sehr zu empfehlen. Probieren sollte man auch einmal den *Hägensherry* von Hagebutten der Schwäbischen Alb. Überhaupt kommt vieles hier direkt von der Alb. Das Küchenteam verwendet wo immer es sich anbietet regionale Produkte. Der Käse beispielsweise kommt von der Hohensteiner Käserei, der Schäfer Stotz liefert das Alb-Lamm und die Metzgerei Failenschmid in St. Johann die restlichen Fleisch- und Wurstwaren. Das Bier stammt von der Brauerei Berg in Ehingen.

Der besondere Tipp
Dem Chefkoch des „Herrmann" darf gerne in die Töpfe geguckt werden: Jürgen Autenrieth bietet in regelmäßigen Abständen Kochkurse zu verschiedenen Themen an.

Der „Herrmann" bietet seinen Gästen das ganze Jahr über verschiedene Aktionen an, zum Beispiel einen Herbstbrunch oder den Martini-Gänse-Brunch. Auch geführte Wanderungen über die Wacholderheiden der Alb kann der Gast mit den Autenrieths unternehmen.

Lage in der Stadtmitte, dennoch ruhig gelegen
Öffnungszeiten 11.30–14 Uhr, 17.30–21.30 Uhr
Preise Hauptgerichte 7,50–20,80 €
Reservierung empfehlenswert
Kreditkarten Diners, Mastercard, Visa, EC-Karte
Parkplatz eigene Parkplätze vorhanden
Garten/Kinderfreundlichkeit Außengastronomie

Romantik Hotel Landgasthof »Adler«

Küchenchef:
Klaus Buderath
Restaurantleiter/Sommelier: Jan Bimboes
Riegestraße 15
89192 Rammingen
Tel. 0 73 45/9 64 10
Fax 0 73 45/96 41 10
info@adlerlandgasthof.de
www.adlerlandgasthof.de

Sie haben nicht schlecht gestaunt, die Kollegen, als sich Küchenchef Klaus Buderath und Sommelier Jan Bimboes nach einem Jahrzehnt der Lehr- und Wanderjahre in deutschen Sterne-Lokalen aus der Spitzengastronomie verabschiedeten und Ende 2005 ausgerechnet im verschlafenen Rammingen am Rande der Schwäbischen Alb ein Abenteuer wagten: „Raus aufs Land – weg von alten Zwängen und vorgeprägten Wegen!" nennen die beiden das, was sie im sorgfältig restaurierten Landgasthof mit den beiden freundlich gestalteten Gasträumen versuchen – oder auch: „Einen Spagat zwischen eigenen Kreationen und der lokalen Küche". Das Charolais-Rind bezieht Buderath aus Günzburg, Hühner, Gänse, Enten und Stubenküken vom Geflügelhof in Öllingen, das Lamm aus dem Aichtal, Gemüse aus Sontheim und den Spargel aus Langenau. Auch Partner Bimboes, neben dem unaufdringlich-perfekten Service für die ambitionierte Weinkarte des Hauses verantwortlich, setzt auf regionale Gewächse: Sie bestimmen gut 20 Prozent des Angebots, und da ist vom Trollinger und Lemberger bis zum Spät- und Grauburgunder oder der Beerenauslese alles zu finden, was die Top-Winzer im Ländle an Spitzenweinen bieten. Als „Klassiker" bei der schnell wachsenden Kundschaft, die von Heidenheim und Giengen bis Günzburg und Ulm reicht, gelten schon heute Buderaths zart-würzige *„Öllinger Kornpoularde aus dem Rohr"* oder die *„Geschmorte Stelze vom Aichtal-Lamm"*. Wenn Bimboes dazu den weißgekelterten Pinot Noir der Winzergenossenschaft Lauffen ausschenkt, dann öffnet sich über Rammingen der Gourmet-Himmel. Ein Glück, dass im Stockwerk darüber zwölf hübsche Gästezimmer fürs Nachtexil bereitstehen für all die, die ohne Reue genießen wollen. Die ehemalige Scheune mit ihrer antiken Balkendecke und den grob verputzen Wänden gleich nebenan bietet Raum für Feste, Lesungen und Konzerte.

Lage gut ausgeschildert im Herzen von Rammingen
Öffnungszeiten 12–14 Uhr, 18–24 Uhr, Ruhetag: Mo
Preise Menüs ab 37 €
Reservierung erforderlich
Kreditkarten Mastercard, Visa, EC-Karte
Parkplatz hinter dem Gasthof vorhanden
Garten/Kinderfreundlichkeit Gartenrestaurant im Hof vor dem Lokal

»Schlössle Lindenau«

Inhaber:
Familie Steeger
Im Schlößle 1
89192 Rammingen-Lindenau
Tel. 0 73 45/53 12
www.ausflug-lindenau.de

Im „Schlössle", besser bekannt einfach nur als „Lindenau", stärkt man sich gerne nach einer Wanderung durch das Lonetal (ca. eine Stunde ab dem Parkplatz bei Bissingen) oder einer Radtour über die hier noch sanfte Südostalb. Die Geschichte des Gebäudes reicht bis ins 13. Jahrhundert zurück. Zu dieser Zeit stand hier eine berühmte Wallfahrtskirche mit Hospiz, die, als Lindenau 1803 an Bayern ging, abgerissen wurde. Das ehemalige Hospiz steht noch heute und versprüht ein historisches Flair. Besonders der Biergarten, der als der schönste der Region gilt, zieht die Gäste an. Man sitzt neben der Gaststätte und dem Bauernhof auf rustikalen Holzbänken in der freien Landschaft und genießt die Stille und die regionalen Spezialitäten. Im Winter ist die Bauernstube, die mit einem Kachelofen beheizt wird, heiß begehrt, es gibt aber auch ausreichend Plätze im neuen Wintergarten.

Schon seit mehreren Generationen arbeiten im „Schlössle" Gastronomie und Landwirtschaft Hand in Hand. So auch heute: In der Küche verarbeitet Rainer Steeger die Produkte der ebenfalls hier ansässigen Schafhaltung von Martin Steeger. Zum *Lammbraten* gibt es hier noch die ansonsten in Vergessenheit geratenen *Hefeknöpfle* (im Dampf gegarter Hefeteig, in Scheiben serviert) und im Winter werden Gans und Ente aufgetischt. Auch für Vegetarier bietet sich eine große Auswahl. Sehr beliebt sind das selbst gebackene Brot und die typische *schwäbische Pizza,* die jeden Freitag in den Ofen geschoben werden; das Brot kann übrigens auch zum Mitnehmen bestellt werden. Zum knusprigen Brot empfiehlt sich eine Vesper im Biergarten. Eine weitere sehr leckere Spezialität ist das hausgemachte *Lammrauchfleisch.* Auf der Getränkekarte finden sich Biere von verschiedenen Brauereien aus der Region. Man sollte aber bei einem Besuch im „Schlössle" keinesfalls versäumen, auch ein Glas des traditionellen *Apfelmosts* zu probieren.

Lage mit dem Auto ist Lindenau über die Straße von Langenau nach Niederstotzingen zu erreichen, in der Ortsmitte von Rammingen der Beschilderung folgen

Öffnungszeiten Di–Do 10–21 Uhr, Fr–So 10–23 Uhr, Ruhetag: Mo
Preise 7,50–10 €
Reservierung empfehlenswert

Kreditkarten werden nicht akzeptiert
Parkplatz vorhanden
Garten/Kinderfreundlichkeit Biergarten

Gasthof zum »Hirsch«

Inhaber:
Gabriele und
Hans Heinrich Weeger
Albstraße 9
72587 Römerstein-Böhringen
Tel. 0 73 82/9 39 70
Fax 0 73 82/93 97 93
info@hirsch-boehringen.de
www.hirsch-boehringen.de

Römerstein-Böhringen liegt in der Nähe von Bad Urach und ist der geografische Mittelpunkt der Schwäbischen Alb. Und hier befindet sich auch eine Perle der schwäbischen Küche: der „Hirsch". Das einladende Fachwerkhaus ist der Wirkungsort der Familie Weeger und für jeden Liebhaber der schwäbischen Küche ein absolutes Muss.

Saure Nierle und Kutteln, Spätzle, Maultaschen mit Kartoffelsalat, *Wildschweinnüsschen* in Wildrahmsauce, *Wildschweinbraten* in Trollingersauce, *Rehfleischküchle* und der schwäbische *Sonntagsbraten* locken allesamt auf der Speisekarte. Die sauren Kutteln, eigentlich eine Erfindung aus der Not heraus, haben ihre Wiege auf der Schwäbischen Alb. Und so sind sie wie auch die *sauren Nierle* im „Hirschen" absolut zu empfehlen. Die erfahrene Dame vom Service bringt übrigens sehr üppige Portionen auf den Tisch, was dem Ruf der sparsamen Schwaben vollkommen widerspricht. Im „Hirsch" wird noch auf gute alte Art und Weise das verarbeitet, was Hof und Garten hergeben. Jetzt wird es also doch wieder schwäbisch! Aber genau das macht den Gasthof sympathisch. Hasen und Schweine stammen aus der eigenen Aufzucht und werden vom Ortsmetzger geschlachtet. Obst und Gemüse kommen aus dem Garten, das Brot wird freitags frisch im Holzbackofen gebacken und auch alle übrigen Produkte beziehen die Weegers von Erzeugern aus der Region.

Der „Hirsch", der sich übrigens seit 1714 in Familienbesitz befindet, atmet einfach Tradition und Geschichte. In den schön renovierten Innenräumen des Gasthauses dominiert das Holz, und die Gaststube mit den niedrigen und schrägen Decken wirkt urig und gemütlich. Für alle Pferdenarren: Der „Hirsch" verfügt über Pferdeeinstellmöglichkeiten. Beritten oder nicht, der „Hirsch" ist allemal einen Abstecher wert.

Lage im idyllischen Ort Böhringen, den man von Bad Urach aus über die B 28 erreicht
Öffnungszeiten Mi–So 11.30–21 Uhr, Ruhetage: Mo, Di
Preise Hauptgerichte 8–15,50 €
Reservierung empfehlenswert
Kreditkarten Mastercard, Visa, EC-Karte
Parkplatz vorhanden
Garten/Kinderfreundlichkeit Plätze im Hof, Kindergerichte

Gasthof »Lamm«

Der schwäbische Landgasthof bietet viel Raum: In der traditionellen Stube, im „Pfeifenstüble", in der rustikalen Scheuer, im Festsaal unter dem Dach sowie im Freien vor dem Hause werden die Gäste vom herzlichen Service bewirtet. Die Stuben sind alle hell und freundlich eingerichtet und die Scheuer und der Festsaal haben ein besonders originelles Ambiente. Der Gast kann zwischen traditionellen und innovativen Menüs wählen, für größere Gesellschaften gibt es zum Beispiel rustikale Speisen vom „Schlittenbüfett". Auf der umfangreichen Karte befinden sich vor allem Gerichte aus heimischen Produkten: Reh aus der heimischen Jagd, Alblamm, Schwäbisch-Hällisches Schwein und – als Besonderheit – vielerlei Kreationen mit der köstlichen Champagnerbratbirne, wie zum Beispiel die hausgemachte *Perlhuhnterrine auf Gelee aus der Champagnerbratbirne.* Auf der Speisekarte finden sich regional-typische Gerichte wie der *Schweinekrustenbraten,* der Sauerbraten mit Spätzle oder die *Kutteln in Obstweinbärlauchsoße.* Mit innovativen Kreationen überrascht der Küchenchef aber ebenso: Die zarten *Kalbsrückenscheiben auf Nougatsoße* mit Kartoffelbirnenragout sind hier besonders zu erwähnen. Im Frühjahr ist regionaler grüner Spargel angesagt. Darüber hinaus gibt es auch Meeresfische: Lachs, Königsdorade und Seeteufel führen hier die Riege an. Die mehrgängigen Menüs, zum Beispiel das „Arrangement Kulturlandschaftspreis", sind wohl komponiert und werden mit korrespondierenden Getränken serviert. Tradition und Innovation sind im Gasthaus „Lamm" eine gelungene Verbindung eingegangen, was auch die zahlreichen Gäste gerne immer wieder bestätigen.

Inhaber: Jörg Geiger
Eschenbacher
Straße 1
73114 Schlat
Tel. 0 71 61/99 90 20
Fax 0 71 61/9 99 02 25
gasthof.lamm@t-online.de
www.lamm-schlat.de

Eine Besonderheit des Hauses sind die *„schwäbischen Cidres",* hausgemachte Schaumweine aus alten Apfel- und Birnensorten, sowie die Obstweine und Obstbrände mit intensiven Aromen aus der Manufaktur Jörg Geiger. Hier finden sich also ausgefallene Alternativen zum üblichen Schluck Wein.

Lage in der Ortsmitte
Öffnungszeiten 11–14.30 Uhr, 17–24 Uhr, Ruhetage: Di, Mi
Preise Hauptgerichte 11–21,80 €
Reservierung empfehlenswert

Kreditkarten Mastercard, Visa, EC-Karte
Parkplatz eigene Parkplätze vorhanden, gute Parkmöglichkeiten im gesamen Ort
Garten/Kinderfreundlichkeit Biergarten, Kindergerichte

Restaurant Weinstube »Forelle«

Inhaberin: Petra Baur
Kronenstraße 8
72070 Tübingen
Tel. 0 70 71/2 40 94
Fax 0 70 71/55 22 83
forelle.weinstube@t-online.de
www.weinstube-forelle.de

Inmitten der historischen Tübinger Altstadt lädt die „Forelle“ zum Speisen, Trinken, Feiern und Verweilen ein. Bereits Goethe und Mörike sind hier gerne eingekehrt und hier war es auch, wo Goethe bemerkt haben soll, dass das Leben zu kurz sei, um schlechten Wein zu trinken. „So gibt es in der ‚Forelle‘ auch noch heute gute ‚Tröpfle‘ von uns bekannten Erzeugern“, so Frau Baur, Inhaberin der Weinstube. Getreu dem Motto: „Et bloß schwätze, sondern au gut kocha“, werden in der „Forelle“ regionale Produkte in Bio-Qualität mit Phantasie und viel Liebe zum Detail nach urschwäbischer Tradition zubereitet. Täglich ab 11.30 Uhr kann man sich in der „Forelle“ von der köstlichen schwäbischen Küche verwöhnen lassen. Und die vom königlichen Hofmaler Robert Haag gemalte und liebevoll restaurierte Wand- und Deckenmalerei bietet zu den servierten schwäbischen Köstlichkeiten auch noch einen wahren Augenschmaus.

Wer es leicht mag, sollte hier eine der Fischkompositionen genießen, zum Beispiel die *Lachsforelle* mit Thymian und Kapernbeeren auf Blattspinat. Dazu gibt es Senfschaum und Kartoffelpüree. Den Fisch bezieht Petra Baur immer frisch aus der nahe gelegenen Fischzucht Dürr. Beispielhaft sind auch die *Spargelkutteln* „weiß-sauer“ mit Estragonsenf, die Kalbskopfkrokette mit *Bouillabaisse* von Edelfischen und Krustentieren mit Knoblauchcroutons und Sauce Rouille oder die rösche Milchlammschulter auf Kartoffel-Paprika-Ragout mit Rosmarinsauce. Auch die geschmorten *Rinderbäckchen* in Dornfeldersauce mit Kürbiskernöl und Markklößchen auf Kartoffel-Lauch-Püree, die im Ganzen gebratene *Lammkeule vom Münsinger Alblamm* an Rosmarinjus mit La-Ratte-Kartoffeln und grünen Bohnen sowie der gebackene Rotschmierkäse auf Rhabarber-Relish sind sehr zu empfehlen.

Der besondere Tipp
Die „Forelle“ bietet spezielle, urschwäbische Arrangements für Hochzeiten, Geburtstage oder andere Feste. So kann man besondere Tage seines Lebens in passender stilvoller Atmosphäre genießen.

Lage in der Stadtmitte von Tübingen, zwischen dem Rathaus, der Stiftskirche und dem Hölderlinturm
Öffnungszeiten täglich 11.30–22.30 Uhr
Preise tagesfrische Mittagsmenüs 6,50 €, Hauptgerichte 11–18,80 €
Reservierung erforderlich
Kreditkarten American Express, Mastercard, Visa
Parkplatz kein hauseigener Parkplatz vorhanden, 5 Gehminuten von den umliegenden Parkhäusern „König“ und „Nonnenhaus“ entfernt
Garten/Kinderfreundlichkeit spezielle Gerichte für Kinder

Restaurant »Auf dem Kreuz«

Wäre es nach Bertram Berroths Vater gegangen, hätte die Ulmer Gastronomie heute einen Ort weniger, wo es noch richtig gute, schwäbische Hausmannskost gibt. Der Junge sollte Maschinenbauer werden wie er selbst. Der Junge aber schaltete auf stur und wurde Koch. Seit sechs Jahren erst betreiben Berroth und seine Lebensgefährtin das erste, eigene Restaurant, aber längst hat sich der 48-Jährige einen Spitzenplatz bei den Feinschmeckern in der Münsterstadt erkocht. Geradlinig, authentisch und doch diesen überraschenden Tick „anders" als in „gutbürgerlichen" Häusern ist seine Küche. Mit der gleichen Handschrift hat seine Partnerin – ansonsten für Betrieb und Service zuständig – die alte Wirtschaft in Ulms malerischer Altstadt umgestaltet und ihr eine ganz eigene Note gegeben. Für seine jüngeren Gäste ist das, was aus Berroths Töpfen kommt, oft eine Art kulinarischer Nachhilfe. Sein *eingemachtes Kalbfleisch* etwa ist zwar ein Stammgericht der echten Schwabenküche: „Aber die meisten kennen es gar nicht mehr", beklagt der Küchenchef. Muss Berroth die Jungen manchmal noch missionieren, so sind ihm die angejahrten Nostalgiker gleich rückhaltlos erlegen, wenn er *Saure Bohnen mit Schweinebauch* und Spätzle oder seine sanft auf der Zunge zergehenden gefüllten *Rindsrouladen* auf der nahezu täglich wechselnden Karte führt, die mit frischen Produkten aus der Region reichlich versehen ist: Hällisches Schwein und Hohenloher Rind besorgt Berroth vom Vertrauensmetzger, Gemüse und Bachforellen stammen ebenso von bekannten Erzeugern, der Ziegenkäse kommt vom Ziegenhof Danner auf der Alb – alle Lieferanten finden sich im nahen Umkreis von Ulm. Mit seinen Ausflügen in die asiatische und die mediterrane Küche hat Berroth übrigens auch eingefleischten Spätzlesessern schon das Staunen gelehrt. Aber zu seinen wahren Glücksmomenten als Koch, gesteht er, gehört halt immer noch dieses eine Kompliment: „Mensch! Das schmeckt ja wie daheim!".

Küchenchef:
Bertram Berroth
Auf dem Kreuz 37
89073 Ulm
Tel. 07 31/2 44 18

Lage inmitten des verkehrsberuhigten Altstadtviertels, auf dem Kreuz zwischen Donau-, Frauen- und Olgastraße
Öffnungszeiten 18–24 Uhr, Ruhetage: So, Mo
Preise Hauptgerichte 8,50–21 €
Reservierung erforderlich
Kreditkarten werden nicht akzeptiert
Parkplatz kein hauseigener Parkplatz, das Parkhaus des Drogeriemarkts „Müller" in der Frauenstraße ist nur wenige Gehminuten entfernt
Garten/Kinderfreundlichkeit im Sommer bis 22 Uhr Außengastronomie vor dem Lokal

Hotel »Goldener Bock«

Inhaber: Harald Schied
Bockgassse 25
89073 Ulm
Tel. 07 31/92 03 40
Fax 07 31/9 20 34 30
info@hotel-goldener-bock.de
www.hotel-goldener-bock.de

In einem weniger bekannten Teil der Ulmer Altstadt, abseits der Frauenstraße, liegt das sehr gepflegte Hotel „Goldener Bock" mit gediegenem Ambiente. Hier, nur wenige Minuten vom berühmten Ulmer Münster entfernt, wird die Tradition noch hoch gehalten und so weckt die gutbürgerlich-gehoben strukturierte Karte des Restaurants sofort die Neugierde auf nicht (mehr) alltägliche Gerichte. Harald Schied verarbeitet Produkte der Region: Das Fleisch stammt aus dem Hohenlohischen, das mit dem Schwäbisch-Hällischen Schwein ein Spitzenprodukt zu bieten hat. Daraus entstehen Gerichte wie eine *Schweinskopfsülze* mit Salat als Vorspeise oder *Krustenkoteletts* vom Schwäbisch-Hällischen Spanferkel mit Gemüse und Schupfnudeln. Als Soße dient der beim Braten entstandene Natursaft.

Die Küche wird der jeweiligen Saison angepasst und so gibt es im Frühling zum Beispiel Unterfahlheimer *Spargel* von der Familie Reichard mit ungewöhnlichen Beilagen wie *Zanderklößchen* oder gefüllten Morcheln. Die Garnelen auf Gemüseallerlei und Hummersauce machen auch einen Ausflug in die mediterrane oder asiatische Küche schmackhaft und lockern die Speisekarte auf. Egal, ob man sich hier für schwäbische oder internationale Spezialitäten entscheidet: Alle Gerichte sind sorgfältig zubereitet und gut abgeschmeckt. Die Getränkekarte bietet Exklusives, zum Beispiel als Aperitif ein Glas Sekt von der Champagner-Bratbirne aus Schlat. Ein Besuch in der Münsterstadt lässt sich hervorragend mit einem Abendessen im „Goldenen Bock" und mit einem der schwäbischen Whiskeys aus Owen beschließen. Wer dann nicht mehr aufbrechen möchte, kann es sich in einem der Hotelzimmer gemütlich machen und sich am nächsten Morgen ausgeschlafen am üppigen Frühstücksbuffet stärken.

Lage in der Stadtmitte, nur fünf Minuten vom Ulmer Münster entfernt
Öffnungszeiten Mo–Sa 11.30–14 Uhr, 17.30–22 Uhr, Ruhetag: So
Preise Hauptgerichte 12–17 €
Reservierung empfehlenswert
Kreditkarten American Express, Mastercard, Visa, EC-Karte
Parkplatz vorhanden
Garten/Kinderfreundlichkeit Außengastronomie

Hotel Restaurant »Engel«

In Ulm steht nicht nur der höchste Kirchturm der Welt – der Turm des Ulmer Münsters –, sondern auch das Hotel-Restaurant „Engel". Die Familie Lopp führt hier Regie und betreibt seit 1991 nebenher auch eine eigene Forellenzucht in Arnegg, in der Elsässer Saiblinge, Bachforellen und Lachsforellen gezüchtet werden. Als besondere Spezialität gilt der Kaviar, den Günther Lopp auch an Restaurants in der Region liefert. An Ostern und Weihnachten brummt hier das Geschäft, aber hauptsächlich werden die frischen Fische im eigenen Restaurant verköstigt. Und so zieht sich die Forelle auch als roter Faden durch die Speisekarte, zum Beispiel als Vorspeise in Form einer *Forellensuppe* oder als geräuchertes Filet, lauwarm mit Salat serviert. Beim *Arnegger Fischteller* kommt man sogar in den Genuss von drei verschiedenen Fischsorten, nämlich Bachforellen-, Saiblings- und Forellenfilet in Butter gebraten, serviert unter der Kräuterkruste auf Spinatrahm. Die Spezialität des Hauses sind übrigens die hausgemachten *Forellenmaultaschen,* zum Beispiel serviert auf Blattspinat mit Knoblauchsahne.

Inhaber: Familie Lopp
Loherstraße 35
89081 Ulm-Lehr
Tel. 07 31/14 04 00
Fax 07 31/14 04 03 00
hotel-engel@t-online.de
www.hotel-engel-ulm.de

Liebhaber der internationalen wie schwäbischen Küche kommen im „Engel" auf ihre Kosten, sei es mit dem schwäbischem *Zwiebelrostbraten* auf Krautspätzle, den Schweinelendchen „Schwabenland", den Kässpatzen, den geschmelzten Maultaschen oder dem Putensteak in der Mandelkruste an Bananenmarksoße und Reis. Die Küche fällt durch einen dezenten Einsatz von Gewürzen positiv auf, sodass die Aromen der Ausgangsprodukte schön zur Geltung kommen. Die hervorragenden Weine werden von der Ulmer Weinbastion bezogen und zum Teil auch offen ausgeschenkt. Der Großteil des Restaurants befindet sich im großzügigen, hellen Wintergarten.

Der besondere Tipp
Das Hotel Restaurant „Engel" verfügt über 70 Betten, eine schöne Hotelbar, Sauna und Solarium. Auch für Tagungen ist man hier bestens ausgestattet.

Lage am Ortsrand des Ulmer Stadtteils Lehr
Öffnungszeiten täglich 6–23 Uhr; warme Küche 11.30–14.15 Uhr, 18–22 Uhr
Preise 7,50–17,50 €
Reservierung empfehlenswert
Kreditkarten werden akzeptiert
Parkplatz vorhanden
Garten/Kinderfreundlichkeit kleine Terrasse, Kinderkarte

Spezialitäten aus Ziegenkäse

Seit 1990 halten die Danners auf ihrem Bio-Hof in Bermaringen eigene Ziegen, aus deren Milch drei Mal die Woche feinster Käse entsteht: cremiger Frischkäse, zarter Camembert und würziger Schnittkäse. Rund 50 „Goißa" meckern auf dem Ziegenhof. Die Ziegen bekommen ausschließlich eigenes Futter: Hafer und Grünfutter im Sommer, Heu und Rübenschnitze im Winter. Zweimal täglich wird gemolken, zwei bis drei Liter Milch gibt jedes Tier. Betty Danner, die das Käsemachen einst im Schweizer Emmental lernte, verarbeitet die wöchentlich ca. 5000 Liter zu ihren Köstlichkeiten – mit immer neuen Geschmacksnoten, je nach Jahreszeit und Fütterung. Im Frühjahr kann man bei Danners auch Oster-Zicklein erwerben, allerdings nur nach Vorbestellung. Die Danners betreiben auch einen Stand auf dem Wochenmarkt in Blaustein (Fr 13–17 Uhr).

Ziegenhof Danner
Kirchstraße 7
89134 Blaustein-Bermaringen
Tel. 0 73 04/62 55
Öffnungszeiten:
Mo–Do 8.30–9.30, 17–18 Uhr
Fr 9–10.30 Uhr, Sa 9.30–14 Uhr

Alles Dinkel

In Langenau betreiben die Geschwister Martina und Rolf Mack die einzige Mühle in Deutschland, die ausschließlich Dinkel verarbeitet. Der Bioland-Betrieb garantiert, dass keine Vermengungen mit anderem Getreide vorkommen, was für Allergiker besonders attraktiv sein dürfte. Zusätzlich gibt's viele Naturkostprodukte.

Ostermühle Naturkost
Mühlgasse 30
89129 Langenau
Tel. 0 73 45/92 94 90
Fax 0 73 45/9 29 49 20
info@ostermuehle.de
www.ostermuehle.de
Öffnungszeiten:
Mo–Fr 8–12.30 Uhr, 13.30–17 Uhr,
Sa 8–12.30 Uhr

Die Genuss-Entdeckung

Im Quellwasser wachsen Bach- und Regenbogenforelle, Saibling und Lachsforelle nach Naturland-Kriterien zu einer hervorragenden Qualität heran. Neben frischem Fisch überzeugen auch die heiß oder kalt geräucherten und gebeizten Fische. Nicht zu vergessen weitere Spezialitäten wie Forellenkaviar oder Terrinen und Pasteten.

Quellwasser-Fischzucht auf der Bleiche
Rosenmühlweg
89415 Lauingen
Tel. 0 90 72/92 25 99
Fax 0 90 72/92 12 49
fischzucht@fish-freaks.de
www.fish-freaks.de

Aromatische Alb Leisa

Weil die Mammels Linsengerichte über alles lieben, ließen sie auf ihrem Bioland-Hof in Lauterach vor ein paar Jahren eine alte Alb-Traditon wiederaufleben: den Anbau der kleinkörnigen, grünbrauen Alb-Leisa, deren würziges Aroma jede banale Tellerlinse schlägt. Mit dem Zeitalter billiger Import-Linsen war einst das Ende der Linsen von der Alb besiegelt worden. Auf der Grundlage der französischen „Schwester"-Linse Du Puy begannen die Mammels deshalb mit einer eigenen Saatgut-Produktion. Bei 4 bis 5 Tonnen liegt inzwischen der Durchschnittsertrag im Jahr. Die Linsen werden durch mühsame Reinigungs- und komplizierte Trockenverfahren verkaufsfertig gemacht. Mit ihrem Original-Saatgut beliefern die Mammels heute eine kleine Alb-Leisa-Erzeugergemeinschaft in der Umgebung.

Bioland-Hof Mammel
Am Hochberg 27
89584 Lauterach
Tel./Fax 0 73 75/12 46
biolandhofmammel@web.de
www.alb-leisa.de
Öffnungszeiten:
Fr 16–19 Uhr
Sa 9–12 Uhr
(weitere Bezugsquellen auf der Website)

Ziegenhof und Holzofenbäckerei Loretto

In einem ehemaligen Kirchlein werden die Spezialitäten der Hofgemeinschaft von Günther Weber und Annette Bürkle verkauft: Von Bio-Landwirtin Annette stammen Ziegenfleisch, Milch und feinste Käse. Günther Weber zaubert aus seinem Holzofen Brote und Kuchen. Ein ganz besonderes Geschmackserlebnis sind seine aus der alten Getreidesorte Emmer gebackenen Brote. Die Spezialitäten kann man auch in der Gartenwirtschaft verkosten.

Loretto Ziegenhof
Holzofenbäckerei und Bewirtung
88529 Zwiefalten
Tel. 0 73 73/23 55 (Käse, Milch und Fleisch) oder 0 73 73/23 62 (Bäckerei und Bewirtung)
Öffnungszeiten:
Fr, Sa, So, feiertags 14–18 Uhr oder nach telefonischer Absprache (Weihnachten–Ende März geschlossen)

Bodensee & Oberschwaben

Weidende Rinder auf fett-grünen Wiesen vor barocken Kirchen – so sieht gemeinhin das Bild von Oberschwaben aus. Und es ist gar nicht so falsch. Kirche, Kultur und Küche haben mehr miteinander zu tun, als man vielleicht im ersten Moment glauben mag: Oberschwaben ist katholisch und in vielerlei Hinsicht lebensvoller, lebenspraller als die protestantisch-württembergischen Kernlande.

Manches hatte in der Vergangenheit schlicht mit dem Erbrecht zu tun: Während in Altwürttemberg die Realteilung galt und die Felder immer kleiner wurden, herrschte in Oberschwaben das so genannte Anerbenrecht, nach dem nur einer, zumeist der älteste Sohn, den Hof bekam. So blieben die Höfe groß und lebensfähig, die Landwirtschaft blieb einträglich.

Wo Bier und Käse noch schmecken

Tiefschwarz mit grünen Einsprengseln – so könnte man die politische Befindlichkeit dieses Landstrichs beschreiben. Erdverbundenheit ist in dem sanft gewellten Hügelland die Normalität. So normal wie der Kirchgang oder der Biergenuss. Immerhin existieren hier noch zahlreiche kleine Brauereien ganz leidlich – wie auch im benachbarten Bayerisch-Schwaben, jenseits der Landesgrenze. Im württembergischen und im bayerischen Allgäu, einer schon typischen Voralpenlandschaft, findet sich eine weitere Gemeinsamkeit: Auf den Weiden grasen Kühe, diese produzieren Milch, und der Mensch erzeugt Käse, die wichtigste Spezialiät dieser Region.

Weiter südlich und südwestlich, zum Bodensee hin, befinden sich große Obstplantagen, gedeihen Reben. Der See gleicht Temperaturunterschiede aus, nimmt der Kälte die Spitze. Besonders schön wird der anderswo eher belanglose Müller-Thurgau, aber auch die Burgundersorten sind gut vertreten. Diese Weine harmonieren trefflich mit dem Fisch aus Deutschlands größtem Binnengewässer, mit Felchen zum Beispiel oder Kretzer (Barsch), mit Hecht, Seesaibling und Seeforelle. Nicht zufällig weht hier – immerhin im äußersten Süden des Landes – ein mediterranes Lüftchen durch die Küche und über den Esstisch.

Hofwirtschaft »Löwen Eglofs«

Die Eglofer Bauern waren schon immer findige Leut'. 1243 erkauften sie sich ihre Reichsunmittelbarkeit, und seitdem ist Eglofs auch als das Dorf der „freien Bauern" bekannt. In dieser Tradition schwingt in der Hofwirtschaft „Löwen" auch der Landwirt den Kochlöffel und hat mit dieser Idee durchschlagenden Erfolg bei seinen Gästen. Der Gasthof am historischen Dorfplatz bietet eine regionale Küche nach Allgäuer Tradition. Verwendet werden nur regionale Produkte, und den Rindern, die Josef Ellgass züchtet, geht's sogar richtig gut. Ganz nach dem Motto – „von der Alp' kommt keine Sünd'" – weiden sie auf der Alm. Diesen Luxus schmeckt man bei jedem Bissen des *Rinderfilets* mit Kräuterbutter oder des Rindersteaks mit Pfefferrahm. Lecker schmeckt aber alles hier: Die *Senn-Nudeln,* geschmelzte Schupfnudeln mit Käse und Salat, oder die große Auswahl an verschiedenen Vespertellern, zum Beispiel der Hofteller mit Schwartenmagen, Rauchfleisch, Leberwurst und Bergkäs, sind besonders zu empfehlen. Ein Glas vom Fassbier rundet jeden der deftigen Vesperteller ab. Für die Kleinen gibt's einen speziellen Kinderteller mit allem, was das Kinderherz begehrt. Als Besonderheit bietet der „Löwe" Brände aus der eigenen Brennerei an, die auch im Hofladen verkauft werden. Dort sollten Sie übrigens unbedingt vorbeischauen, denn hier kann man all die Produkte erstehen, die auch in der Hofwirtschaft verarbeitet werden. Der Schwerpunkt liegt auf Fleisch- und Wurstwaren aus der eigenen Schlachtung, aber auch selbst gemachte Marmelade, Honig, Obst, Gemüse und viele Allgäuer Käsespezialitäten finden sich hier.

Inhaber: Josef und Astrid Ellgass
Dorfplatz 10
88260 Argenbühl-Eglofs
Tel. 0 75 66/15 78
Fax 0 75 66/94 10 39
info@hofwirtschaft-ellgass.de
www.hofwirtschaft-ellgass.de

Der besondere Tipp
Für ganz spontane und flexible Gäste bietet die Hofwirtschaft einen besonderen Service an: Ein Anruf genügt, und Sie können auch außerhalb der normalen Öffnungszeiten kommen.

Lage am Dorfplatz von Eglofs
Öffnungszeiten Hofwirtschaft: Fr ab 17 Uhr, Sa, So, Mo ab 10 Uhr, zusätzliche Öffnungszeiten nach Vereinbarung möglich; Hofladen: Di 9–12 Uhr, Fr 9–12 Uhr, 14–18 Uhr, Sa 8–12 Uhr
Preise Hauptgerichte 6,50–15 €
Reservierung empfehlenswert
Kreditkarten Mastercard
Parkplatz ausgeschilderter, öffentlicher Parkplatz ca. 100–150 Meter entfernt („zu den Gaststätten am Dorfplatz")
Garten/Kinderfreundlichkeit Außengastronomie, Kinderkarte

Landgasthof »Zur Linde«

Inhaber:
Bernd Heinzelmann
Ingoldinger Straße 2
88427 Bad Schussenried/Steinhausen
Tel. 0 75 83/23 81
Fax 0 75 83/94 28 37
info@zur-linde-steinhausen.de
www.zur-linde-steinhausen.de

Der Landgasthof zur „Linde" in Bad Schussenried zählt zu den ältesten Gasthäusern Oberschwabens, denn durch Steinhausen führt der Jakobsweg, und so bevölkern seit Jahrhunderten Pilger auf dem Weg nach Santiago de Compostela das kleine Städtchen und kehren natürlich auch in der „Linde" ein. Der gemütliche Gasthof neben der „schönsten Dorfkirche der Welt" wurde übrigens von Prämonstratensermönchen erbaut.

Sternekoch Bernd Heinzelmann tischt eine bodenständige, oberschwäbische Küche auf, die nicht nur Pilgern schmeckt. Schwäbische Festtagssuppe, *Maultaschen,* Schupfnudeln oder das *Lammragout* mit frischem Frühlingsgemüse und gebratenen Würfelkartoffeln sind perfekt. Der knackige, frische *Seele-lächele-Teller,* ein Salatteller mit frischen Pilzen, verschiedenen Blattsalaten, Cocktail-Tomaten und knusprigen Speckscheiben, ist nicht nur lecker, sondern zaubert auch ein Lächeln auf das Gesicht des Gastes.

Die Gäste wünschen Abwechslung, auch das hat der umtriebige Chefkoch, der sich an Gourmetabenden auch schon mal über die Schulter schauen lässt, erkannt, und bietet Spezialwochen an wie zum Beispiel Wildwochen, Martinsgans-Essen und *Fischspezialitäten.* Der Landgasthof „Zur Linde" verfügt über eine rustikale Gaststube, in der es sich gemütlich speisen lässt. In weiteren Räumen finden auch größere Gruppen ihren Platz. In den Sommermonaten ist der Biergarten mit kleinem Teich und Brücke die Attraktion. Und während die Erwachsenen schlemmen, können sich die Kleinen auf dem Spielplatz vergnügen.

Der besondere Tipp
Die „Linde" ist der ideale Ausgangspunkt für eine barocke Entdeckungstour: Steinhausen liegt an der oberschwäbischen Barockstraße, die mit ihren zahlreichen Sehenswürdigkeiten viele lohnende Ausflugsziele bietet.

Lage bei der Wallfahrtskirche St. Peter und Paul in Steinhausen
Öffnungszeiten Mi–So 11.30–14 Uhr, 17.30–21 Uhr, Di ab 17 Uhr geöffnet, Ruhetag: Mo
Preise Hauptgerichte 11 €
Reservierung besonders an Wochenenden und feiertags empfehlenswert
Kreditkarten werden nicht akzeptiert
Parkplatz Parkmöglichkeiten vorhanden
Garten/Kinderfreundlichkeit Biergarten, Spielplatz

Hotel-Restaurant »Grüner Baum«

„Ein Baum voller Leben" – nach diesem Motto führen Sigrid und Berthold Schmidinger ihr Gasthaus in Bad Waldsee. In dem Haus am historischen Markplatz von Bad Waldsee wird für alle Geschmäcker etwas geboten: Für ganz Eilige, die nur wenig Zeit für eine Mittagspause erübrigen können, gibt's das Lunchbuffet. Der Genießertyp mit mehr Zeit und Muße hat die Auswahl zwischen mehrgängigen Menüs, so zum Beispiel das Liebesmenü, das als Highlight eine Kokosente in Ingwersoße zu bieten hat. Wahlweise kann man zu den Menüs den Klängen eines Geigenspielers oder Minnesängers lauschen. Zusätzlich findet der Gast auch im „Bäumle-Bistro" einen Platz, das mit speziellen Angeboten zu günstigen Preisen den kleinen Hunger stillt. Hier kann man auch auf der Terrasse direkt am Marktplatz sitzen und die angenehme Atmosphäre auf sich wirken lassen.

Inhaber:
Sigrid und Berthold Schmidinger
Hauptstraße 34
88339 Bad Waldsee
Tel. 0 75 24/9 79 00
Fax 0 75 24/97 90 50
info@baum-leben.de
www.baum-leben.de

Die wöchentlich wechselnde Speisekarte bringt die Philosophie des Hauses zu Tage: Hier wird regional gekocht, und zwar schwäbisch, denn schließlich liegt Bad Waldsee ja im Herzen Oberschwabens. Alle schwäbischen Klassiker sind hier also versammelt. Die regionale Küche ist kreativ und einfallsreich, hat aber auch einige internationale Anleihen. *Semmelknödel* mit Spinat, getrockneten Tomaten und gerösteten Pinienkernen auf Pfifferling-Gemüseragout, *Medaillon vom Rinderfilet* mit Rahmpfifferlingen und Kartoffelgratin oder das *Pochierte Saiblingsfilet* mit Kräutersalat und Salzkartoffeln schmecken ausgezeichnet. Als Abschluss ist das kalte *Erdbeersüppchen* mit Zitroneneis und frischer Minze ein erfrischender Genuss. Das Küchenteam um Berthold Schmidinger verarbeitet übrigens ausschließlich Produkte aus der Region. Fleisch und Wurstwaren stammen beispielsweise vom Metzger Buchmann aus Grünkraut-Gullen.

Der besondere Tipp
Kinder dürfen im „Grünen Baum" frei aus der Speisekarte wählen und bezahlen für jedes Gericht nur 3,50 €. Auch spezielle Kinderkochkurse werden angeboten.

Lage direkt am Markplatz von Bad Waldsee
Öffnungszeiten Restaurant: 11.30–15 Uhr, 17.30–23 Uhr, Mi abends geschlossen; Bistro: 10–24 Uhr
Preise Hauptgerichte 11,80–19,50 €
Reservierung erwünscht
Kreditkarten American Express, Mastercard, Visa, EC-Karte
Parkplatz begrenzte Parkmöglichkeit am Haus, öffentlicher Parkplatz nur 4 Gehminuten entfernt
Garten/Kinderfreundlichkeit Terrasse, Spielzimmer, spezielle Angebote für Kinder

Gutsgasthof »Mohren«

Inhaber:
Familie Waizenegger
Kirchgasse 1
88693 Deggenhauser-tal-Limpach
Tel. 0 75 55/93 00
Fax 0 75 55/93 01 00
info@gutsgasthof-mohren.de
www.gutsgasthof-mohren.de

„Wachsen oder weichen", von dieser Losung der landwirtschaftlichen EU-Planer wollte Vater Alois Waizenegger nichts wissen. Er stellte den Bauernhof schon 1989 radikal auf ökologischen Landbau um. Die Bauern um ihn herum schüttelten zunächst ihre Köpfe. Doch der Agraringenieur vom Gutsgasthof „Mohren" redete nicht lange, sondern überzeugte. Mit Brief und Siegel ist der Bauernhof heute ein anerkannter Naturland-Betrieb. Sohn Jürgen Waizenegger profitiert heute von der Umstellung. „Mit den Produkten, die wir verwenden, stellt sich der Erfolg fast zwangsläufig ein", wehrt er Lob bescheiden ab. „Gutes Essen gelingt, wenn man in der Küche nur echte Naturprodukte verwendet und diese in ihrem Geschmack einfach belässt, wie sie sind."

„Herunterbrechen" und „reduzieren", das sind die Lieblingsschlagworte von Jürgen Waizenegger und stehen auch für seine Philosophie, ob als Koch oder Bauer. Hohe Kochkunst und ökologischen Sachverstand führt er konsequent zusammen. „Bei uns greift alles Hand in Hand" und das Fleisch stammt natürlich aus der eigenen Aufzucht. Aber wie es sich für einen Öko-Hof gehört, steht natürlich nicht nur Fleisch auf der Speisekarte. Im Sommer gibt es *Kräutermenüs.* Frischer Kerbel, Basilikum, Melisse – alles wächst im Bauerngarten gleich neben der Küche. Frisch kommt das *Felchen* aus dem Bodensee und die Forelle aus dem Deggenhausertal. Holunder hat Jürgen Waizenegger vom wilden Strauch. Seine Holundersoßen zu Wildgerichten sind ein besonderes Geschmackserlebnis, wie das selbst gemachte *Wildmaultäschle* oder der *Wildteller* mit Holundersoße beweisen. Kräftig-wild die Einlage und süßlich-säuerlich die Soße. Eine Kombination, wie sie die Natur der Region geradezu selbst kreiert. Ebenfalls unbedingt zu probieren sind die dazu passenden Ökoweine des Weingutes Höfflin vom Schambachhof oder andere Ökoweine aus Italien, Frankreich und Spanien.

Lage der Gutsgasthof im Hinterland des Bodensees gehört politisch zum Deggenhausertal, liegt aber geographisch auf dem Höchsten, in dem kleinen Ort Limpach

Öffnungszeiten Di–Do 17–22 Uhr, Fr–So und feiertags ganztägig bis 22 Uhr, Ruhetag: Mo
Preise Hauptgerichte 9–15 €

Reservierung nicht erforderlich
Kreditkarten Mastercard, Visa, EC-Karte
Parkplatz vor dem Haus
Garten/Kinderfreundlichkeit Terrasse

»Berg Brauerei«

Inhaber:
Ulrich Zimmermann
GmbH und Co. KG
Brauhausstraße 2
89584 Ehingen-Berg
Tel. 0 73 91/77 17 10
Fax: 0 73 91/77 17 50
info@bergbier.de
www.bergbier.de

Ulrich Zimmermann gehört zu der zehnköpfigen „Rebellen"-Truppe engagierter Braumeister („Brauer mit Leib und Seele") im Land, die sich für den Erhalt unabhängiger Familienbrauereien stark machen – und sich dabei strengen Grundsätzen verpflichten: etwa dem Verzicht auf konservierende Maßnahmen oder Schnellbrau-Methoden, die das hervorbringen, was der Ehinger „Industrie-Biere von der Stange" nennt. Seine gebrauten Gerstensäfte gehören denn auch zum Feinsten, was man an deutscher Braukunst finden kann: das 120 Tage lang gereifte Jahrgangsbier etwa, das „Berg Hefeweizen" aus offener Obergärung und anschließender Fass- und Flaschengärung oder das bernstein-goldene „Ulrichsbier" mit Röstmalz, die älteste Biermarke im Oberschwäbischen. Seit 1911 wird sie zum Patronatsfest des Heiligen Ulrich am 4. Juli in Berg gebraut. Die kleinen Bierspezialitäten, die „anders riechen und schmecken" als gängige Ware, sind die Renner besonders bei jungen Genießern, für deren Events die „Berg"-Biere bis nach Reutlingen und Stuttgart geliefert werden.

Zimmermann kauft den gesamten Braugerstenbedarf direkt bei Landwirten ein, die ihre Felder mit kontrolliertem Anbau bewirtschaften, gemälzt wird beim Traditionsbetrieb Zimmermann in Baustetten bei Laupheim, die sechs verschiedenen Bitter-Aroma-Hopfensorten stammen vor allem aus den traditionellen Anbaugebieten in Tettnang: „90 Prozent unserer Leistungen und Produkte kommen aus dem Umkreis", betont er, „das ist unser Beitrag zur Mitverantwortung für die Region". In den rustikalen Stuben der Brauereiwirtschaft kann man sich bei einer süffigen Halben „Berg Original" mit *Matjesfilet in Hefeweizenbier-Marinade, Bierkrustenbraten* mit hausgemachten Spätzle oder einem leckeren *Zwiebelrostbraten mit Krautschupfnudeln* verwöhnen lassen.

Der besondere Tipp
Im Brauhaus ist ein Museum integriert, in dem die Brautechniken der letzten 100 Jahre gezeigt werden. Brauereibesichtigungen finden nach Voranmeldung montags ab 19 Uhr statt.

Lage im Herzen des Ortes Berg unterhalb der St. Ulrichs-Kapelle liegt das historische Brauhaus, direkt daneben die aus dem Jahre 1911 stammende Brauereiwirtschaft
Öffnungszeiten Brauerei und Museum: Mo–Fr 8–12 Uhr, 13.30–17 Uhr, Sa 9–12 Uhr, So geschlossen; Wirtschaft: 11–14 Uhr, 18–24 Uhr, Ruhetag: Di
Preise 13,50–24,80 €
Reservierung nur an Fest- und Feiertagen
Kreditkarten werden akzeptiert
Parkplatz hauseigene Parkplätze vor der Brauerei
Garten/Kinderfreundlichkeit Terrasse

Gasthaus »Löwen«

Inhaberin:
Isolde Pfaff
Hauptstraße 41
88699 Frickingen-Altheim
Tel. 0 75 54/86 31
isolde.loewen@gmx.de

Wer kurz vor 18 Uhr kommt, muss sich meist noch etwas gedulden, bis die Wirtin ihre Tageskarte fertig geschrieben hat. Hier geht alles noch von Hand. Isolde Pfaff tippt nicht schnell eine Karte in den PC, sie malt sie auf. Und auch ihre Gerichte gleichen auf den Tellern einem Gemälde. Isolde Pfaff ist die Köchin, Wirtin und Managerin ihres idyllischen Kleinods, dem „Löwen". Es ist ein Bollwerk gegen die hektische Zeit. Wer Isolde Pfaff besucht, sollte sich Zeit und Muse nehmen. Sie macht alles alleine mit Hingabe und Liebe: Jedes Gericht ist frisch zubereitet und mit zum Teil fast vergessenem Grün von der Wiese virtuos abgestimmt. „Kräuterhexe" trifft es nicht ganz, doch sie weiß, wie, wo und vor allem in welchen Mengen man die aromatischen Kräuterlein am besten einsetzt.

Viele Gäste beharren auf Bewährtem. Während der eine auf den *Lammbraten* bei ihr schwört, will der andere das *Lachsforellenfilet* in Dillrahmsauce, das deftige *Wildschwein-Ragout* oder die Maultaschen. Ein leckerer Dauerbrenner: *Bandnüdele mit Rucola* und Flusskrebsen. Ihre Speisekarte bietet heimische Küche mit italienischen Zutaten, traditionelle Gerichte und mediterrane Zubereitung. Dazu nutzt sie, was immer auch möglich ist, alles frisch aus dem eigenen Gärtlein oder von einem Zulieferer aus dem Nachbarort. Dieser bepflanzt seinen Gemüsegarten ganz nach Isolde Pfaff's Wünschen. Sie sagt: „Ich koche bodenständig." Ihr Gärtner sagt: „Du mit deinem neumodischen Zeug." Sie kennt ihre Bauern und Gärtner, sie bezieht Gemüse immer frisch aus dem Salemer Tal und Tierprodukte von ihr bekannten Bauern um die Ecke.

Die Jahreszeiten bestimmen den kreativen Küchenplan. „Ich führe kein Gourmetrestaurant, sondern ein Wirtshaus auf dem Land, wo es etwas Gutes zu essen gibt", sagt die Köchin resolut. Ihre Stammgäste, darunter auch Literaten wie Martin Walser, widersprechen ihr da nicht und schwelgen genüsslich.

Lage im nördlichen Hinterland des Bodensees, nicht weit von Überlingen in Richtung Pfullendorf, fast an der Landstraße
Öffnungszeiten Di–Do 18–22 Uhr, So 11–14 Uhr, Ruhetag: Mo
Preise 9–15 €
Reservierung am Wochenende empfehlenswert
Kreditkarten EC-Karte
Parkplatz vor dem Haus
Garten/Kinderfreundlichkeit 30 Sitzplätze im Kastaniengarten

Gasthof »Krone«

Zugegeben: Das Schwaben-Städtchen Illertissen liegt im Bayrischen, wenn auch nur knapp hinter der Iller, dem Grenzfluss zu Baden-Württemberg. Feinschmecker aus Oberschwaben und dem rund 25 Kilometer entfernten Ulm sind für derlei Grenzüberschreitungen freilich gerne zu haben. Wie Süchtige treibt es sie in die „Krone", den alten Fachwerk-Gasthof aus dem 16. Jahrhundert, weil man hier die zartesten *Rindsrouladen* weit und breit bekommt oder einen gefüllten Ochsenschwanz, der selbst hartgesottene Geschäftsleute butterweich werden lässt. Am Stammtisch in der holzgetäfelten Stube sitzen noch die heimischen Bauern und Handwerker, Bruddelköpfe wie der Wirt, dem sie die Treue halten, weil „dr Willer" halt einer von ihnen ist. Auch wenn er sich zum Lernen schon sonst wo herumgetrieben hat. Freunde und Stammgäste von Jürgen Willer benutzen meist den Seiteneingang und stehen beim ersten Glas Auxerrois vom Bodensee-Winzer Aufricht sperrig im Küchendurchgang, um mit dem Küchenchef am Herd zu philosophieren und dabei einen Blick auf seine Köstlichkeiten des Tages zu erhaschen. Wie der Willer es schafft, seine kleine Brigade zu dirigieren, die Flusshechte sekundengenau kross zu grillen und nebenbei den „Wegelagerern" in knappen Schwaben-Codes das Leben zu erklären, bleibt sein Geheimnis. Sicher ist, dass der „Kronen"-Wirt Menschen so wunderbar zu mischen versteht wie Aromen. Er liebt seine Heimatküche wie seine „Leut", vergessen geglaubte Kräuter, samtigen Ziegenkäse, würzige *Blut- und Leberwürste,* selbst feinste Linsen, die *„Alb Leisa",* bezieht er aus der Gegend. Dabei ist der Mann ein ruheloser Tüftler, vernarrt in die Reize auch der italienischen und asiatischen Küche. Seine Nuss-Ravioli mit heimischem *Bärlauchpesto* lösen bei seinen Gästen süßes Sehnen aus. Und seine Portionen sind so großzügig bemessen als wären sie für ihn selbst. „Dr Willer" liegt derzeit bei gut 250 Pfund.

Küchenchef:
Jürgen Willer
Auf der Spöck 2
89257 Illertissen
Tel. 0 73 03/34 01
Fax 0 73 03/4 25 94
krone-illertissen@t-online.de

Lage im Zentrum von Illertissen unter dem turmbewehrten Vöhlin-Schloss, gleich gegenüber vom Rathaus
Öffnungszeiten 11.30–14 Uhr, 18–24 Uhr, Ruhetag: Mi

Preise Hauptgerichte 9–26 € Menüs ab 39 €
Reservierung um eine vorherige, telefonische Reservierung wird gebeten
Kreditkarten Mastercard, Visa, EC-Karte

Parkplatz vor dem Gasthof und entlang der Straße ausreichend vorhanden
Garten/Kinderfreundlichkeit eigene Gartenwirtschaft im Hinterhof des Lokals

»Badische Weinstube« im Hotel »Seehof«

Inhaber:
Hotel „Seehof" GmbH
Geschäftsführer: Frank und Jürgen Hallerbach
Am Yachthafen
88090 Immenstaad
Tel. 0 75 45/93 60
Fax 0 75 45/93 61 33
info@seehof-hotel.de
www.seehof-hotel.de

Vor gut 100 Jahren war in der „Badischen Weinstube" mit seiner kunstvoll bemalten Zirbelholz-Vertäfelung und dem antiken Kachelofen häufig der legendäre Graf Zeppelin zu Gast: „Wenn er ausgiebig geschmaust hatte, hielt ihm unsere Großmutter immer ein Zimmer fürs Verdauungsschläfchen bereit", erzählen die Hallerbachs. Sie führen den „Seehof" in der fünften Generation – und haben ihre Laufbahn beide im Freiburger „Colombi" begonnen. Als sich die Eltern aufs Altenteil zurückzogen, kehrten die Brüder aus der weiten Welt an den Bodensee zurück, den Kopf voller neuer Ideen. Klar war den beiden: „Wir wollten keine Schnitzel-Esser mehr, die hier im Sommer mit nacktem Oberkörper anspazierten, aber genauso wenig ‚überkandidelte Blattgold-Küche', so Frank Hallerbach.

Was Bruder Jürgen in der Küche seither erfolgreich praktiziert, ist ein Drahtseilakt zwischen gutbürgerlicher und kreativer Küche, die sich zu ihren badisch-schwäbischen Wurzeln bekennt. Natürlich gibt es Bodensee-Fisch in allen erdenklichen Varianten – besonders beliebt etwa als *Felchen-Matjesfilet* mit Äpfeln und Zwiebeln. Es gibt Reichenauer Bohnen und dazu den rosa gebratenen Rücken vom Sipplinger *Bodensee-Lamm.* Im Frühjahr bestimmt der Immenstaader Spargel die Karte – als *Spargel-Karoffelsalat* etwa oder mariniert mit hausgebeiztem Lachs. Hallerbachs Renner aber sind seit Jahren die *Tafelspitzsülze* mit Küchenkräutern und der gute, alte schwäbische *Rostbraten.* Weil Preis und Leistung bei den Hallerbachs stimmen, kommen – wie einst Graf Zeppelin – heute die Manager aus Friedrichshafen herüber. Aber auch „Fränkli gebeutelte" Schweizer Gourmets lieben die bezahlbare „Seehof"-Küche: Wenn sie mit ihren Booten von Rorschach und Romanshorn nach Immenstaad herüberschippern, wird es an den Anlegemolen des Jachthafens und im angrenzenden Gartenlokal der Hallerbachs richtig eng.

Lage direkt am Yachthafen liegt das hübsche Seehotel, Anfahrt über die B 31 Meersburg–Überlingen, Ausfahrt Immenstaad
Öffnungszeiten 8–23 Uhr, kein Ruhetag

Preise Hauptgerichte 16,50–23 €, kleine Mittagsmenü-Karte 12,30 €, 3-Gänge-Menüs 20–40 €
Reservierung erforderlich
Kreditkarten Mastercard, Visa, EC-Karte

Parkplatz hauseigene Parkplätze vorhanden
Garten/Kinderfreundlichkeit Terrasse, im Hochsommer zusätzlich Gartenbewirtschaftung

Brauerei und Gasthof »Schweighart Kronburg«

Inhaber:
Florian Schweighart
Hauptstraße 21
87758 Kronburg
Tel. 0 83 94/2 37
Fax 0 83 97/16 43
info@brauerei-kronburg.de
www.brauerei-kronburg.de

Der malerische Illerwinkel, die mächtige Kronburg, die über dem Dorf thront und ihm seinen Namen verleiht, wie auch das seit 1576 hier ansässige historische Brauhaus: Es gibt eine ganze Menge guter Gründe für einen Ausflug ins grenznah zu Württemberg gelegene Unterallgäu. Wer bei Familie Schweighart einkehrt, die Brauerei und Wirtschaft in der fünften Generation führt, der ahnt schon beim ersten Glas des süffigen „Bio"-Biers und beim selbstgebackenen *Treberbrot* mit Schmalz, dass sich der Weg auf jeden Fall gelohnt hat. Die Schweigharts betreiben ihre Brauerei als Öko-Betrieb, helles, dunkles und Weizen-Bier werden nicht pasteurisiert. Von November bis Mai ist Bockbier-Saison, der Fass-Anstich während der Fastenzeit ist einer der Höhepunkte im Jahr, mit Live-Musik und fröhlichem Remmidemmi im kleinen Festsaal. Von Mai bis November wiederum gibt es zum Vesper, zu *Kässpätzle, Schweinebraten* in Biersauce oder *Rehrücken,* das so genannte „Zwickelbier", unfiltriert und naturtrüb. Auch in der Küche achten die Wirtsleute auf heimische Zutaten: Wurst und Käse für die Brotzeit, aber auch Fleisch und Gemüse stammen von kleinen Produzenten aus dem Umland, ebenso das Wildbret, das die Jäger vor Ort liefern. Man sitzt zum Essen an massiven Holztischen in der gemütlichen Wirtsstube – und im Sommer unter alten Kastanienbäumen im wunderschönen Biergarten. Kurz vor den großen Schulferien gibt es dort in jedem Jahr noch ein besonderes Highlight: das traditionelle Sommer-Konzert der „Privilegierten Waschhausvereinigung", einer Musikkapelle aus lauter trinkfesten Stammgästen der „Kronburg".

Der besondere Tipp
Braumeister Breisinger führt Gäste auf Wunsch und nach Voranmeldung gerne durch sein Gerstensaft-Reich und gibt Auskunft über das Bierbrauen.

Lage direkt an der Hauptdurchgangsstraße in der Ortsmitte von Kronburg
Öffnungszeiten 11–24 Uhr, Ruhetage: Mo, Di

Preise Brotzeit und Tagesgerichte 4,40–14 €
Reservierung nicht erforderlich
Kreditkarten werden nicht akzeptiert

Parkplatz hauseigener Parkplatz vorhanden
Garten/Kinderfreundlichkeit großer Biergarten mit bis zu 300 Plätzen

Gasthaus »Grüner Baum«

Inhaber: Liliane und Hubert Neidhart
Radolfzellerstraße 4
78345 Moos
Tel. 0 77 32/5 40 77
Fax 0 77 32/5 22 38
GruenerBaumHoeri@t-online.de
www.gruenerbaum-moos.de

Hubert Neidhart gehört noch zu der Generation der Köche, die ohne Schnickschnack ihre Gerichte zusammenstellen. „In erster Linie haben Köche mit Naturprodukten zu arbeiten!" Als Unikat ging er schon seinen Weg, als noch nur wenige nach Bioprodukten fragten. Heute hat er auch in der Nachbarschaft viele Gefährten gefunden. „Heute behauptet ja jeder Koch, dass er ökologisch arbeitet, aber", beteuert Hubert Neidhart, „wir lassen uns ständig überprüfen vom Ökoinstitut Konstanz." Der Mann hat schon immer auf der Suche nach dem Geschmack seiner Region überzeugend neue und eigene Wege gesucht. Bei ihm gab es noch nie Gemüse aus der Tiefkühltruhe, doch selbst der Keller ist ihm heute für manche Gemüselagerungen nicht gut genug. „Die Miete garantiert die naturverträglichste Lagerung von Knollengemüse über den Winter", schwört Hubert Neidhart auf die Überwinterung von Gemüse nach alter Sitte in der Erde.

Gemüse bezieht Neidhart von seinem Onkel vom Schiener Berg und vom Nachbar Rainer Massler, dem Ökobauer. Was die beiden ihm aus ihrem Anbau vorbeibringen, verarbeitet er, und nur das. Nicht anders ist die Abmachung mit den Fleischlieferanten. „Ich kann nicht heute da und morgen dort einkaufen, ich muss meine Lieferanten kennen und ich muss mich auf sie verlassen können."

Auf der Speisekarte steht, was die Jahreszeit bietet: ausgewählte Vorspeisen, frische, saisonbedingte Salate und Gemüseangebote vom Mooser Feld. Ebenfalls je nach Saison wird Fisch angeboten: *Kretzerfilet,* Hechtklösschen auf Blattspinat in Weißweinsauce, *Lachsforellensteak* oder der legendäre Mooser Fischtopf. Auch das Fleisch ist aus ökologischer Haltung: *Hällisches Schwein* mit Champignonrahmsauce und Knöpfle, Saltimbocca vom Ursauler Kalb mit Emmer Reis, *Kalbsbries* in Weißweinsauce auf Gemüse oder einfach ein klassisches Steak, aber natürlich nur vom Angusrind aus artgerechter Tierhaltung.

Lage das Dorfgasthaus „Grüner Baum" ist nicht zu verfehlen, wer von Radolfzell aus über die Höri fährt kommt gleich am Ortseingang Moos daran vorbei
Öffnungszeiten Do–Mo 12–14 Uhr, 18–23 Uhr, Ruhetage: Di, Mi
Preise Hauptgerichte 10–20 €
Reservierung vorherige Reservierung ist im Sommer erforderlich
Kreditkarten Mastercard, Visa, EC-Karte
Parkplatz Parkplätze hinter dem Haus
Garten/Kinderfreundlichkeit Terrasse

Restaurant »Mettnaustube«

Inhaber: Hannelore
und Manfred Honold
Strandbadstraße 23
78315 Radolfzell
Tel. 0 77 32/1 36 44
Fax 0 77 32/1 42 05
info@mettnaustube.de
www.mettnaustube.de

„Nicht alle Gäste verstehen, was wir hier machen", sagt Hannelore Honold. Sie meint die inneren Werte dessen, was sie kocht. „Biologisch", „natürlich", „gesund", das sagen auch andere. Oft hören die aber in der Mitte auf. Das aber ist nichts für Hannelore Honold, sie ist keine Frau für halbe Sachen. Es wurde ihre Philosophie, ihr kulinarischer Glaubensansatz. „Nicht ganz frei von Sendungsbewusstsein", sagt sie heute: „Ich sage den Leuten immer: Esst gesünder, esst nicht alles, was man euch vorsetzt, das ist so wichtig!", und deshalb hat sie das Gütesiegel: „Bio nach EG-Öko Verordnung" verliehen bekommen.

Heute steht gedünstetes *Kretzerfilet* auf frischem Bärlauch mit feinem Gemüse, Kartoffelstreifen und frischen Kräutern an. Das Essen wirkt nicht pompös, prahlt nicht mit Zierrat und üppigen Geschmackstönen, sondern setzt ein reflektiertes Genießen voraus. Die Geschmacksnerven wollen geschult sein. Hannelore Honold erklärt: „Wenn die Leute das erste Mal kommen, dann kapieren die noch gar nicht, was hier alles passiert". Was man selber machen kann, macht sie selbst. Dreimal die Woche wird Brot gebacken, die Gewürze selbst gemischt, sogar die Nudeln und die *Ravioli mit Spinat-Frischkäse-Füllung.* Ausschließlich aus regionaler Landwirtschaft stammt das Gemüse und der Fisch. Vor allem Fisch haben sie hier auf der Mettnau täglich frisch von regionalen Fischern. Die liefern so wie es kommt: Seesaibling, Hecht, Seeforelle, Zander, Schleie sogar Krebse vom Obersee. Wer will kann sie auch dreimal die Woche im kleinen Fischladen im Haus kaufen und daheim zubereiten. So stehen, logisch, in der Karte unter der Rubrik „Honolds Klassiker" hauptsächlich Fischgerichte: *Zanderfilet, Fischragout* und *Fisch-Gratin,* beides aus verschiedenen Edelfischen, oder der *„Mettnaustuben-Fischteller"* mit Pilzen und Kräutern.

Lage die Mettnau ist die „gute Stube" der Radolfzeller, der Weg auf die Halbinsel ist gut ausgeschrieben, man kommt zwangsläufig in die Strandbadstraße
Öffnungszeiten Di–So 11.30–14 Uhr, 18–22 Uhr, Ruhetag: Mo
Preise Hauptgerichte 10–20 €
Reservierung im Sommer, vor allem an den Wochenenden, erforderlich
Kreditkarten Mastercard, Visa , EC-Karte
Parkplatz neben dem Haus
Garten/Kinderfreundlichkeit Terrasse

»Salmannsweiler Hof«

Inhaber: Andrea und Andreas Schiele
Salmannsweiler Weg 5
88682 Salem
Tel. 0 75 53/9 21 20
Fax 0 75 53/9 21 25
salmannsweiler_hof@t-online
www.salmannsweiler-hof.de

„Ich würde am liebsten nur kochen, was vor unserer Haustüre wächst." Andreas Schiele wäre gern so radikal, wie er spricht. Doch der eloquente Koch weiß auch, was seine Gäste wollen: Den allerersten Frühlingsspargel und die frühesten Erdbeeren. Deshalb sucht er ständig nach Kompromissen. Also gibt es jetzt bei ihm Spargel, wenn er in Bühl reif ist, und Erdbeeren, wenn sie auf der Reichenau rot sind. Aber von weiter her will er seine Nahrungsmittel auf keinen Fall karren lassen. Im Gegenteil: Seine Überzeugung findet immer mehr Gäste, und so kann Schiele auch immer konsequenter nach seiner eigenen Philosophie arbeiten: „Ich will mich in jedes Gericht reinfühlen, dazu muss ich die Produkte kennen." Deshalb kennt der Koch jeden Lieferanten persönlich. „Jedes Gemüse hat seine Zeit und wir steigern unsere Geschmacksfreude, wenn wir die Frucht dann ernten und hineinbeißen, wenn sie wirklich reif ist."

Mit ihrer Konsequenz der „Regionalen Küche" haben die Schieles in wenigen Jahren den übernommenen Landgasthof der Eltern in die gehobene Gastronomie des Linzgaus geführt. Die Basis bleibt die ehrliche Küche der Großmutter, dazu eine Brise Pfiff aus der Küche der Gourmets. Erste Auszeichnungen begleiten den neuen Wind in dem einfachen Landgasthof. Trotzdem hat der „Salmannsweiler Hof" nicht abgehoben. Der Küchenmeister weiß auch weiterhin alte Stammgäste zu bewirten. Es gibt noch immer abgeschmelzte Maultaschen oder einen Wurstsalat. Aber die Karte ist kulinarisch erweitert und bietet nun je nach Jahreszeit Highlights wie das Gänseleber-Parfait, gebeiztes *Bodenseefelchenfilet* nach Matjesart, *Salemer Hähnchenbrüstchen* auf Morchelrahmsoße, Duett von gebratenem *Rinderfilet* und Lammsteak, buntes Ragout von frischem *Spargel,* Rinderfilet und Riesengarnelen und als Nachspeise gebackenen *Ziegenfrischkäse* mit Erdbeeren oder hausgemachtes *Grand Marnier Parfait.*

Lage im Zentrum der berühmten Schloss-Gemeinde Salem, der Ortskern bildet einen großen Kreisverkehr, daraus führt eine Abzweigung direkt zum Gehöft
Öffnungszeiten Fr–Mi 11–14 Uhr, 17–21.30 Uhr, Ruhetage: Do, Fr bis 17 Uhr

Preise Hauptgerichte 9–15 €
Reservierung nicht erforderlich
Kreditkarten Mastercard, Visa, EC-Karte
Parkplatz vor dem Haus
Garten/Kinderfreundlichkeit Terrasse

Gasthof »Oberschwäbischer Hof«

„Schwäbisch, katholisch, bodenständig, mit einem leichten Hang zum Höheren", so wünschte sich Siegfried Weisshaupt die Küche im eigenen Hotel-Restaurant „Oberschwäbischer Hof". Sein Küchenchef Elmar Reisch, seit Eröffnung des auch architektonisch anspruchsvollen Hauses 1997 mit an Bord, hat ihm den Wunsch gern erfüllt: Der gebürtige Ehinger und seine Frau Uschi sind Verfechter der regionalen Küche. Ein gutes Drittel der Tageskarte ist heimischen Gerichten gewidmet – der Rest, „Crossover mit schwäbischem Einschlag". Ob selbst gemachte Maultaschen, *Zwiebelsuppe* mit Leberwurst-Croutons oder gebackener Zander auf Kartoffelsalat und marinierten Linsen: In dem geradlinig-kühl gestylten Restaurant und der rustikaleren „Bierstube" schlemmen Geschäftsleute ebenso gern wie die Golfer vom nahe gelegenen Golfplatz oder Gourmets aus Ulm, Ehingen und Biberach auf der Suche nach kreativer Heimatkost.

Reisch arbeitet nur mit Hällischem Schwein, sein Rind bezieht er von Demeter-Betrieben, etwa dem Hof des Barons Franz von Stauffenberg in Wilflingen, Gemüse kommt von der Mainau, das Mehl aus der Dorfmühle in Munderkingen, das Reh vom örtlichen Förster und die Flusskrebse aus dem Allgäu. Gleich mehrere Seiten der Weinkarte sind dem Riesling aus Württemberg, den Bodensee- und Badener Weinen gewidmet. Geheimtipp sind Reischs „Küchenpartys", die zweimal im Jahr stattfinden: Die Gäste holen sich ihr Drei-Gänge-Menü in vielen, kleinen Häppchen direkt am Herd ab und gucken Reisch und seinem Team über die Schultern, wie sie bei Kerzenschein und Chillout-Sound *Felchen-Kaviar* anrichten, zartrosa *Sauerbraten* aufschneiden und ihren Gaisburger Marsch vom Zander köcheln lassen.

Inhaber/Küchenchef:
Siegfried Weisshaupt/Elmar Reisch
Hauptstraße 9-15
88477 Schwendi
Tel. 0 73 53/9 84 90
Fax 0 73 53/9 84 92 00
info@oberschwaebischer-hof.de
www.oberschwaebischer-hof.de

Der besondere Tipp
In Schwendi gibt es zum „Kulinarischen Konzertherbst" jedes Jahr vier Kammerkonzerte im einstigen Kinosaal und im Anschluss ein von Reisch komponiertes Schlemmer-Menü im „Oberschwäbischen Hof".

Lage an der Hauptdurchgangstraße von Schwendi
Öffnungszeiten Mo–Sa 11.30–14.30, 17.30–24 Uhr, So 17.30–24 Uhr
Preise Hauptgerichte 16–22 €; Bierstube: ab 8 €
Reservierung erforderlich
Kreditkarten Mastercard, Visa, EC-Karte
Parkplatz hauseigener Parkplatz
Garten/Kinderfreundlichkeit Biergarten im Hof

Brauerei und Gasthof »Krone«

Inhaber:
Familie Tauscher
Bärenplatz 7
88069 Tettnang
Tel. 0 75 42/74 52
Fax 0 75 42/69 72
info@krone-tettnang.de
www.krone-tettnang.de

Sonntagabends, wenn die Bodensee-Segler in Tettnang ihren Heimweg nach Stuttgart, Ulm und Biberach unterbrechen, dann ist bei Familie Tauscher der Teufel los: Da kriegt man keine Handbreit mehr zwischen die Gäste an den blank gescheuerten Buchentischen in der getäfelten Stube mit den antiken Holzlampen. Und am Ausschank kommen die Brüder Fritz und Roman Tauscher kaum nach mit dem Füllen der Steinkrüge: Für ihre süffige, malzbetonte Kronenbier-Halbe macht man gerne einen Umweg, für die schwäbische Hausmannskost von Margret Tauscher sowieso – da ist die gute Stimmung in der historischen Brauerwirtschaft fast schon vorprogrammiert. Kein Wunder, dass schon Väter und Großväter der heutigen Stammgäste aus ganz Oberschwaben bei den Tauschers eingekehrt sind. Als Brauerfamilie in der sechsten Generation betreiben sie die „Krone" seit 1847. „Lieber zurück zu den Wurzeln", das dämmerte den Brauer-Brüdern lange vor anderen Kollegen. Sie gehörten zu den ersten, die Braugerste und Tettnanger Original-Hopfen von Ökobauern vor der eigenen Haustür bezogen. Neben dem vollmundigen Export und dem hopfenbetonten Pils brauen die Tauschers seither zwei der ersten Bio-Biere in der Bodensee-Region: das Tettnanger Keller-Pils, unfiltriert und direkt aus dem Lagertank abgefüllt, sowie das mit obergäriger Hefe gebraute Weizen mit dem sahnigen Schaum und dem Aroma, das an Bananen erinnert.

In der Küche dominieren – neben Abstechern in die Mittelmeer-Küche – die regionalen Klassiker: Die Gäste können gar nicht genug bekommen von *Kutteln, Nierle* oder Leber sauer, von Bratwürsten oder *Biersülze* mit wunderbar „schlonzigem" Kartoffelsalat. Auch hier sind die Tauschers beim Einkauf überzeugte Lokalpatrioten: Fleisch und Würste, Wild, Brot, Gemüse und Obst stammen ausnahmslos von örtlichen Erzeugern. In der Speisekarte werden sie alle namentlich aufgeführt.

Lage direkt vor dem alten Stadttor am zentralen Bärenplatz
Öffnungszeiten 10–14 Uhr, 17–24 Uhr, Ruhetag: Mo
Preise Hauptgerichte 8–17 €
Reservierung So, feiertags empfehlenswert
Kreditkarten werden nicht akzeptiert
Parkplatz kein hauseigener Parkplatz, Parkmöglichkeit im Parkhaus in der Schloss-/Ecke Grabenstraße
Garten/Kinderfreundlichkeit rund 30 Plätze in der Fußgängerzone vor dem Lokal

Restaurant »Naturata«

Inhaber:
„Naturata“ GmbH
Rengoldshauser
Straße 21
88662 Überlingen
Tel. 0 75 51/6 50 34
Fax 0 75 51/95 16 33
info@naturata-gmbh.de
www.naturata-gmbh.de

Das „Naturata“ ist das Mekka der Überlinger Bio-Jünger, denn hier ist wirklich alles aus nachgewiesener biologischer Aufzucht. Das Restaurant führt das Öko-Zertifikat. 99,9 Prozent sind frische Bioprodukte. 99,9 Prozent? „Aha!“ denkt der Kritiker. „Ja“, lacht der Koch Dieter Schilling und gibt zu, „unsere Bodenseefelchen führen eben kein Zertifikat.“ Trotzdem gibt es natürlich auch im „Naturata“ den „Brotfisch“ des Sees, die begehrten Felchen. Doch weitere Kompromisse geht die Geschäftsleitung nicht ein. Meeresfisch: Fehlanzeige. Wild: Fehlanzeige. Stattdessen stehen jeden Tag einzigartige Alternativen auf der Karte.

Jeden Tag kommt vom Rengoldshauser Biohof um die Ecke ein Traktor mit Anhänger vorgefahren. Der Hänger ist voll mit frischem Gemüse und Obst. Jeden Tag setzt sich dann Dieter Schilling hin und gestaltet die Tageskarte. Zum Salat wird mal eine *Gemüsefrühlingsrolle, Sellerieschnitzel* in Sesam, Kräuterdip oder gebratener Mozzarella geliefert. Für Vegetarier ist Schillings Küche ein Paradies. Trotzdem müssen Fleischesser nicht auf ihre Genüsse verzichten. Es gibt immer einen kräftigen Rindfleischbraten, Steak oder auch mal *Rindsroulade.* Alles, was eben ein gestandenes Rind, das ebenfalls vom Biohof stammt, liefert.

Dieter Schilling selbst ist in seinem Kochleben viel herumgekommen. Er war in den besten Häusern unterwegs. „Schon in den Gourmetküchen merkt man, wie wichtig natürliche Grundnahrungsmittel für ein schmackhaftes Gericht sind“, sagt er, „deshalb ist es schon fast ein logischer Schritt, irgendwann zu sagen: Ich koche jetzt nur noch mit Bio-Produkten.“ Dieter Schilling fiel der Schritt leicht, zumal er damit nach vielen Jahren wieder zuhause am Bodensee angelangt ist. Seit fünf Jahren leitet er als Küchenchef das Naturkostrestaurant „Naturata“ in Überlingen. Die Küche ist heute für Gourmets eine echte Alternative.

Lage im nördlichen Industriegebiet
Öffnungszeiten Mo–Fr 8–23 Uhr, Sa 8–18 Uhr, Ruhetage: So, feiertags
Preise Hauptgerichte 9–15 €
Reservierung nicht erforderlich
Kreditkarten American Express, Visa, EC-Karte
Parkplatz neben dem Haus
Garten/Kinderfreundlichkeit Terrasse

Hotel-Restaurant »Seehalde«

Inhaber: Familie Gruler
Maurach 1
88690 Uhldingen
Tel. 0 75 56/9 22 10
Fax 0 75 56/65 22
info@seehalde.de
www.seehalde.de

„Um Gottes willen, die Kerle spinnen!" Markus und Thomas Gruler erinnern sich noch schmunzelnd an die Reaktion eines alten Stammgasts der Eltern, als sie auf der Karte erstmals „Schwarzwälderkirsch von der Gänseleber" anboten: eine Komposition aus Bisquitbröseln, Gänseleber, Portwein und einem Schäumchen aus Riesling-Beerenauslese. Das war, als in der „Seehalde" die Kulturrevolution ausbrach: keine Kaffee- und Kuchen-Massenfütterung auf der Terrasse mehr und kein Toast Hawaii, hatten sich die beiden ausgebildeten Köche geschworen, als die Alten ihnen das Zepter weiterreichten. Nach einigen Jahren des „sanften Umstiegs" sind von den alten Gästen nur wenige übrig, dafür hat ein neues Publikum die „Seehalde" zu ihrem Feinschmecker-Dorado erkoren.

Kompromisslos ist Markus bei der Wahl seiner Ware: „Felchen und Eglifilets kommen bei uns tatsächlich aus dem Bodensee", sagt er. Die *Lammzüngle,* die der Gemeindeschäfer früher entsorgt hat und heute für ihn sammelt, lässt Gruler sanft schmoren und richtet sie dann auf lauwarmem *Linsensalat* an. Seinen Metzger hat er darauf geeicht, ihm die besten Kalbsköpfe zu beschaffen, aus denen er eine Art *Presskopf-Carpaccio* zaubert – mit würzigen Saubohnen. Ein befreundeter Bauer im Hinterland baut neben anderen Gemüsen diese „fave" extra für ihn an, wie auch die Rübstiele, deren Blätter Grulers Kreationen verfeinern. Das Fleisch vom Weidelamm bezieht er vom Nachbar-Gastronom und Züchter Burkhard Schirmeister, den Spargel vom Bauernhof Mökking. Und die Wildkräuter sammelt er sich auf den Obstwiesen gleich neben dem Haus: vergessene Aromawunder wie Taubnesseln, frischen Löwenzahn oder „Mädesüß". Wer einmal vorne im „Känzele" über dem Wasser des Sees saß, den Säntis im Blick und Grulers *Créme Brulée* auf der Zunge, die er mit den zart-süßen Blättchen veredelt, wird dem „Seehalden"-Maître Recht geben: „Des isch a Hammer!"

Lage direkt am Ufer des Bodensees gegenüber der Blumeninsel Mainau, anfahrt über die B 31, von dort nach Birnau abzweigen
Öffnungszeiten 11.30–14 Uhr, 18–24 Uhr, Ruhetage: Di, Mi bis 18 Uhr
Preise Hauptgerichte 16–21 €, Menüs ab 29 €
Reservierung erforderlich
Kreditkarten Mastercard, Visa, EC-Karte
Parkplatz vor dem Hotel vorhanden
Garten/Kinderfreundlichkeit Seeterrasse (hier wird nur das Mittagessen und der Abend-Aperitif gereicht)

Gasthaus »Lamm«

Inhaber:
Franz Christberger
Bindstraße 60
88239 Wangen/
Allgäu
Tel. 0 75 22/66 75
Fax 0 75 22/35 07
christberger-lamm@
t-online.de
www.lamm-wangen.de

„Spätzle em Bauch, a Mädle em Arm, s'erschte macht satt ond's zwoite macht warm". Gemäß diesem Motto, das auf der Speisekarte prangt, gibt's im „Lamm" eine typisch schwäbische Küche. Geschmelzte *Krautkrapfen,* Zwiebelrostbraten vom oberschwäbischen Rind, Maultaschen und Schupfnudeln in allen Variationen oder *Schweinelendchen* mit Spätzle. Und wer sich nicht entscheiden kann, der nimmt einfach die *„Wangener Legende",* da bekommt man eine kleine Auswahl an Krautkrapfen, Schupfnudeln, Maultaschen und ein kleines Rückensteak. Genau richtig als „Versucherle". Für Erheiterung und Stirnrunzeln sorgen die *„Nonnenfürzla",* die sich dann aber zur allgemeinen Erleichterung als schwäbische Brandteigkrapfen mit Zimtzucker und Vanilleeis herausstellen.

Es wird im „Lamm" nicht nur regional gekocht, sondern es werden auch nur regional erzeugte Produkte verwendet. Fleisch- und Wurstwaren stammen von der Ortsmetzgerei und benachbarten Bauernhöfen. Einige *Allgäuer Käsereien* beliefern die Christbergers mit ihren Spezialitäten, und auch Obst und Gemüse sind echte Allgäuer. Das Bier kommt von der Brauerei Härle in Leutkirch. Und wer sich an Hochprozentiges wagt, der genießt den Selbstgebrannten des Hausherrn.

Wer so auf die Herkunft und Qualität der Produkte achtet wie Franz Christberger, der kocht selbstverständlich auch nach der Saison. So gibt's im Frühling auch schon mal Bärlauchwochen. Das „Lamm" in der lebendigen Altstadt ist noch ein echter Familienbetrieb, was man auch an der netten Begrüßung und dem freundlichen Service deutlich spürt. Das typische Altstadtlokal ist eher unspektakulär eingerichtet, aber in der rustikalen Gaststube sitzt man recht gemütlich. Bei gutem Wetter kann man sich auch nach draußen setzen und das quirlige Wangener Stadtleben auf sich wirken lassen.

Lage in der Unterstadt beim Saumarkt
Öffnungszeiten täglich 9–24 Uhr, warme Küche 11–14 Uhr, 17.30–22 Uhr, Ruhetag: Fr

Preise Hauptgerichte 10–15 €
Reservierung bei Gruppen erwünscht
Kreditkarten Visa, EC-Karte

Parkplatz vorhanden
Garten/Kinderfreundlichkeit Außengastronomie vor und hinter dem Haus, Kinderspeisekarte, Spielecke

Schokoträume

Hier kann man in Champagner Trüffel, Mandelsplitter und unzähligen anderen Schokoladensorten schwelgen. Da Qualität und Frische an erster Stelle der Firmenphilosophie stehen, wurde der Traditionsbetrieb als erstes deutsches Unternehmen in den „Chaine Confiseur" aufgenommen.

Confiserie Weber & Weiss
Charlottenstraße 11
88045 Friedrichshafen
Tel. 0 75 41/2 17 71
welcome@weber-weiss.de
www.weber-weiss.de
Öffnungszeiten:
Mo 10–17 Uhr, Di– Fr 8.30–18 Uhr
Sa 8–15.30 Uhr, So 12.30–16 Uhr

Wurstspezialitäten

Im durch die DLG mehrmals ausgezeichneten Betrieb finden sich typisch schwäbische wie auch internationale Wurstspezialitäten. Die Metzgerei geht auf spezielle Kundenwünsche ein und liefert gerne saisonale Grillspezialitäten, Schlachtplatten oder auch einmal ein Osterlamm.

Buchmann GmbH
Fleisch- und Wurstspezialitäten
Kaufstraße 6-8
88287 Grünkraut-Gullen
Tel. 07 51/7 60 50 | Fax 07 51/76 05 00
info@buchmann-gmbh.de
www.buchmann-gmbh.de
Öffnungszeiten:
auf tel. Anfrage

Torkelwasser

Am deutschen Bodenseeufer wächst hervorragendes Obst. Auf dem Burgunderhof werden die süßen und vollreifen Früchte zu hochprozentigen Wässerchen destilliert. Nach traditionellen Methoden entsteht zum Beispiel das Hagnauer Torkelwasser.

Burgunderhof digestif's GmbH
Kapellenstraße 1
88709 Hagnau
Tel. 0 75 32/80 76 80
Fax 0 75 32/8 07 68 55
burgunderhof@t-online.de
www.burgunderhof.de
Öffnungszeiten:
Mo–Fr 10–12 Uhr, 14–18 Uhr und nach Vereinbarung

Aufrichtiger Wein vom Bodensee

Im milden Seeklima des „schwäbischen Meeres" wachsen die Reben von Robert und Manfred Aufricht. Das Weingut ist eines der besten in Deutschland und wurde 2002 vom Gault Millau zum „Aufsteiger des Jahres" gekürt. Riesling und Spätburgunder sind besonders gut.

Weingut Aufricht
Robert und Manfred Aufricht
Weinkundeweg 8
88709 Meersburg-Stetten
Tel. 0 75 32/24 27 oder 61 23
Fax 0 75 32/24 21
info@aufricht.de | www.aufricht.de
Öffnungszeiten:
Mo–Sa 9–12 Uhr, 13.30–18.30 Uhr

So schmeckt der Bodensee

Schon seit 1932 wird auf dem Hofgut Rengoldshausen biologisch gewirtschaftet. Der einstige Milchviehhof hat sich zu einem Betrieb mit einem vielfältigen Angebot gewandelt. Heutige Schwerpunkte sind neben der Landwirtschaft auch die Gärtnerei und die Samenzucht. Im milden Bodenseeklima werden beispielsweise Kartoffeln, Kürbisse, Möhren, Dinkel und Gerste angebaut.

Auch die Kühe sind glücklich, denn sie bekommen auf dem Hofgut Rengoldshausen ausschließlich frisches Futter und verfügen auf den grünen Weiden über viel Bewegungsfreiheit. Dies ist Garant für eine hervorragende Qualität der Milch.

Hofgut Rengoldshausen
Rengholdshauer Straße 29-31
88662 Überlingen
Tel. 0 75 51/10 39
Fax 0 75 51/6 93 32
hofgut.rengo@t-online.de
www.rengo.de
Öffnungszeiten:
Di 15.30–18.30 Uhr
Fr 11.30–13 Uhr, 15.30–18.30 Uhr

Frische Felchen vom Bodensee

Andreas Knoblauch fährt jeden Tag bei Tagesanbruch auf den See, um seine Netze auszuwerfen. Felchen, Kretzer, Saiblinge und Co. werden noch von Hand ausgenommen und nach alten Rezepturen geräuchert. Auch im Fischhaus „Löwenzunft" in Überlingen (Hofstatt 7) gibt es die Spezialitäten.

Bodensee Fischerei
Ehbachstraße 3
88690 Uhldingen-Mühlhofen
Tel. 0 75 56/55 30 | Fax 0 75 56/15 30
www.knoblauch-gbr.de
Öffnungszeiten:
nach telefonischer Anfrage

Käsige Spezialitäten

Etwa 5000 Liter frische Biomilch werden täglich in der Käserei Zurwies in traditioneller Handarbeit zu über 22 verschiedenen Käsespezialitäten verarbeitet: Allgäuer Brie, Kräuterkäse, Zurwieser, „Gepfeffertes Ärschle" etc. – alle schmecken hervorragend (auch online bestellbar unter: www.allesbiokaese.de).

Käserei Zurwies GmbH
Zurwies 11
88239 Wangen
Tel. 0 75 22/55 8 | Fax 0 75 22/8 09 39
mail@zurwies.com
www.zurwies.com
Öffnungszeiten:
Mo–Sa 10–12 Uhr,
Mo, Mi–Fr 16–18 Uhr

Slow Food

Slow Food ist eine weltweite Vereinigung von bewussten Genießern und Konsumenten. „Gegen diejenigen, die Effizienz mit Hektik verwechseln, setzen wir den Bazillus des Genusses und der Gemütlichkeit, was sich in einer geruhsamen und ausgedehnten Lebensfreude manifestiert", heißt es im Pariser Manifest von 1989, mit dem Slow Food im Zeichen der Schnecke die internationale Bühne betrat. Und: „In der Entwicklung des Geschmacks und nicht in seiner Verarmung liegt die wahre Kultur."

Slow Food entstand aus der italienischen Vereinigung „Arcigola", die sich zum Ziel gesetzt hatte, das Menschenrecht auf Genuss gegen eine zunehmende Industrialisierung der Lebensmittelproduktion und Zerstörung der Vielfalt zu verteidigen. Es war und ist eine Gegenbewegung zu Fastfood, also einer Ernährung, die schnell produziert und verzehrt wird. Der Grundgedanke von Slow Food lautet bis heute: „Nur langsam kann man genießen." Ziel von Slow Food ist, dem Essen seine Würde wiederzugeben und die Kultur des Essens, des Trinkens und der Gastlichkeit zu pflegen.

„Slow Food Arcigola" wurde im Juli 1986 mitten im Methanol-Weinskandal (und als Reaktion auf ihn) gegründet. Dann belebte Slow Food die Osteria, das fast ausgestorbene italienische Wirtshaus, wo man zu einem fairen Preis das bestellen konnte, worauf man Lust hatte, neu. Daraus entwickelte sich dann ein Bewusstsein für regionale Lebensmittel-Spezialitäten, die vom Aussterben bedroht waren. Es entstanden die „Arche des Geschmacks" und der „Salone del Gusto", die Weltmesse des guten Geschmacks in Turin. Längst ist daraus eine globale Bewegung geworden. Es entstand die Slow-Food-Stiftung für Biodiversität, die in fast 100 Ländern der Erde den Erhalt traditioneller Produkte begleitet und fördert. Der „Salone del Gusto" wird seit 2004 von „Terra Madre", einem Welttreffen von rund 5000 Bauern, Lebensmittelhandwerkern, Gastronomen und Wissenschaftlern begleitet.

Der Gründer und Präsident von Slow Food, Carlo Petrini, nennt heute drei Prinzipien, an denen die Slow-Food-Philosophie sichtbar wird: Buono, pulito e giusto – Gut, sauber und fair. Ein Lebensmittel muss qualitativ gut zubereitet sein, es darf keine „unsauberen" Zusätze (auch keine gentechnischen oder Convenience-Elemente) enthalten und der Bauer, der Lebensmittelhandwerker und der Gastronom müssen einen fairen Preis bekommen. Petrini schreibt allen Wirten und Köchen aber auch dies ins Stammbuch: Ein guter Gastronom ist nur der, der weiß, woher die Produkte kommen, die er verwendet. Der den Rinderzüchter oder Gemüsebauern selber kennt oder sich zumindest überzeugt hat, dass seine Lieferanten diesen Direktkontakt haben. Auch dies ist eine Rückkehr zu den Wurzeln.

Slow Food steht für Qualität und für Nachhaltigkeit. Und dabei bedeutet „nachhaltig" mehr als „bio" oder „öko". Produkte, für deren Herstellung unnötig Energie, Umweltschäden und tausende Kilometer Transportwege in Kauf genommen werden, sind nicht nachhaltig. Das beste Produkt ist im Zweifel das, das den kürzesten Weg in die Küche hat. Was nicht heißt, dass wir nicht neugierig sein dürfen auf das, was andere Länder bieten. So oder so gilt, um einen namhaften Vertreter von Slow Food, nämlich den „Jahrhundertkoch" Eckart Witzigmann, zu zitieren: „Das Produkt ist der Star."

Slow Food ist eine Non-Profit-Organisation, die auf ehrenamtlicher Basis arbeitet. In Deutschland gibt es über 6000 Mitglieder in 60 „Convivien", wobei das Wort für „Tafelrunde" und „Gastmahl" gleichermaßen steht. Die größte Convivien-Dichte gibt es in Baden-Württemberg. Slow Food Deutschland leistet seinerseits mit der „Arche des Geschmacks" einen Beitrag zur Erhaltung regionaler, besonders genussvoller Spezialitäten – und somit natürlich auch zur regionalen Esskultur. „Passagiere" der Arche sind zum Beispiel das Hinterwälder Rind, die Albschneck, der Weißlacker-Käse oder das Filder-Spitzkraut – allesamt Lebensmittel mit langer Tradition, die in ihrem Fortbestand bedroht sind. Und es organisiert oder unterstützt Geschmacks- und Sinnesschulungen, Kochkurse und Weinproben oder Genussmessen und auch die Wiederentdeckung der Schulgärten.

Die Renaissance der Osteria in Italien wird seit bald 20 Jahren durch den Slow-Food-Restaurantführer „Osterie d'Italia" verkörpert, mit dem jährlich auch zehntausende Deutsche durch Italien reisen. Der Führer legt strenge Maßstäbe an Qualität, Frische, Regionalität und Gastlichkeit an. Die Tester sind die Mitglieder der Slow-Food-Gliederungen in Italien. Ein Beispiel, das die gastronomische Landschaft in Italien zum Guten verändert hat und das sich auch Slow Food in Deutschland und ganz besonders in Baden-Württemberg zum Vorbild genommen hat.

„Slow Food" und das Schnecken-Logo sind ein weltweit geschütztes Markenzeichen. Informationen zu Slow Food Deutschland finden Sie im Internet unter: www.slowfood.de

Marianne Wager,
Vorstandsmitglied
Slow Food Deutschland

Besonderer Dank
gilt Marianne Wager für die Koordination sowie Ulrich Rosenbaum für die journalistische Begleitung dieses Buchprojekts. Ebenso sei den Testern der Restaurants für Ihren Einsatz gedankt: Walter Belssner, Detlev Bernhart, Ulrike und Thomas Bleicher, Josef Brändle, Hans-Werner Bunz, Dorothea Eberlein, Robert Friedenberger, Lutz P. Füßling, Karlheinz Hassis, Rudi Hauser, Heidi Heess, Mirjam Hülsmann, Eike Hutter, Wolfgang Jestrich, Friederike und Lothar Klatt, Walter Kress, Roman Lenz, Horst Rachner, Wolfgang Reicke, Winfried Rothstein, Prof.Dr. Reinhardt Rüdel, Francesca Santella, Bernd Schwarzmeier, Monika Titze, Marianne Vinga, Jutta Wagner.

Die LieblingsLokale nach Orten

Altheim (Alb), Gasthaus zum „Lamm“ | 131
Argenbühl-Eglofs, Hofwirtschaft „Löwen Eglofs“ | 151
Bad Boll, Badhotel Restaurant „Stauferland“ | 132
Bad Mergentheim, Restaurant „Vinothek & Markthalle“ | 35
Bad Rappenau, Hotel und Gasthof „Häffner Bräu“ | 19
Bad Schussenried/Steinhausen, Landgasthof „Zur Linde“ | 152
Bad Teinach, „Quellen-Restaurant“ | 107
Bad Waldsee, Hotel-Restaurant „Grüner Baum“ | 153
Baiersbronn, Restaurant „Bauernstube“ | 108
Baiersbronn, Wanderhütte „Sattelei“ | 108
Baiersbronn, Schwarzwaldhotel „Tanne“ | 109
Baiersbronn (Schliffkopf), „Schliffkopf“ Wellness Hotel | 110
Bernau im Schwarzwald, Landgasthof „Bergblick“ | 111
Blaubeuren-Weiler, Restaurant „Forellenfischer“ | 133
Braunsbach, Gasthof und Metzgerei „Zum Löwen“ | 36
Bretzfeld-Brettach, Landhaus „Rössle“ | 37
Bruchsal, „Weinbistro Klumpp“ | 51
Bruchsal-Büchenau, Hotel Restaurant „Ritter“ | 52
Buchen, Hotel „Prinz Carl“ | 7
Buchen-Hollerbach, Gasthaus „Zum Engel“ | 8
Bühlertal, Hotel und Restaurant „Bergfriedel“ | 53
Deggenhausertal-Limpach, Gutsgasthof „Mohren“ | 154
Dettingen-Erms, Gasthof „Löwen“ | 134
Dörzbach, Restaurant „Kochstube Bitzer“ | 38
Durbach, Hotel-Restaurant „Linde“ | 54
Eggenstein, Hotel „Zum Goldenen Anker“ | 55
Ehingen-Berg, „Berg Brauerei“ | 155
Ehrenkirchen-Offnadingen, Restaurant „Klostermühle“ | 67
Elztal-Rittersbach, Landgasthof „Heidersbacher Mühle“ | 12
Erligheim, Gasthof „Grüner Baum“ | 20
Feldberg, „Adler Stuben“ Bärental | 114
Fellbach, „Weinstube Mack“ | 87
Forbach-Gausbach, Landgasthof „Waldhorn“ | 115
Freiamt, Gasthaus zur „Krone“ | 116
Freiburg, Restaurant „Heiliggeist-Stüble“ | 68
Frickingen-Altheim, Gasthaus „Löwen“ | 156
Gemmingen, Restaurant „Krone Gemmingen“ | 21
Gomadingen-Offenhausen, „Gestütsgasthof Offenhausen“ | 135
Hardheim, Waldhotel „Wohlfahrtsmühle“ | 9
Hayingen-Ehestetten, Biohotel-Gasthof „Rose“ | 136
Hayingen-Indelhausen, Gasthof zum „Hirsch“ | 137
Heidelberg, „Grenzhof“ Hotel & Restaurant | 10
Heilbronn-Böckingen, Restaurant & Weintreff „Rebstock“ | 22
Heitersheim, Landhotel „Krone“ | 69
Hinterzarten-Alpersbach, Restaurant „Zur Esche“ | 117
Illertissen, Gasthof „Krone“ | 157
Immenstaad, „Badische Weinstube“ im Hotel „Seehof“ | 158
Ittlingen, Restaurant „Goldener Käfer“ | 23
Kappelrodeck/Waldulm, Gasthof-Restaurant „Rebstock Waldulm“ | 56
Karlsruhe, Hotel-Restaurant „Burgau“ | 57
Karlsruhe, Hotel-Restaurant „Hoepfner Burghof“ | 58
Karlsruhe-Neureut, Restaurant „Nagel‘s Kranz“ | 59
Keltern-Niebelsbach, Gasthaus „Grenzsägmühle“ | 118
Kenzingen, „Scheidels Restaurant“ - Hotel „Zum Kranz“ | 70
Kloster Schöntal, „Gasthof zur Post“ | 39
Kronburg, Brauerei und Gasthof „Schweighart Kronburg“ | 159
Künzelsau, Hotel Restaurant „Anne-Sophie“ | 40
Kuppenheim, „Kreuz Stübl“ | 61
Ladenburg, Weinstube-Restaurant „Zur Sackpfeife“ | 11
Lauda-Königshofen, Restaurant „Ratskeller Bachmann“ | 41
Leimen, Gutsausschank „Jägerlust“ | 13
Leinfelden-Echterdingen, Restaurant „Ratsstuben“ | 88
Linkenheim-Hochstetten, Gasthaus „Waldfrieden“ | 60
Lörrach, Hotel und Restaurant „Zum Kranz“ | 71
Lossburg, Landgasthof Hotel „Hirsch“ | 119

Löwenstein, Vinothek „Sonne“ | 24
Ludwigsburg, Spezialitätenstube „s´Laurent“ | 89
Ludwigsburg, Restaurant „Post-Cantz“ | 90
Merzhausen, Gasthaus „Grüner Baum“ | 72
Metzingen, Hotel „Schwanen“ | 138
Moos, Gasthaus „Grüner Baum“ | 160
Mühlacker-Lienzingen, Hotel-Restaurant „Zum Nachtwächter“ | 25
Mühlbach bei Eppingen, Restaurant „Alte Klosterstube“ | 26
Mulfingen-Ailringen, Hotel „Altes Amtshaus“ | 42
Müllheim, Restauraunt & Landhotel „Alte Post“ | 73
Münsingen, Hotel Gasthof „Herrmann“ | 139
Münstertal, Romantik-Hotel „Spielweg“ | 74
Oberried, Schwarzwaldgasthof „Zum Goldenen Adler“ | 120
Obersulm-Eichelberg, Restaurant „Traube“ | 27
Oedheim-Degmarn, Gasthaus „Zum Landvogt“ | 28
Ostfildern-Scharnhausen, Hotel Restaurant „Lamm“ | 91
Pfaffenhofen, Gasthaus „Adler“ | 29
Pfaffenweiler, Gasthaus „Zehner‘s Stube“ | 75
Pfinztal-Berghausen, Hotel-Restaurant „Zum Laub“ | 62
Radolfzell, Restaurant „Mettnaustube“ | 161
Rammingen, Romantik Hotel Landgasthof „Adler“ | 140
Rammingen-Lindenau, „Schlössle Lindenau“ | 141
Römerstein-Böhringen, Gasthof zum „Hirsch“ | 142
Rot am See, Gasthof „Lamm“ | 43
Salem, „Salmannsweiler Hof“ | 162
Schlat, Gasthof „Lamm“ | 143
Schopfheim-Gersbach, Landhotel „Mühle zu Gersbach“ | 76
Schwäbisch Hall, Restaurant „Blauer Bock“ | 44
Schwendi, Gasthof „Oberschwäbischer Hof“ | 163
Sersheim, Theaterrestaurant „Beutelkasten“ | 30
Staufen i. Br., Hotel Gasthaus „Am Felsenkeller“ | 77
Staufen i. Br., Hotel-Gasthof „Kreuz-Post“ | 78
Stutensee-Blankenloch, Restaurant „Herrmannshäusle“| 63
Stuttgart, Weinstube „Fröhlich“ | 92
Stuttgart, „Weinstube Klink“ | 93
Stuttgart, „Weinstube Klösterle“ | 94
Stuttgart, Restaurant „Krehl‘s Linde“ | 95
Stuttgart, „Weinstube Lamm“ | 96
Stuttgart, „Gasthaus zur Linde“ | 97
Stuttgart, Gasthaus „Ochsen“ | 98
Stuttgart, „Römerhof“ | 99
Stuttgart, Restaurant „Wielandshöhe“ | 100
Sulzfeld/Baden, Restaurant „Burg Ravensburg“ | 31
Tauberbischofsheim-Distelhausen, Bierstube „Brauhaus“ | 45
Tettnang, Brauerei und Gasthof „Krone“ | 164
Tiefenbronn, Gasthaus und Landmetzgerei „Sonne“ | 121
Todtnau-Herrenschwand, Schwarzwaldgasthof Hotel „Waldfrieden“ | 122
Triberg, Landgasthof zur „Lilie“ | 123
Tübingen, Restaurant Weinstube „Forelle“ | 144
Überlingen, Restaurant „Naturata“ | 165
Uhldingen, Hotel-Restaurant „Seehalde“ | 166
Ulm, Restaurant „Auf dem Kreuz“ | 145
Ulm, Hotel „Goldener Bock“ | 146
Ulm-Lehr, Hotel Restaurant „Engel“ | 147
Vellberg-Eschenau, Restaurant „Rose“ | 46
Villingendorf, Gasthof „Kreuz“ | 124
Villingendorf, Gasthof „Linde“ | 125
Villingen-Schwenningen, Restaurant „Rindenmühle“ | 126
Vogtsburg-Bischoffingen, Hotel Restaurant „Steinbuck“ | 79
Vogtsburg-Burkheim, „Kreuz-Post“ | 80
Vogtsburg-Niederrotweil, Gasthaus „Zum Kaiserstuhl“ | 81
Waldbrunn-Waldkatzenbach, Restaurant und Café „Turmschenke“ | 14
Wangen/Allgäu, Gasthaus „Lamm“ | 167
Weikersheim, Bistro im Hotel „Laurentius“ | 47
Weinstadt-Endersbach, Weinstube „Muz“ | 101
Weinstadt-Strümpfelbach, Gasthaus „Zum Hirsch“ | 102
Weinstadt-Strümpfelbach, Gasthaus „Zur Traube“ | 103
Wolfach-St. Roman, Silencehotel Landgasthof „Adler“ | 127

Die Einkaufstipps nach Produktgruppen

Bier & Spirituosen
Adlerbrauerei Herbert Werner | 17
Alpirsbacher Klosterbräu Shop | 128
Bauernhof Hölzleberg | 64
Brennerei Höllberg | 65
Burgunderhof digestif's GmbH | 168
Kaisers Destille | 15

Brot & Getreide
Bäckerei Härdtner | 32
Bäckerei Hafendörfer | 105
Ostermühle Naturkost | 148
Steinemühle Hardheim | 15

Essig & Öle
Acetoria | 32
Ölmühle | 82

Fisch
Bodensee Fischerei | 169
Forellenzucht Calmbach | 129
Forellenzucht Dürr | 48
Forellenhof Lenz | 17
Quellwasser-Fischzucht auf der Bleiche | 148
Treß – Forellenzucht | 129
Zordel Fischzucht Eyachtal | 65

Fleisch
Bauer's Brotzeit | 49
Buchmann GmbH | 168
Demeter-Brunnenhof | 48
Frisch-Lamm Metzgereigesellschaft mbH | 105
Schwarzwälder Weideland Gesellschaft | 128

Gemüse & Co.
Bioland-Hof Mammel | 149
Haaghof Ökologischer Landbau | 32
Kimmichs Sauerkonserven | 104
Sauerkonservenfabrik Fritz Schlecht | 104

Hofläden & Märkte
Bauernmarkt Schwäbisch Hall | 49
Bioland-Hofladen Litzenberger | 65
Blanc Hof | 129
Bruchsaler Wochenmarkt | 64
Hofgut Rengoldshausen | 169
Hofladen Benediktinerabtei Neuburg | 15
Johanneshof | 16
Reyerhof-Hof + Laden + Bistro | 105

Käse, Milch & Milchprodukte
Gersbacher Chäschuchi | 83
Käsemanufaktur Lothar Müller | 16
Käserei Zurwies | 169
Kurgestüt Hoher Odenwald | 17
Langenburger Schafkäserei | 48
Loretto Ziegenhof | 149
Nusslocher Ziegenkäsehof | 17
Ringlihof | 83
Ziegenfarm Voorhoeve | 32
Ziegenhof Danner | 148

Schokolade
Confisserie Weber & Weiss | 168

Wein
Alte Wache | 82
Urban Schurk Weingut | 48
Weingut Andreas Neymeyer | 83
Weingut des Grafen Neipperg | 33
Weingut Dütsch | 64
Weingut Duijn | 64
Weingut Gerhard Aldinger | 104
Weingut Heitlinger GmbH | 33
Weingut Karl Haidle | 104
Weingut Kopp | 65
Weingut Kuhnle | 105
Weingut Matthias Höfflin | 82
Weingut Salwey | 83
Weingut Seeger | 16

Die Autoren

Andreas Braun,
geboren 1958 in Reutlingen, ist Chefredakteur von Sonntag Aktuell in Stuttgart. Er befasst sich naturgemäß mit großer Politik. Viel lieber jedoch beschäftigt er sich mit kulinarischen Themen – am Schreibtisch oder ganz praktisch am Herd. Regionale Spezialitäten und heimische Weine liegen ihm dabei besonders am Herzen.

Hannes Liebenstein
ist Pfälzer von Geburt und Kurpfälzer aus gelebter Überzeugung. Die Landschaft zwischen Weinstraße und Odenwald ist sein Zuhause. Nach Studium und journalistischer Ausbildung verbrachte er sein Arbeitsleben beim Regionalradio des Süddeutschen und später des Südwestrundfunks. Keller, Küche und Kultur haben ihn allen Versuchungen widerstehen lassen, es woanders in der Welt lebens- und liebenswerter zu finden.

Hubert Matt-Willmatt,
geboren 1953 in Waldshut, lebt und arbeitet zusammen mit seiner Frau Beate Kierey im gemeinsamen Pressebüro in Freiburg. Er hat sich als selbständiger Journalist und profunder Kenner des Landes Baden mit zahlreichen Artikeln, Radiosendungen und Buchveröffentlichungen einen Namen gemacht. Besonders schätzt er die authentische badische Gastronomie und den badischen Wein.

Bob Nertinger,
geboren 1947, lebt in Ulm und hat sich seine Kenntnisse der Gastronomie im Land nicht nur vor, sondern auch hinter dem Tresen erworben: Von Anfang der 1970er bis Ende 2004 betrieb er mehrere Lokale in Ulm. Jetzt reist er noch mehr als früher durchs eigene Gäu und durch Italien und trägt zusammen, was er an Gaumengenüssen und inspirierender Gastfreundschaft aufgespürt hat.

Erich Schütz
wohnt nicht zuletzt wegen der vielen und guten Landgasthöfe am Bodensee. Er arbeitet als freier Journalist und ist Fernsehautor verschiedener Dokumentationen. In der SWR-Fernsehreihe „Fahr mal hin" darf er sich dabei auch hin und wieder mit seinem Lieblingsthema, Trinken und Essen, beschäftigen. Mit den „Linzgau-Köchen" gibt er seit Jahren ein Magazin heraus, das sich ausschließlich der regionalen Küche widmet.

Dr. Frank Thiedig
hat über Spezialitäten promoviert und das erste Buch zum kulinarischen Erbe Deutschlands zusammengestellt. Er ist Geschäftsführer der MBW, der Landesgesellschaft zur Absatzförderung von Agrarprodukten in Baden-Württemberg mit Sitz in Stuttgart.

Ausgezeichnet
Genießen
Teinacher
CLASSIC
MIT KOHLENSÄURE
Servieren Sie die
neue Lust auf Regionales.
www.ausgezeichnet-geniessen.de
Teinacher. Eine Empfehlung des Hotel- und
Gaststättenverbandes DEHOGA Baden-Württemberg.
Teinacher
Ausgezeichnet. Von der Natur.

DEUTSCHE WEINWERBE GMBH / DIE CREW
Manchmal muss man einem
WÜRTTEMBERGER erst auf die Spur kommen.
Dann jedoch spricht alles für ihn.

Redaktion: Julia Borck, Alexandra Büning, Kerstin Jaworski, Hampp Media GmbH; Juliane Aanen, Stuttgart

Layout und Illustrationen: Stefanie Silber, Silbergestalten, Heilbronn

Cover: COMMUNICATE Werbeagentur GmbH, Stuttgart

Satz und Typografie: Evgenia Motz, emo concept, Möglingen

Herstellung: Tina Schröder, Hampp Media GmbH

Karten: KARTOGRAPHIE Ch. Peh & G. Schefcik, Eppelheim

Anzeigen: Petra Fischbach, Marketing + EDV, Anzeigenagentur, Heurenbacher Weg 1, 88339 Bad Waldsee, Tel. 07524/905970, P.Fischbach@gmx.de

Repro: POINT prepress, Stuttgart

Druck und Bindung: Ebner & Spiegel GmbH, Ulm

Printed in Germany

ISBN-10: 3-936682-56-9
ISBN-13: 978-3-936682-56-4

Mit freundlicher Genehmigung der SWR Media GmbH

Informationen über weitere Bücher des Verlags erhalten Sie unter:

www.hamppverlag.de